杨善洲精神
及其时代价值

张昌山 等著

人民出版社

目　录

前　言

　　杨善洲同志践行共产党人全心全意为人民服务的一生，留下了十分宝贵的精神财富。他之所思所想所言所行，充分反映了他的世界观、人生观和价值观。杨善洲精神是杨善洲同志为党工作为民服务实践在思想层面上的体现，是杨善洲几十年如一日坚守的理想信念和价值追求，他一生的实践都在诠释信仰的力量和精神的价值。杨善洲信守入党誓言，永远忠诚于党，始终以群众为重，权为民所用，情为民所系，利为民所谋，为党为民，兢兢业业、勤勤恳恳一辈子。共产党人杨善洲的精神世界博大、丰富、深沉，杨善洲践行其诺言的一生真诚、高尚、生动，是我们每一位共产党员特别是党员领导干部永远的榜样。2011 年以来，中央领导作出重要指示批示，全党全国持续深入开展学习杨善洲同志的活动，宣传杨善洲的模范事迹，缅怀他的高尚品格，弘扬杨善洲精神。杨善洲精神已成为中国共产党人精神谱系的重要组成部分。

　　杨善洲同志用整整一生的历程表达一名共产党员对党的绝对忠诚，用自己的全部身心践行一名党员领导干部对党的事业和人民利益无私奉献的承诺。他坚定共产主义理想信念，始终牢记党的宗旨，时时处处都用共产党员的标准严格要求自己。他说："我是共产党员，哪能光想着自己？把自己的家庭搞得富丽堂皇，别人却还过着艰难日子，那么，我们常说的完全彻底地为人民服务，不是成了骗人的假话吗？无论在什么时候，何种环境中，我们都不能忘记了党的根本宗旨，都应该把坚持党的宗旨作为一切行动的出发点和归宿。"多么朴实而又深刻的肺腑之言啊！杨善洲是这样说的，更是这样做的。杨善洲同志退休后主动放弃进省城安享晚年的机会，回到家乡，扎根大亮山22载义务植树造林，带领大家植树造林5.6万亩。绿了荒山，白了头发，辛苦了自己，造福于百姓，又毅然决然把价值3亿元的林场无偿捐给国家，奉献了自己的全部，直到生命的最后一刻。杨善洲心中装着的永远是党和人民，他肩上扛着的永远是党员干部的神圣职责，他情感深处蕴藏的永远是群众的冷暖，在他生命里永远镌刻的是"忠诚担当为民清廉"。习近平同志高度评价杨善洲同志："杨善洲同志之所以能够60年如一日坚守共产党人的精神家园，60年如一日为党和国家事业不懈奋斗，60年如一日淡泊名利、一尘不染，最根本的就在于他树立了马克思主义世界观，毕生笃定社会主义和共产主义理想信念，并且把坚定的理想信念化作一心一意为国家为人民利益奋斗终身的实际行动。"杨善洲同志是共产党人始终践行"不忘初心、牢记使命"的典型代表，是党史学习教育的鲜活教材。

杨善洲精神研究是一个具有重要价值的时代课题。本书以杨善洲精神的基本内涵、本质特征、时代价值和新时代要大力弘扬并践行杨善洲精神为主线，深入具体地阐述杨善洲精神与党的初心使命、党的宗旨立场、党的好干部标准要求、干部作风建设、党员干部家庭家教家风建设、共产党人精神家园建设、党员干部模范人物示范效应等多个方面的内在联系与实践范式，深刻阐扬一位共产党人一生对信仰信念的坚守和对崇高理想的追求，并着力展现杨善洲精神的系统性特征、时代性价值和实践性意义，以期进一步推动杨善洲精神的研究、弘扬与践行。

第一章
杨善洲精神基本问题概要

深刻理解和认识杨善洲精神，就要深入回答杨善洲精神的基本问题。从对精神"为何产生""如何弘扬""怎样践行"等基本问题的认识逻辑看，理解杨善洲精神，应深入探究杨善洲精神的本质内涵、形成脉络、内容特征、意义价值和践行要求等基本问题，这就要从理论和实践两个基本层面来揭示杨善洲精神的本真和定在。

一、杨善洲精神的形成与发展历程

杨善洲精神是杨善洲践行共产党员理想信念、全心全意为人民服务的精神产物。探析杨善洲精神的形成与发展，要以杨善洲精神形成的历史渊源为基础，以杨善洲一生为党和人民服务的奋斗历程为主线，以杨善洲精神与新时代的建设发展为背景。只有深入了解杨善洲精神的形成与发展，才能深入把握其时代价值，才能把杨善洲精神融入中国共产党人的精神谱系，才能为新时代中国特色社会主义建设提供不竭的精神支撑和力量源泉。

（一）杨善洲精神的形成脉络

1.杨善洲精神的孕育

杨善洲精神孕育于他感恩人民、感恩于党的初心之中。杨善洲出生于一个贫苦的农村家庭。他曾这样讲述过他的童年：记忆中只有贫穷、

☆青年时代的杨善洲

饥饿，体弱多病的父亲、劳累过度的母亲、不幸夭折的妹妹。但就是这样一个生于苦难、长于苦难的孩子，几十年后却成为举国皆知、万古流芳的时代楷模。他取得如此成就的一个重要原因就是怀揣着一颗感恩人民、感恩党的初心。杨善洲对人民的感恩之心萌发于儿时遇上的许多好心人，他的干妈、外祖母一家，两位慈祥淳朴的石匠师傅。因为这些贫穷而仁厚的人在杨善洲最需要关爱、最需要帮助的时候帮他渡过难关。1944年杨善洲参加了滇西抗战，他与一位叫留贵的老百姓被分配到前线去抬送伤员，一路坡陡谷深、蜿蜒崎岖、危险重重，善良的留贵见杨善洲体弱瘦小，担心杨善洲跌落悬崖，他就用绳子将杨善洲拴在担架上，无论上山下坡，留贵总是承担着重的一头。这一经历在杨善洲心中留下了不可磨灭的记忆，感恩人民的心就此萌生。他曾说过："父老乡亲给我的，我一辈子记着，不管在什么位置上，都要为群众着想！"①

---

① 云南省社会科学院、保山市社科联：《杨善洲精神研究》，云南人民出版社2011年版，第49页。

杨善洲对党的感恩之心来源于党对他多方面的教育和培养。1950年云南解放，解放军进驻保山后开展土改工作，杨善洲家分到了10亩田地，他从那时起就下定决心跟着共产党干革命。党对杨善洲的培养是多方面的，一方面，先后安排他到云南省委党校和中央党校重庆分校学习进修，提高文化理论水平。另一方面，党让他担任工作，先安排他搞土改工作，后来让他就任领导职务，26岁就成为施甸县级干部，39岁担任保山地委副书记，最终任职保山地委书记。杨善洲曾经这样回忆自己对党的感恩之心："我们一家祖祖辈辈身无寸土，挨欺受穷，而共产党分给了我田地，从此我一家子可以在自己的田地上种庄稼过生活。同时，共产党还培养我，使我走上了领导岗位。这一切都是共产党给的，所以我要一辈子为党做事。人要懂得报恩啊，不懂得报恩的嘛连人都不是。"①

从24岁工作开始，他就将党和人民的利益看作高于一切的东西。他报恩的方式就是到群众中去，全心全意为人民服务。担任领导干部期间，

☆ 1959年杨善洲到西南高校深造时所在支部留影

---

① 杨刚、杨江勇、杨杰坤：《杨善洲传》，云南人民出版社2018年版，第39页。

他大部分时间都在乡下跑，在人民群众之中，了解人民群众的需要，解决他们最关注的问题。身为领导干部，他心系群众，为了提高粮食产量，他深入田间地头，带领群众进行梯田改造、进行科学种田实验。"草鞋、中山装、竹叶帽"就是杨善洲在老百姓心中艰苦朴素的形象。1980年10月29日，《人民日报》发表了名为《他带头不搞特殊化》的文章，向全国人民介绍了杨善洲不谋私利、一心为民的光辉事迹，这标志着杨善洲的事迹和精神开始为世人所知。

2. 杨善洲精神的初步形成

杨善洲精神形成于他为党和人民服务的具体实践和日常工作中。在工作期间，他始终践行中国共产党员的信念，形成了信守承诺、为民服务、不谋私利的精神。退休后，他甘于平凡，致力于祖国的绿化事业，形成了艰苦奋斗、无私奉献的精神品质。

"共产党员说话算数，不能糊弄群众。"这是杨善洲的人生信条。早在土改工作队时，他曾与群众约定开会，但到了约定时间他突患疟疾，高烧不退，外面还下起了大雨，同志们建议找人代替他去开会，但他坚决不同意，他说："我是西南乡土改工作组的组长，已经和群众约好，就要亲自去，哪能不守信用？"杨善洲忍着病痛，披蓑戴笠，在大雨滂沱中如期到达开会地点。人民群众称赞道："共产党说话还是算数呢！"①当群众得知他是忍着病痛、冒着大雨来的，都感动不已。杨善洲以身作则，用实际行动向人民群众展现了共产党员一心为民、信守承诺的形象。

"杨善洲担任公职工作40余年，始终把为人民服务当作自己工作的出发点和立足点，作为自己的终身追求，想群众所想，急群众所急，解群众所难，直到生命的最后一刻。"②担任领导干部30余年，他始终保

---

① 杨刚、杨江勇、杨杰坤：《杨善洲传》，云南人民出版社2018年版，第44—45页。
② 云南省社会科学院、保山市社科联：《杨善洲精神研究》，云南人民出版社2011年版，第13页。

持着艰苦朴素的本色，始终把自己当作人民的公仆，始终认为他的权力来自于党和人民，所以一辈子都要为党和人民服务。杨善洲的同事回忆杨善洲担任领导干部工作时说道："老书记平时除了开会，很少在机关待着，他在保山把工作布置好就下基层了。他的秘书不好当，要苦得起、累得起。他下乡碰到插秧的就插秧，碰到种苞谷的就种苞谷，你一身好衣服肯定穿不成。"[①] 杨善洲就是在这样实事求是、亲力亲为的工作中践行着中国共产党全心全意为人民服务的宗旨，在这一过程中形成了他"牢记宗旨、一心为民"的精神品质。

杨善洲一直坚持原则，不谋私利。"他当官是给老百姓当，不是给我们家里人当的。"杨善洲的大女儿这样回忆自己的父亲。杨善洲从来不用手中的权力为自己和家人谋取任何私利，从来不会让家人享受特权。杨善洲一家11口人，只有他一人是城市户口，其余10人全是农村户口。杨善洲说过："我手中有的是权，但它是党和人民的，只能老老实实用来办公事。"直到他退休，他都保持着一个共产党员坚持原则、不谋私利、大公无私的公仆本色，这也是杨善洲精神的一个重要方面。杨善洲退休后，没有去享受城市优越的生活，而是履行自己"为家乡办一两件事""一辈子为党做事"的诺言，一头扎进大亮山植树造林22年，直到他干不动后将价值3亿多元的林场无偿捐献给国家。许多人见证了他从地委书记到护林员，有人认为他会后悔、会退缩，但了解他的人都知道，杨善洲是一个说到做到的人。在林场生活条件艰苦，许多与他一起去的年轻人都吃不得苦，耐不住寂寞，有人放弃了，而杨善洲却觉得"白天造林，晚上烤火，也是一种很好的生活方式"。杨善洲一辈子艰苦奋斗，将自己的一生献给了党和人民，甚至死后还将自己的骨灰撒在了青山之中。

3. 杨善洲精神的提出

2010年10月10日，杨善洲在保山市人民医院因病医治无效去世，

---

① 宣宇才：《一辈子把党和人民的利益摆在前面》，《人民日报》2011年8月15日。

享年 84 岁。10 月 13 日，他的家人按照他生前"不请客、不接礼、不铺张、不浪费"的遗嘱将他接回家乡，将他的部分骨灰安放在他亲手栽下的雪松树下。

杨善洲去世后，社会各界开始回顾、总结他光辉的一生，云岭大地上广为流传他的光辉事迹，掀起了学习杨善洲精神的热潮。中共云南省委 2010 年 10 月 30 日作出了《关于开展向杨善洲同志学习的决定》，实事求是地总结了杨善洲坚守共产党员理想信念的一生，提出要大力宣传、学习他的崇高精神，并从"政治品质""公仆情怀""革命精神""道德情操""优良作风"五个方面来概括杨善洲精神的主要内容。2011 年 2 月 25 日，在会见杨善洲先进事迹报告团全体成员时，时任国家副主席的习近平明确指出："要学习杨善洲坚定信念、对党忠诚的政治品格，坚定不移走中国特色社会主义道路，让共产党人的理想信念在心灵深处牢牢扎根；学习他牢记宗旨、一心为民的公仆情怀，一心想着群众、一切为了群众，诚心诚意为群众谋利益；学习他鞠躬尽瘁、不懈奋斗的崇高境界，奋发有为、干事创业，为推动科学发展、促进社会和谐增光添彩；学习他大公无私、淡泊名利的奉献精神，艰苦奋斗、清正廉洁，自觉实现共产党人的人生价值和精神追求。"①2011 年 3 月，时任中共中央总书记胡锦涛作出重要批示。中组部为表彰杨善洲，激励各级党组织和广大共产党员，追授杨善洲"全国优秀共产党员"称号。杨善洲精神逐渐为全国人民所知，掀起了全国学习杨善洲精神的浪潮。

杨善洲精神得到中央领导同志认可与宣传的同时，广大媒体对杨善洲先进事迹的研讨也在宣传中不断升华。2011 年 3 月 1 日，新华社发表的《杨善洲精神启示录》首次将"杨善洲精神"作为一个概念在媒体中使用并宣传，同时揭示了杨善洲精神的 5 个层面：深入基层的精神、

① 《中共中央组织部关于追授杨善洲同志"全国优秀共产党员"称号的决定》，《党建研究》2011 年第 4 期。

先人后己的精神、公私分明的精神、淡泊名利的精神、不占便宜的精神。该文成为杨善洲精神概念提出的重要标志。

杨善洲一生坚守中国共产党员的理想信念，坚持为人民服务的宗旨，杨善洲精神经过孕育、发展、提出三个阶段逐渐成熟，党和国家对于杨善洲精神的宣传与学习更是杨善洲精神得以升华的重要体现。杨善洲精神既是杨善洲个人先进品质与精神的集中体现，也是广大党员干部学习的光辉典范。

（二）杨善洲精神的时代把握

杨善洲精神，是以杨善洲为代表的共产党人在社会主义建设和改革的伟大实践中形成的以对党忠诚、全心全意为人民服务、鞠躬尽瘁、无私奉献、艰苦奋斗等精神为内涵的宝贵精神财富。杨善洲精神之所以具有如此丰富的内涵，不仅因为杨善洲始终坚定共产党人的理想信念，还在于他立足国家的发展和社会的需要，将共产党员的理想信念、民族精神与社会主义核心价值观融入自己为人民服务的全部实践中。

1. 杨善洲精神是共产党人理想信念的延续

中国共产党的理想信念是支撑中国共产党人战胜一切敌人和困难并取得社会主义建设伟大成就的强大精神力量，理想信念是中国共产党员的精神之钙，中国共产党领导的社会主义革命、建设和改革的伟大实践之所以取得如此巨大的成就，就是由于广大党员干部自觉坚守理想信念，并以这种理想信念为动力指导自己的实践。回顾中国共产党的历史、中华人民共和国的历史，中国共产党为何能从一个弱小的政党走到今天成为世界上最大、最先进的政党，并领导人民建立了世界上最大的社会主义国家，除了党始终坚持正确的路线、方针、政策之外，理想信念的支撑尤为关键。

作为一名共产党员，杨善洲是平凡的，而又是极不平凡的。他的平凡之处在于他一直把自己视为普通人民群众的一员，始终在自己的岗位上坚守自己的职责，做到了一个共产党员、一个领导干部应尽的职责。但他又是极不平凡的，因为他从参加工作直到退休后、直至生命的最后一刻，都将为人民服务视为自己的职责。在位时，他一身正气、两袖清风，全心全意为人民服务；退休后，他不忘初心，继续践行一个共产党员的使命与责任。在杨善洲的感人事迹面前，无数人感动、振奋，感动的是在理想信念有所动摇的今天竟有杨善洲这样的好同志，振奋的是在新时代社会主义伟大建设的今天我们有杨善洲这样坚定理想信念的共产党员，带领我们坚持正确的路线、方针、政策，坚定理想信念，中华民族伟大复兴的中国梦一定会实现。

2. 杨善洲精神是中华民族精神的延续

中华民族精神是在中华民族五千多年的社会历史发展过程中逐渐形成的，是中华文化最集中、最本质的反映。几千年来，民族精神始终是中华各族人民共同的理想信念、精神支撑和动力，以"为人民服务、鞠躬尽瘁、无私奉献、艰苦奋斗"等精神为内涵的杨善洲精神，就是民族精神的延续。

杨善洲"清贫了一辈子，奉献了一辈子，坚守了一辈子"，但其始终恪守"权为民所用、情为民所系、利为民所谋"的要求和"一身正气、两袖清风"的品格。在担任领导职务期间，杨善洲身先士卒带领干部群众发展生产、开展经营、兴修水利，坚决贯彻落实党的路线和政策，带领老百姓脱贫致富，将保山建成了举国闻名的"滇西粮仓"。退休之后，他一头扎进深山老林，放弃更好的生活条件，带领群众艰苦创业，义务植树造林 22 年，使昔日荒山变绿洲。① 杨善洲精神是杨善洲在带领保山人民致力脱贫致富过程中产生的，是对共产党员的初心和使命的坚守

---

① 《中共中央组织部关于追授杨善洲同志"全国优秀共产党员"称号的决定》，《党建研究》2011 年第 4 期。

中形成和发展的，是中国共产党精神的生动写照，更是民族精神在当今社会的具体体现和延续。

3. 杨善洲精神是社会主义核心价值观的彰显

习近平总书记深刻指出："每个时代都有每个时代的精神，每个时代都有每个时代的价值观念。"① 社会主义核心价值观凝结着全体中国人民共同的价值追求，它将国家、社会、公民的价值要求融为一体，体现了社会主义的本质要求和中华民族精神。杨善洲精神就是践行社会主义核心价值观的生动体现和精神成果。

杨善洲在保山任职期间，爱党爱国、敬业勤劳，致力于推动保山的富强发展，致力于保山人民的幸福生活。在退休后回到自己的家乡艰苦创业，义务植树造林，又将林场无偿捐献给国家，他用自己的一生为人民、为党和国家服务，集中体现了对社会主义核心价值观的忠诚实践。他用自己的行动和生命体现了对党和国家的热爱，深刻诠释了何为爱党爱国，这都是社会主义核心价值观的生动体现。

（三）杨善洲精神在新时代的弘扬与实践

杨善洲精神是以杨善洲为代表的中国共产党人在社会主义建设和改革的伟大实践中形成的宝贵精神财富，是社会主义核心价值观的生动诠释。杨善洲精神作为中国共产党理想信念的延续，作为中华民族精神的延续，作为时代精神的体现，它以坚定的共产主义理想信念、执着的党性修养、高尚的公仆情怀、求真务实的干事作风和鞠躬尽瘁的思想境界，对于新时代全面从严治党、推进国家治理体系和治理能力现代化、发展社会主义先进文化都具有十分重要的意义。

---

① 习近平：《在北京大学师生座谈会上的讲话》，《人民日报》2018 年 5 月 3 日。

1. 契合新时代全面从严治党的现实需要

党的十九届四中全会提出："要建立不忘初心、牢记使命的制度。确保全党遵守党章，恪守党的性质和宗旨，坚持用共产主义远大理想和中国特色社会主义共同理想凝聚全党、团结人民，用习近平新时代中国特色社会主义思想武装全党、教育人民、指导工作，夯实党执政的思想基础。"①杨善洲精神从始至终体现着一个优秀共产党员为人民服务、克己奉公、无私奉献的崇高理想信念，加强杨善洲精神的宣传教育是新时代全面从严治党，推进"不忘初心、牢记使命"主题教育常态化、制度化的重要方面和鲜活素材。只有广大党员干部像杨善洲一样，自觉地坚守党的理想信念，自觉践行党的路线、方针和政策，坚持执政为民，才能真正地健全为人民执政、靠人民执政的各项制度，从而实现党的先进性、纯洁性，对于党的领导制度体系的坚持和完善、执政水平的提高具有重要意义。

2. 体现国家治理体系和治理能力现代化的要求

当前，我国已经进入了改革和发展的关键时期，面对世情、国情、党情的深刻变化，完善和发展中国特色社会主义制度、推进国家治理体系和治理能力现代化需要多方面的支撑。但根本来说，就是要贯彻落实履职尽责的各项制度、把各项制度落实到位。杨善洲从带领保山人民脱贫致富的实践出发，坚持实事求是、紧紧依靠人民、敢于作为、敢于担当，让人民群众共享改革发展成果，体现了一个基层共产党员的本色和职责。没有这种尽责履职的具体实践，制度建设就是空的。从这个角度来说，广大党员干部学习杨善洲精神，就是要以杨善洲精神为指引，做好一个共产党员的本职工作，只要广大党员干部尽职尽责地做好本职工作，做好基层工作，我国治理体系和治理能力现代化的目标一定会实现。

---

① 《中共中央关于坚持和完善中国特色社会主义制度、推进国家治理体系和治理能力现代化若干重大问题的决定》，《人民日报》2019 年 11 月 6 日。

3.符合社会主义先进文化建设的方向

文化是一个国家、一个民族更深层、更持久的力量。党的十九届四中全会提出要"坚持和完善繁荣发展社会主义先进文化制度，巩固全体人民团结奋斗的共同思想基础。发展社会主义先进文化、广泛凝聚人民精神力量，是国家治理体系和治理能力现代化的深厚支撑"①。杨善洲精神对于坚持以社会主义核心价值观引领社会主义文化建设提供了生动的素材和精神支撑。杨善洲精神是中国共产党人理想信念的集中体现，是中华民族精神和时代精神的延续，是社会主义核心价值观的生动彰显。杨善洲精神像一盏灯，指引着广大党员干部如何做好本职工作，为人民服务。加强宣传、大力弘扬杨善洲精神，为新时代中国特色社会主义建设提供精神动力和力量支撑。

二、杨善洲精神的内涵

杨善洲用一生诠释了一名优秀共产党员应该具有的高尚品格，用一生诠释了一位党员领导干部的廉洁无私，用一生践行着"全心全意为人民服务"的宗旨。杨善洲精神是我们宝贵的精神财富，如何弘扬和践行杨善洲精神，直接关涉了"杨善洲精神是什么"这一问题的求解。这就是说，理解和把握杨善洲精神，就要从精神内涵的深层次，对杨善洲精神的本质进行判定和认知，更进一步增益杨善洲精神在广大党员干部中的影响力，进一步发挥杨善洲精神对普通人民群众特别是基层干部的教育价值。深刻把握杨善洲精神的内涵，要从个人品质和社会价值的统一中加以把握。

---

① 《中共中央关于坚持和完善中国特色社会主义制度、推进国家治理体系和治理能力现代化若干重大问题的决定》，《人民日报》2019 年 11 月 6 日。

（一）在行为实践中体现人格魅力

一是心怀感恩，坚定信念。在杨善洲1952年的《入党申请书》中交代个人成分时写道："我的家庭成分是贫农，个人出身农民……家庭生活主要靠农业劳动……十二岁到十三岁读书，十四岁到十六岁卖工去了三年。"[①] 从他的《入党申请书》中我们可以得知杨善洲年轻时也是贫困的农民，解放前仅仅读过两年书，十几岁便踏入社会。杨善洲在《入党申请书》中还写道："解放了，有地了，真心感恩共产党。以后，为了所有群众都能有土地，一心一意跟着共产党干革命。""现在我认识到共产党是思想最进步、觉悟最高的人组织成的……现阶段要实现新民主主义到底，要放弃个人的利益，把群众利益放在前面，党的目的是要实现社会主义和共产主义到底。"从杨善洲的入党申请书中我们能够深刻感受到他对共产党的拥护以及对共产主义信念的深刻认知与坚定认同。

二是心系群众，忠诚实干。杨善洲曾说："刚参加工作时，自己不明白什么叫革命，也不懂得怎样为人民服务，后来在党的培养下，才逐渐成长起来。自己这辈子，要兑现入党的誓言。"正是在深刻的认知和坚定的信念支撑下，杨善洲在实践层面上把党的理想信念转化到自己为人民服务的行动中，"用行动说话"一直是杨善洲的行事风格。在担任保山地委书记期间，他关心农业，抓粮食生产，最终目标就是解决保山人民的吃饭问题，他也经常自己出钱帮助群众找种子、买粮食，解决群众就医、入学、住房等困难问题。杨善洲退休后，为实现"为家乡群众干一点实事"的承诺，他来到大亮山植树造林，从根本上改善了大亮山周围群众的生活环境，直到临终前杨善洲都还在反复嘱托，为了不让群众吃亏，一定要把林场的收益按比例分到每一位群众手上。直到生命的最后一刻，杨善洲都在体现着心系群众、忠诚人民、踏

---

① 邓有凯：《杨善洲精神的哲学内涵研究》，《云南开放大学学报》2019年第1期。

☆ 1993 年杨善洲在窝棚办公

实肯干的思想。在我们看来，杨善洲尽管文化水平不高，却是能够把认识论和历史唯物主义中的实践观和群众观点学习得最为透彻、实践最为成功的人。

三是不懈奋斗，鞠躬尽瘁。杨善洲不仅信念坚定，忠诚实干，而且在党和人民的事业上更是不懈奋斗，鞠躬尽瘁，无时无刻不为百姓谋发展、谋福利。杨善洲曾经说过："干革命是要干到脚直闭眼的。"这便是对鞠躬尽瘁最生动的诠释。在杨善洲的一生中，他真正做到了把有限的生命融入到无限的为人民服务之中。在工作中，他千方百计为一方土地谋求发展。担任地委书记期间，山区农民的脱贫致富问题一直是他的心头大事，为此，保山地委每年都要为如何发挥山区优势、发展多元经营、振兴经济发展召开专题会议研究。退休之后，杨善洲仍然继续奋斗，为群众谋福利并一手创建了大亮山林场，刚创办林场时条件很困难，但是杨善洲艰苦奋斗，尽量少花钱多办事。没有钱盖房子，就花了 7000 多元盖起油毛毡房；没有钱买农具，就自己动手做；夜晚没有照明，就每人买一盏马灯。凡此种种，无不展现出杨善洲"奋斗终生、鞠躬尽瘁"的高尚精神。

（二）在克己奉公中体现社会担当

一是勤奋钻研，求真务实。文化程度不高的杨善洲，在参加工作后勤于动脑、热爱钻研、积极投身实践，经常运用自己的业余时间学习各种知识。在他的主持与建设下，保山成为著名的"滇西粮仓"，他也被群众称为"粮食书记""实干家"。杨善洲平日里坚持尊重知识，爱护人才，笃信科学，抵制愚昧，他自己从不蛮干、乱来，也绝不容许别人蛮干、乱来。为了治理水患，提高农业的抗灾能力，杨善洲通过河道改直和建设水库等措施彻底解决了保山地区农业水利设施老旧、河道弯曲、淤积泥沙、水患频繁的弊病。在刚上任施甸县委书记后不久，人民群众的吃饭问题就被他当作头等大事来抓。他总结出一套先实验再示范最后推广的路子，自己首先带头种植了一块试验田。如今施甸县多种多样的新品种粮食便是通过这样的方法渐渐得到认可和推广的。

二是心系人民，公仆情怀。中国共产党是人民福祉的坚定维护者。群众利益高于一切是杨善洲在任领导干部期间始终坚守的信念。1944年，16岁的杨善洲参加了滇西抗战的支前工作，主要任务是协助担架队运送负伤的官兵。据杨善洲回忆，每次上坡时，留贵就叫杨善洲在他前面，他走在后面；下坡时，留贵叫杨善洲在他后面，他在前面。几趟下来，年轻的杨善洲走得很轻松，可是留贵的脚却被磨出了血泡。而正是一个普通农夫这种勇挑重担、麻烦自己、方便他人的行为，却成为杨善洲热爱人民、服务人民甘愿做人民公仆思想的榜样。杨善洲谈到人民群众，必然提起留贵等人："父老乡亲给我的，我一辈子记着，不管在什么位置上，都要为群众着想！"在任地委副书记和书记期间，地委机关几乎见不到杨善洲，基层乡镇成为杨善洲经常出现的地方。杨善洲在保山5个县、99个乡镇，留下了他的足迹。杨善洲殚精竭虑地为人民群众办事，心怀人民，坚持着群众观点，实践着群众路线，时刻与人民群众坚定地站在一起，为人民群众踏实干事，排忧解难，坚定维护并不断扩大人民群众的福祉。热爱人民、保护人民、坚定站在人民群众一边的人民情怀在他身上体现得淋漓尽致。

三是大公无私，清正廉洁。杨善洲为官数十年，包括自己和家人从未从他的职位中谋得半点私利。他始终坚持廉洁奉公，刚正不阿。杨善洲坚信，党员干部手中的权力是人民群众赋予的，对权力要有敬畏，只能老老实实用来办公事，绝对不可以用来谋求一己私利。他不仅对他人要求严格，对自己要求更甚。杨善洲为官数十年，从没吃过一顿免费的饭，每次出差都要主动缴纳伙食费；他从来没有让子女搭过一次公车，但却多次在调研途中搭载有急事的群众；他从没有用公权力为自己和亲属谋过私利，更没有给任何人批过违背原则的条子。杨善洲在任地委书记时，他的家人仍然属于农村户口，组织部门根据相关政策提交了他家人的"农转非"报告，由于当时"农转非"指标很紧张，他得知后坚决要求撤销报告并说"机关里那么多干部家属的农转非都没有解决，不能只解决我的嘛"。为官数十年来，杨善洲手握权力，却从未谋取过一己私利。杨善洲说："权力是用来为人民服务的，不是给自己方便的"。对此，人们对杨善洲评价道："他前门开得很大，后门锁得很紧"。杨善洲一辈子不被权力腐蚀，真正做到了大公无私，清正廉洁。

（三）在勤政为民中展现无私奉献

一是杨善洲坚持艰苦朴素，勤俭节约。杨善洲是一个普通的农民，无论自己做到多高的位置，手中有了多大的权力，他都在默默坚守着中华民族的传统美德，并把这些传统美德融入生活和工作的方方面面中。在平时的生活中，他一生艰苦朴素，勤俭节约，生活简单，不讲排场，

☆杨善洲上山劳动

不讲面子。他经常戴着一顶蓝布帽，穿着一身中山装，脚踏一双解放鞋，在下乡与群众一同工作时经常穿草鞋，因此也经常被群众称为"草鞋书记"。杨善洲的女儿结婚，他要求："不请客，不收礼，在便宜的小饭馆摆几桌就行了。"杨善洲一生简朴大方，住只要有个窝，吃只要能吃饱就行。他经常对大家说："我这样一个老人，有吃有住有穿就行了。"[1] 这些生活中的点滴，充分彰显了杨善洲朴素的生活观。

二是杨善洲一生品德高尚，无私奉献。杨善洲一生无论是为官还是做人都从不计个人得失，无私奉献。在任时他一心投入工作，为群众做实事、办好事、解难事，全心全意为人民服务。杨善洲说："我们的工作不是干给上级看的，而是为了人民群众的幸福，只要群众还有贫困和落后，我们就一天也不安宁。"[2] 杨善洲先后为灾区群众解决困难，为落

---

① 石磊：《杨善洲精神的内涵及时代价值》，《中共云南省委党校学报》2019 年第 4 期。
② 石磊：《杨善洲精神的内涵及时代价值》，《中共云南省委党校学报》2019 年第 4 期。

后地区发展募款 10 万元。杨善洲退休后为了实现为家乡父老做点贡献的愿望，回到了生态破坏严重的施甸县大亮山，与 15 名职工共同开始了起早贪黑的植树造林生活，在大亮山的简陋棚子一住就是 9 年。杨善洲虽然是大亮山林场的主要创办人，但却一直坚持不要林场一分报酬。按照相关规定，由杨善洲创办的林场前后引进的资金应该有 40 万元的提成，但是他从来没有要过林场一分钱。20 多年过去，大亮山人工林面积达 5.6 万亩，经济价值超过 3 亿元。2009 年，已经 82 岁的杨善洲主动把大亮山林场的经营管理权无偿交给国家，施甸县政府决定奖励杨善洲 10 万元，被他当场谢绝。[1] 后来，在多方劝说下，杨善洲接下了保山市委市政府奖励的 20 万元，并捐出 16 万元用于公益事业，剩下的 4 万元留给了他一生愧疚的老伴。杨善洲经常说："作为党员，不能光想着自己、光想着钱，要时刻牢记自己的使命。"

三是杨善洲深入群众，为民担当。杨善洲出身农民，文化程度不高，但是来源于他内心的那份真诚与善良同共产党人的群众路线相结合，真正将群众路线作为基本工作方法。杨善洲生活朴素，与普通人的生活紧密联系在一起，他真诚，自然，实在，人民接受他，百姓效仿他。他做官时是典型，退休后是榜样，去世后是楷模，人民自然热爱这样的榜样，因为他的高尚品格和真心实意不是一蹴而就、表里不一的，相反是通过他一生中处处可见的闪光点体现出来的，这样的"权为民所用、情为民所系、利为民所谋"的政治素养铸就了杨善洲精神的灵魂。

杨善洲为党和人民的事业奉献了自己一生。在杨善洲身上，我们看到了一个党员干部应该具有的宝贵品质和基本素质。杨善洲精神来源于他的生活与工作，来自于坚定信念后的执着实践。今天，中国特色社会主义迈入了新时代，我们比历史上任何时期都更接近中华民族的伟大复

---

① 杨红梅：《杨善洲精神的内涵及时代价值》，《中共云南省委党校学报》2012 年第 6 期。

兴，杨善洲精神正是我们需要继续学习和发扬的精神之一。首先，杨善洲精神为我们塑造了一个学习的楷模和榜样，榜样的力量是无穷的，我们需要更多像杨善洲一样的人来全心全意为党和人民的事业服务，为继续建设中国特色社会主义而努力奋斗。其次，杨善洲精神为我们所有人的奋斗提供了价值引导，杨善洲的身体力行就像一本生动的教科书，为所有的共产党员、领导干部，甚至是普通群众都提供了行事的示范与标准。杨善洲精神能够启发广大共产党员，特别是对于党的领导干部，只有坚定为人民服务的宗旨，坚定维护人民群众的福祉，才能算得上是一位合格的共产党员和称职的领导干部。最后，杨善洲精神可以成为我们不断传承实践价值的工具和纽带，杨善洲是一个标杆，是一面旗帜，他的精神几乎包括了做人做事的方方面面，他的精神体现了作为共产党员的先进风采，体现了领导干部勤政为民的形象，体现了做一名优秀党员领导干部的基本要求。杨善洲精神的学习和传承对党和人民的事业、对继续发展完善中国特色社会主义、对实现中华民族的伟大复兴具有重大意义。

三、杨善洲精神的主要内容和基本特征

杨善洲一生都在为党的事业奉献，全心全意为人民谋利益。他的事迹蕴含着深刻的内容，主要由"恪守信念，坚守家园；牢记宗旨，一心为民；勤政务实，艰苦奋斗；清正廉明，无私奉献；艰苦朴素，勤俭节约"五大部分构成。同时，这些内容彰显了杨善洲精神科学性与实践性、个人理想与社会理想、民族精神和时代精神的内在统一性，为广大人民群众坚定理想信念、艰苦奋斗提供了价值遵循。

（一）杨善洲精神的主要内容

1.恪守信念、坚守共产党人使命担当的政治品质

矢志不渝、恪守党员信念是杨善洲精神之源。杨善洲是云岭大地涌现出的先进典范，作为一名共产党员，杨善洲60年如一日地坚守共产党人的精神家园，坚定共产主义远大理想，始终牢记全心全意为人民服务的宗旨，时刻以党员的标准规范来衡量自身行为，始终践行共产党人的初心和使命，切实做到矢志不渝地忠诚于党和人民的事业，这是杨善洲的立身之本、成事之基、动力之源。习近平强调，好干部就要做到信念坚定、为民服务、勤政务实、敢于担当、清正廉洁，信念坚定是好干部的首要标准。杨善洲20多岁参加了社会主义革命工作，第二年就加入了中国共产党，成功地成为基层工作骨干，退休后主动放弃城里优越的养老生活，回归家乡，带领乡邻在大亮山植树造林，使人生再创辉煌，最终把自身辛苦经营的林场经营权无偿献给国家。杨善洲始终秉承为党和人民服务的信念，这种信念内化成了坚定的精神信仰和力量源泉，外化成了服务社会主义建设的实际行动。他在日记中写道："全心全意为人民服务是中国共产党的宗旨，伟大目标是使人民实现共同富裕，为人民谋利一直是我想做的事情，自从入党后，我便很快找到了人生的方向和目标。"正是在这种力量的感召下，他能做到坚定理想不动摇、践行宗旨不含糊，始终保持中国共产党员的政治本色，在思想、政治和纪律等方面始终同党中央保持一致。恪守伟大信念，无私奉献地忠诚于国家和人民的政治品质是杨善洲毕生的信念，是其精神的重要体现。

2.牢记宗旨、一心为民的公仆情怀

牢记宗旨、为民谋利的公仆情怀，是杨善洲精神之本。杨善洲是公仆精神的真正践行者，在杨善洲心里，对人民群众永远怀着一种谦卑与敬重。他一直认为人民群众是国家真正的主人，而他是人民的公仆。中

国共产党一切工作的出发点和落脚点是为人民服务，造福人民。作为一名优秀的共产党员，杨善洲用一生的实践来践行全心全意为人民服务的宗旨，想人民所想、急人民所急、干人民所需，始终把人民最关心、最直接的利益放在首位，始终坚持同老百姓骨肉相连，竭尽全力为百姓做实事、办好事、解难事，切实做到牢固树立群众观点，坚持走群众路线。杨善洲在担任领导期间，大部分时间都在乡下，碰到插秧就插秧，碰到收稻就收稻，无论是打造"滇西粮仓"的大事还是嫁接果木的小事都能够做到亲力亲为。他还经常拿自己的工资接济有困难的群众，为他们添置衣物，买粮食，买牲口，主动替群众解决就医、入学、住房等困难，老百姓都亲切地称他为"草鞋书记""泥腿子书记""百姓书记""农民书记"。杨善洲是一个通过为百姓办实事而同群众血肉相连的领导，他用为人民服务的实际行动赢得了百姓的拥护和爱戴。他认为，脚踏实地干工作都是为了能够提升百姓的生活，只要有一份力就要为百姓办一份事，因此无论是在工作岗位上还是退休后，都始终坚持将人民利益放在首位，尽心尽力地实现好、维护好、发展好最广大人民群众的根本利益，这是杨善洲心怀群众、一心为民的公仆情怀的主要表现。杨善洲所展现的牢固树立公仆观、严守公仆本分、勇当公仆责任、永葆公仆本色的公仆精神是对杨善洲精神的重要阐释。

3. 勤政务实、艰苦奋斗的工作作风

勤政务实、艰苦奋斗是杨善洲精神之基。杨善洲一生所坚持的实事求是原则是勤政务实工作作风的重要表现。"实事求是"思想是中国共产党行使权力的根本要求，也是马克思主义的基本观点，是我们认识世界和改造世界的世界观和方法论。实事求是原则是杨善洲老实做人、扎实做事的重要表现。杨善洲在日常工作中开会研究问题、下乡调研、制定各项政策、开展各类工作，都要求求真务实、讲求实际，不搞形式主义，不图虚名。他严厉批评那些只说不做、讲空话大话的行为。他深入农村和工厂，在百姓中做调查，通过了解百姓的需要为百姓解决问题。

他亲手为百姓们拌肥料、插秧苗、修房子等，体现了他的务实精神，植树造林大亮山更是一种为民服务、为民谋利的实干精神的表现。艰苦奋斗一直是中国共产党战胜困难、克敌制胜、求得生存和快速发展的重要法宝，是一种不怕艰难困苦、奋发图强、艰苦创业、为国家和人民的发展而顽强奋斗的精神。杨善洲一直保持着艰苦奋斗的工作作风，他所有的工作是围绕人民需求而开展的，所有工作是为着人民利益实现而进行的。在他的带领下，兴修水利、发展农桑、改变贫困面貌、组织新式经营等，其目的都是让老百姓过上富足的生活，退休后苦守荒山几十年，终将荒山变绿州，也是出于这样的目的。杨善洲的这些实际行动表明，他一直把艰苦奋斗作为自己的生活方式和工作方式，把为共产主义事业奋斗终身的誓言化作了实实在在为百姓干事的动力，充分说明了杨善洲精神是艰苦奋斗进取精神和勤政为民干实事的统一。

4. 清正廉洁、无私奉献的精神品格

清正廉洁、无私奉献是杨善洲精神之魂。对待名利地位，不同的人有不同的态度，一种是追名逐利，一种是淡泊名利，杨善洲无论什么时候都把清正廉洁、无私奉献作为自己的行为准则，始终坚持将党和人民群众的利益放在个人利益前面，真正做到了永远坚守共产党人的精神家园。"共产党的干部，就是不能搞特殊。"杨善洲是这么说的，也是一直这么做的。杨善洲一生淡泊名利、两袖清风、不计个人得失，他这一辈子不为权力所累，不为地位所累，不为名利所累，做到严于律己、清正廉明，自觉地接受党组织和人民群众的监督，始终保持清正廉明的公仆形象，坚决奉行"不请客、不收礼、不铺张、不浪费"的原则，从不利用公权为自己或家人办任何事情，将自己辛苦经营的林场无偿交给国家，将满山林海的财富留给后人。杨善洲虽然是大亮山林场的主要创办人，但他从不从林场领取报酬。他的清正廉明精神"穷了自己家，富了千万家"。全心全意为人民服务的宗旨决定了杨善洲乐于奉献的品质，杨善洲在对待自己利益和他人利益的定位上始终坚持倡义导利，为义舍利，无私奉献。在为官的几十年里，他带领群众积极开阔市场寻找致富之道，努力寻求机遇发展本地的经济和各项社会事业，成为百姓心中的"主心骨""顶梁柱"。他用60年的坚守兑现了入党时的承诺，只要生命不结束，服务人民就不停止。他用一生描绘了共产党人的奉献情怀，体现了领导干部"吃苦在前，享乐在后"的优秀本色。

5.艰苦朴素、勤俭节约的传统美德

艰苦朴素、勤俭节约是杨善洲精神之要。杨善洲一生艰苦奋斗、勤俭利民，始终保持共产党人的优良品质，始终保持劳动人民的朴素本色。杨善洲在从政的几十年里，给群众留下的印象始终是一个普通的百姓，他为了能够节省国家的造林费用，不惜在街道上拾果核、捡粪便作为肥料来进行种植，然后把争取来的资金用于百姓生活的设施修建；杨善洲节约自己和家里人的生活开支，时常从不多的工资里抽取一部分资助他人，把所获得的奖金用于植树造林、捐资办学、扶贫济困等公益事业；他经常头戴蓝布帽，穿的总是一身发了白的灰色中山装，夏天穿草鞋，冬天穿胶鞋，身边经常带着农具，帮着百姓插秧、割稻、翻地除草，走到哪里就和哪里的群众打成一片；在大亮山创办林场，没有地方住，就带领大家用树枝草料搭建窝棚……杨善洲一辈子节衣缩食、生活简朴，在地方党委工作的40多年间，没有抱怨，没有攀比，扎根基层默默苦干，创业期间，自己动手，自力更生。杨善洲不论在哪个岗位上，都始终保持艰苦朴素、勤俭节约的品质。他把为民服务当作一份荣誉和快乐，始终以自己的实际行动和高尚品质激励着广大的干部群众，有力彰显出他艰苦朴素、勤俭节约的生活。

杨善洲是云岭大地涌现出的重大先进典型，是党员干部学习的一本生动鲜活的教科书，他一生的奉献与追求为广大人民群众、青年学生、党员干部树立了一面光辉的旗帜。在全面从严治党的重大时代课题下，学习杨善洲精神，推进党的思想建设、作风建设，对强化党的先进性、纯洁性建设，提高党的执政能力，巩固党的执政地位，弘扬社会主义核心价值观，为社会主义现代化建设提供了强大的精神动力和楷模力量。通过广泛地宣传学习杨善洲精神，在全国范围内营造了学先进、赶先进、超先进的浓厚氛围，树立了一批先进典型，对于充分发挥模范的示范带动作用，保持共产党员先进性，增强党组织创造力、凝聚力和战斗力有显著引领作用。

（二）杨善洲精神的基本特征

1.真理性与实践性的统一

杨善洲作为人民的公仆，是中国共产党人的杰出代表，其精神是党和人民宝贵的财富。杨善洲精神根源于中国革命、建设和改革的多个历史时期，集中体现于对马克思主义科学真理的执着追求和对中国特色社会主义事业的亲身实践。杨善洲精神具有深刻的理论指导性。思想是行动的先导，理论是实践的指南。杨善洲矢志不渝地坚持马克思主义立场、观点和方法，始终以马克思主义的世界观、人生观和价值观为指导，践行中国共产党人"不忘初心、牢记使命"的实践要求。杨善洲精神阐明了共产党员的初心和使命要求，在为人民谋幸福上，杨善洲奉献一生，忠于党的事业，一辈子致力于为滇西边境山区群众谋利益，一辈子奉献于为边疆少数民族地区谋发展；在为民族谋复兴上，杨善洲为官清廉，严以用权，克己奉公，为政以德，是党和国家治国理政的光辉典范。

杨善洲精神具有重要的实践指导性。杨善洲用一生践行了马克思主义"实践第一"的思想观点，其实践指导性集中体现于无私奉献的为民宗旨、为官清廉的从政品格、实事求是的工作作风。第一，在为民宗旨上，杨善洲在日记中写道："共产党人不是要做官，而是要为人民谋福祉。"杨善洲始终把群众利益摆在第一位，致力于帮助基层群众解决各种困难，甘当人民公仆为人民服务是杨善洲毕生的追求。第二，在从政品格上，用杨善洲自己的话说就是："我手中是有权力，但它是党和人民的，只能老老实实用来办公事。"他严于律己，不断自觉树立全心全意为人民奉献的品格和一辈子对人民群众负责的精神，做到从群众中来，到群众中去。第三，在工作作风上，杨善洲一生中作风踏实，深入基层，对官僚主义、享乐主义深恶痛疾，把优良的党风凝聚为党心、民心的强大正能量。

2. 个人理想与社会理想的统一

个人理想指处于一定历史条件和社会关系中的个体对于自己未来的物质生活、精神生活所产生的种种向往和追求，社会理想是指社会集体乃至全社会成员的共同理想。杨善洲精神集中体现于把个人的理想统一于共产主义远大理想和中国特色社会主义共同理想之中。

作为始终在一线奋斗的党员干部，杨善洲以共产党人的远大理想作为奋斗目标，把为人民谋幸福的理想信念与现实相统一，时刻把理想信念内化于心、外化于行，思想上坚定，感情上投入，行动上付出，把马克思主义的崇高信仰化为实实在在的动力，以服务人民为毕生追求和行动准则，继承了中华民族优秀文化和传统伦理道德的精髓。同时，杨善洲倾心中国特色社会主义伟大事业，不但表现在他的各种讲话之中，更表现在他的实践行动中。杨善洲写道："艰苦奋斗的革命精神，来源于远大理想和坚定的信念。理想和信念是革命者的精神支柱。有了这个精神支柱就会产生勇敢和毅力，就能克服一切困难险阻，就能经得起生死考验。"杨善洲这种敢于正视困难、不畏艰难险阻的高尚品质就是为实现共产主义远大理想，为实现中国特色社会主义伟大事业，为实现中华民族伟大复兴而奋斗的精神体现。

3. 民族精神与时代精神的统一

民族精神是中华民族在长期共同生活和社会实践中形成的并被本民族大部分成员所认同的价值取向、思维方式、道德规范和精神气质的总和，杨善洲用一生证明了中华民族精神中的伟大奋斗精神、伟大团结精神和伟大梦想精神。时代精神是一个国家和民族在新的历史方位下形成和发展的，体现为民族特质并顺应时代潮流的思想观念、价值取向、精神风貌和社会风尚的总和。杨善洲精神体现了民族精神和时代精神的辩证统一。

杨善洲时刻秉持着要幸福就要奋斗的理念。时任云南省委书记普朝柱代表省委找杨善洲谈话，打算安排他到省人大常委会工作，并建议他在昆明安享晚年。杨善洲婉言谢绝了，说："我要回到家乡种树，为家乡百姓造一片绿洲。"他的话语当中流露着艰苦创业的高贵品质和不懈的奋斗精神，后来他用行动践行了"绿水青山就是金山银山"的理念，用余生为滇西边境山区发展谋出了一条绿色之路。中华民族精神中的伟大奋斗精神、伟大团结精神和伟大梦想精神都被杨善洲展现得淋漓尽致，他用一生来响应党"不忘初心、牢记使命"的号召，用一生来警示后人要幸福就要奋斗。同时，杨善洲始终牢记党的初心和使命，一辈子将人民群众的利益放在首位，以共产党员的崇高信念，坚守共产党员的精神家园，并赋予了时代的价值。作为一名优秀的共产党员，杨善洲不仅用行动证明了中华民族的民族精神，他的言语也在后人心中留下了深深的烙印。杨善洲这种不畏前路坎坷、不贪图安逸享乐的品格以及至死不渝的高贵品质都深刻地反映了中华民族精神和与时俱进的时代精神。

杨善洲是云岭大地涌现出的重大先进典型，是党员干部学习的一本生动鲜活的教科书，他一生的奉献与追求为广大人民群众、青年学生、党员干部树立了一面光辉的旗帜。在全面从严治党的重大时代课题下，学习杨善洲精神，推进党的思想建设、作风建设，对强化党的先进性、纯洁性建设，提高党的执政能力，巩固党的执政地位，弘扬社会主义核心价值观，为社会主义现代化建设提供强大的精神动力和楷模力量。通过广泛地宣传学习杨善洲精神，有利于营造学先进、赶先进、超先进的浓厚氛围，树立一批先进典型，能充分发挥模范的示范带动作用，保持共产党员先进性，增强党组织创造力、凝聚力和战斗力。

（三）杨善洲精神的价值剖析

1.历史价值维度

（1）杨善洲精神是中华沃土上耸立的又一座精神丰碑

作为党的一员，在党内生活中，杨善洲无时无刻不受到党的优良传统和作风的教育、熏陶、引导和感染。杨善洲身上折射出我们党的优良作风影子，他的精神正是党的优良传统持续得到传承和发扬光大的历史丰碑，同时，也正是党的优良传统和作风，成为指引杨善洲强化党员自我修养意识，恪守原则，坚定信仰并自觉践行党的各项要求的指明灯。党的优良传统和作风，在新时代不断赋予新内涵、提出新要求。杨善洲心胸宽广，志向远大，把献身于人民事业、更好地满足国家和人民需要作为自己的执着信念，以身作则践行了共产党人的价值观。

杨善洲心怀百姓，具备共产党为人民服务的公仆意识。杨善洲始终把满足人民群众的需要放在首位，坚持一切工作的出发点和落脚点就是为了人民群众，始终与人民群众血肉相连，为老百姓做实事，深入到基层，体察百姓，心系百姓，想群众所想，回群众所盼，帮群众所需，真正做到为民谋利，真正体现为民、爱民、利民的公仆情怀，正是秉持这些价值和精神，才得到百姓发自内心的肯定和赞扬，赢得了人民群众的支持，作出了伟大贡献。

杨善洲鞠躬尽瘁，献身党的事业，勇担重任，带领群众谋发展、谋福祉。杨善洲勇担责任，竭尽心力献身党的事业。作为领导干部，他没有搞花架子和形式主义，开展工作时讲求实际，带头务实，坚持苦干实干，没有官僚作风，还深入农村做调查，帮助群众找种子、送粮食，亲自给农户拌肥料、插秧苗，带领群众谋发展、为百姓谋福祉。在工作岗位上竭尽全力谋发展，退休之后继续不懈为群众造福。他自己说"干革命要干到脚直眼闭"，他退休后造林大亮山这一壮举，是兑现自己为群众谋利益、福祉的承诺的实践证明。

杨善洲廉洁奉公，洁身自律，为人正直，是我们党和人民群众学习的好榜样。他为官以来，与世无争，从不为自己和家人、亲朋好友谋取私利，始终保持一颗淡泊的心，"杨善洲为群众的'正门'总是敞开的，但为自己、为亲朋的'后门'关得紧紧的"[①]，始终坚持权力姓"公"，绝不因私事私情丢公义费公事。任职期间，他甘于奉献，任劳任怨，甚至该享受的不享受，经常一身中山装，穿解放鞋、草鞋，和家人长期过着清苦日子，把金钱、物质视为身外之物；他日夜操劳，穷思苦索如何多为百姓办一点实事，对群众真心实意，付出辛劳汗水的同时不抱怨、不计较个人得失，也不求回报，始终践行共产党人高尚的人生价值和精神追求，抵御金钱权力等各种诱惑。领导干部只有坚定政治立场，在坚定理想信念和正确价值观的引领下，才能树立正确的权力观，才能"不能光想着自己、光想着钱，时刻牢记自己的使命"。精神是一个国家、一个民族、一个政党生存的根基。几十年来，党的优良传统和作风不断传承发展，先后诞生了焦裕禄精神、杨善洲精神、塞罕坝精神等宝贵的精神财富，涌现出一大批时代楷模和先进典型模范，他们时刻牢记为民宗旨，坚持党的优良传统和使命意识。在杨善洲的内心深处，时刻有党的信仰之灯指引他明确自己的身份和责任，党的信念之光教他如何做一名合格的领导干部。杨善洲的事迹是对党的优良传统的最好书写，在杨善洲的人生辞典里，党的优良传统和作风集中体现在他身上就是心中装有百姓，时刻清楚为谁服务，不计较个人利益，不存私心，把个人理想和国家的建设事业融为一体，始终相信群众、依靠群众。杨善洲精神作为一种榜样力量，在党的建设中发挥着重要的作用，增强了党组织的凝聚力和战斗力。

（2）杨善洲精神始终朝向党肩负的历史责任方向

杨善洲精神是历史的价值取向，是时代的标杆。伟大事业涵养伟大

---

① 邓有凯：《浅谈杨善洲精神形成的起点问题》，《云南开放大学学报》2018年第1期。

精神，伟大精神助推伟大事业。杨善洲精神是在党的建设事业指导下，在党发展的不同历史阶段，根据形势任务和岗位变化，坚守党的使命意识和责任担当中孕育产生的，同时杨善洲精神也为推动党的事业提供了强大的精神动力和智力支持，弘扬杨善洲精神是历史与现实的要求。杨善洲知恩报恩，体现了共产党人的使命意识，杨善洲始终以感恩的心对待社会、对待群众、对待工作，感恩党组织培养，感恩家人的理解支持，感恩群众。杨善洲有着高度的责任意识和使命感，他说："入党时我们都向党宣过誓，干革命要干到脚直眼闭，现在任务还没完成，我怎么能歇下来？"① 为了兑现入党时全心全意为人民服务的承诺，他退休之后没有停止工作，依旧心怀百姓，退休后的二十年都把心思花在了大亮山上，践行了共产党人的根本宗旨。改革开放时期，胡耀邦曾到保山视察指导工作，刚好遇到全身沾满泥土、从田间赶回来的杨善洲，当时胡耀邦还夸赞杨善洲的朴实干部作风。榜样本质上是一种精神和价值载体，当前，随着世界形势发生深刻变化，我国面临复杂的各种外部环境考验，提高领导干部的素质能力需要传承和发扬杨善洲精神，弘扬他艰苦奋斗、勤俭节约、廉洁从政、用权为民的服务意识和奉献精神。榜样是一面鲜活的旗帜，榜样的力量是无穷的，新的历史征程要求我们要依靠榜样指引方向，滋润心田，以榜样的力量引领伟大精神，汇聚强大的正能量，推动伟大事业的发展。

2. 现实价值维度

（1）杨善洲精神为开展"不忘初心、牢记使命"主题教育提供鲜活教材

为中国人民谋幸福、为中华民族谋复兴，这是中国共产党人的初心和使命。无论我们走得多远，都不能忘记来时的路。党的十九大以来，"不忘初心、牢记使命"主题教育在全党的开展，党的十九届四中全会

① 党的生活杂志社：《杨善洲箴言》，云南人民出版社 2010 年版，第 8 页。

提出推动"不忘初心、牢记使命"制度的建立，这些重大举措表明，传承好红色基因、用好红色资源、传播好革命文化来开展主题教育，是全国各族人民凝心聚力、筑牢思想防线的需要，是激励中国共产党人团结奋斗、为民谋利的根本动力，是用习近平新时代中国特色社会主义思想武装全党的需要，是党保持同人民群众血肉联系的迫切需要。

习近平总书记在主题教育工作会议上指出："思想政治受洗礼"的重点目标是教育引导广大党员干部坚定马克思主义信仰。首先政治上要忠诚和坚定，尤其在大是大非、重大考验面前必须立场坚定，旗帜鲜明，做到对党、国家和社会主义建设事业无限忠诚；其次要坚定对中国特色社会主义的信念，针对一些党员干部存在的苦干实干精神不振、担当劲头不够问题，要坚持原则，旗帜鲜明讲政治，教育引导广大党员干部传承红色基因，像革命先辈学习，发扬中国共产党人的优良传统和朴实作风。几十年来，杨善洲一直是共产党人精神家园坚守者，以勤奋务实的艰苦工作作风践行共产党人的初心和使命，不仅是好党员好干部的光辉榜样，同时生动诠释了我们广大党员干部和人民群众为政、干事、做人的标准。从群众中来，到群众中去，铸就了他终身追求的价值原则和政治理念，形成了独特的精神气质——杨善洲精神。杨善洲精神作为红色基因的重要组成部分，在"不忘初心、牢记使命"主题教育中更应该得到传承和弘扬。对照初心和使命，用杨善洲精神激励广大党员干部围绕理想信念坚定、全心全意为人民服务、廉洁务实的好干部标准来加强自身思想政治建设，同时引导青少年积极向先进典型榜样学习。

（2）杨善洲精神为新时代党的建设涵养充沛力量

"全党同志，特别是高级干部要加强党性锻炼，不断提高政治觉悟和政治能力，把对党忠诚，为党分忧、为党尽职、为民造福作为根本政治担当，永葆共产党人政治本色"。① 政治觉悟和政治能力不是与生俱

---

① 左高山、段外宾：《论政治品格与治理能力》，《当代世界与社会主义》2020 年第 1 期。

第一章 杨善洲精神基本问题概要

来的，始终保持党的政治觉悟、永葆共产党人的政治本色，要求党员和领导干部学习杨善洲，严格要求自己的一言一行、一举一动，坚持以身作则，时刻牢记自己是共产党员，树立榜样意识和底线意识，要求别人做到的自己首先做到，要求别人不能触碰的高压线自己首先不能触碰。忠诚老实、公道正派、淡泊名利、廉洁奉公，把党和群众的利益放在个人利益前面，在大是大非面前经受各种风浪和考验，才能提高自身的党性修养，兑现自己对人民、对党和国家许下的庄严承诺。

首先，杨善洲精神是加强党的思想建设的政治营养。我们党的优良传统是思想政治建设，思想建设是党的一项基础性建设，也是党的传统政治优势。坚定的理想信念、崇高的精神信仰从来就不是自发产生的，要靠在党内生活中常锻炼，在各项工作和社会实践中磨砺，打铁还需自身硬，要炼就"金刚不坏之身"，必须用科学理论武装头脑，通过不断学习原著，学先进典型，不断补足"精神之钙"，筑牢精神之魂，才能不断培植我们的精神家园。

我们党的先进性和纯洁性之所以能永葆新鲜，就在于我们党注重加强思想政治建设。要引导广大党员和干部群众学习先进前辈的思想，学他们的坚定信念和高尚情怀，不断用先进典型的生动教材净化党员干部的心灵，抓好理论思想武装，使之内化为行动的精神动力，助推广大党员群众做好本职工作。"杨善洲同志的先进事迹和感人精神已成为全国共产党员的楷模和各级干部学习的榜样，成为继雷锋、焦裕禄等之后的又一重大典型"①。杨善洲精神是一面历史明镜，党员干部在工作中可以对照它发现不足、找到差距，能够有力提高党员干部思想觉悟，强化班子成员的事业心和使命感，活学真用，对加强党的思想建设具有重要意义。历史和实践证明，理想信念坚定，才能政治坚定，登高看远，时刻

---

① 杨邵燕、冯庆庭：《研究杨善洲精神的价值》，《中共云南省委党校学报》2012 年第6 期。

增强党的意识，才能坚持正确的政治方向，以史为镜，时刻提醒自己对照时代标杆，学习时代楷模，才能经受各种风险考验，抵制腐朽思想的侵蚀。

其次，杨善洲精神是加强党的作风建设的政治标杆。要像杨善洲一样"把人民群众满意作为行使权力的根本标准，常怀敬畏之心、戒惧之意，自觉接受监督，不断增强辨别是非和抵制诱惑的能力，公正处事、公道用人，克己奉公、清正廉洁"[①]。作风是党性和人格的外在表现，党的作风就是党的形象。马克思主义执政党具备强大的真理力量和人格力量，真理力量体现为党制定的正确的理论、路线、方针和政策，人格力量集中体现为我们党长期保持的优良作风。党的作风代表着党的形象，因此作风建设至关重要，关系着我们各项社会主义建设事业的兴衰成败。杨善洲精神在思想作风上体现为坚定的理想信念、任劳任怨的公仆情怀；杨善洲常说，"我手中的权力是党和人民给的，只能用来为人民服务，而不能用来为人民币服务"[②]，杨善洲率先垂范，在生活上勤俭朴素，修身正己，在工作上不端架子，靠前指挥，凡事都亲力亲为，甘当小学生，亲民爱民，时刻保持谦虚谨慎、密切联系群众的作风。以杨善洲精神为引领，切实抓好党的作风建设，才能密切同广大人民群众的血肉联系。

最后，杨善洲精神是党的纯洁性建设的戒尺。党的纯洁性的基本前提和根本要求首先表现为道德品质和思想政治的纯洁，道德品质纯洁是思想政治纯洁的基础，思想政治纯洁是道德品质纯洁的集中表现。古人云：心有敬畏，才能行有所止；心有戒尺，才能行有所虑。党员干部能否常怀敬畏和戒惧之心，不仅关乎党员的党性修养，同时关乎党的执政之基。杨善洲退休后，收到省人大常委会让他搬到昆明工作和居住的邀

---

① 本刊编辑部：《学习杨善洲精神　做人民满意的好党员好干部》，《理论导报》2011年第4期。

② 邓有凯：《浅谈杨善洲精神形成的起点问题》，《云南开放大学学报》2018年第1期。

请，但他没有接受，退休后的第三天，就回到家乡同乡亲们一起种树，以实际行动造福百姓，为家乡造一片绿。"我公开讲过的，退休后给家乡群众办点实事，共产党人说话算数，不能哄弄群众嘛！"①朴实的话语中，可以看出他就是这样一个思想极其纯净的党员。在杨善洲的精神世界里，没有功利浮躁，没有虚假奢华，真正做到了"职务退休，党员身份永远不退休"。杨善洲精神充分体现了"当官不摆谱，职权不滥用，民情不忘怀"的纯洁党性，对理想信念的不懈追求体现了党的纯洁性，对人民群众的真挚感情维护了党的纯洁性，对党性原则的严格自律保持了党的纯洁性。"为官做什么？在岗干什么？身后留什么？"这是每个党员干部都应思考的问题。杨善洲没有豪言壮举，只有朴素率真，一生都恪守践行"手中的权力来自人民，就要造福人民"的党性原则。他几十年如一日地严于律己，恪尽职守，在工作和学习各个方面率先带头，真正做到严人先严己，胸怀共产党人的情怀，心系群众、服务群众，这些纯洁的品质、思想和作风，是他永葆共产党人先进性与纯洁性的根源。

四、践行杨善洲精神的实践向度和制度建设路径

杨善洲精神不是空洞的抽象的，而是具体的历史的，也是主体的和现实的。学习、宣传和弘扬杨善洲精神不应该只是简单地停留在口头上，不应该只是作为宣传标语张贴在墙壁上，而应该在实际工作中去践行，特别是共产党员和领导干部更应该成为杨善洲精神的积极践行者、大力弘扬者，让杨善洲精神成为推动工作的宝贵的精神财富。

---

① 党的生活杂志社：《杨善洲箴言》，云南人民出版社 2010 年版，第 13 页。

（一）践行杨善洲精神的实践向度

实践向度即实践的指示方向，是指导人们进行实践的方向指针。明确的实践向度能够在意识层面上为人们推动工作的开展起到正确的导向作用。践行杨善洲精神，就需要把握他坚定的理想信念、赤诚的为民情怀、强烈的担当精神和清廉的为政品格这四个方面的实践向度。

1. 学习践行杨善洲坚定的理想信念

作为共产党员，安身立命的根本就在于坚定理想信念，坚守精神追求。中国共产党人的政治灵魂在于坚守信仰、信念和信心，坚守马克思主义信仰，坚定共产主义和社会主义信念，坚信中华民族伟大复兴中国梦实现的信心。习近平总书记一再强调："理想信念就是共产党人精神上的'钙'，没有理想信念，理想信念不坚定，精神上就会'缺钙'，就会得'软骨病'"。① 坚定理想信念，是领导干部练就"金刚不坏之身"的根基，根基动摇，关键时候就靠不住、信不过、不放心。

学习杨善洲坚定的理想信念就要做到，首先，要保持对共产主义远大理想和奋斗目标的清醒认识和执着追求。每个人都应当树立"共产主义一定会实现，共产主义一定能实现"的理想目标，并将其作为毕生矢志不渝的追求，这样社会主义事业的发展才有明确的方向，前进才会更加充满动力。当前，中国特色社会主义事业正蓬勃发展，我们党确立的"两个一百年"奋斗目标中的第一个百年奋斗目标已经实现，我们开启了全面建设社会主义现代化强国的第二个百年奋斗目标，纵观历史发展大势，共产主义将在一代代中国人民接力奋斗中实现。对此，我们要坚定信心、绝不含糊。其次，要增强对中国特色社会主义的道路自信、理论自信、制度自信、文化自信。道路自信才能坚定党的事业发展方向，理论自信是我们党事业发展的指导原则，制度自信是我们党事业发展的

---

① 《习近平谈治国理政》第一卷，外文出版社 2018 年版，第 15 页。

重要保障，文化自信是我们党事业发展的精神动力。只有坚定"四个自信"才能推动党和国家事业的发展，才能实现远大目标。最后，要牢固树立党的宗旨和原则，坚持全心全意为人民服务。"全心全意为人民服务"既是党的价值追求，也是党员干部的实践要求。践行党的宗旨原则，在实践中为人民谋利益、谋福祉，消除自己的私心杂念，保持共产党员的昂扬斗志，方能彰显共产党员的先进本色。

2. 学习践行杨善洲赤诚的为民情怀

"为什么人、靠什么人的问题，是检验一个政党、一个政权性质的试金石。"① 中国共产党来自于人民，扎根于人民，其性质和宗旨始终是代表人民和维护人民利益。共产党员和各级领导干部始终把人民立场作为根本立场，把为人民谋幸福作为根本使命，这是共产党员不忘初心、牢记使命的自觉担当。

学习杨善洲赤诚的为民情怀就要做到，首先，要密切联系群众，把人民群众当亲人。"共产党执政后，有的共产党员沾染官僚主义习气，存在着脱离实际和脱离群众的危险。"② 解决官僚主义等问题是不容易的，如何克服脱离实际的问题，如何避免脱离群众的现象，如何改变做官当老爷的问题，杨善洲用自己的行为给出了答案。杨善洲与人民同吃、同住、同劳动的模范行为，值得我们每一位党员领导干部学习。学习他能够摆正自己的位置，正确认识领导干部与人民群众的关系；学习他不做官老爷，只做人民的公仆；学习他把人民当亲人，与人民打成一片的赤诚。正如习近平总书记所说，党员领导干部"要深怀爱民之心，自觉摆正与人民群众的关系，不断增进与人民群众的真挚情感，设身处地，时刻把人民群众的安危冷暖挂在心上"③。其次，要时刻把人民群众

---

① 《习近平关于"不忘初心、牢记使命"论述摘编》，中央文献出版社 2018 年版，第 143 页。

② 《邓小平文选》第一卷，人民出版社 1994 年版，第 214 页。

③ 习近平：《结合新的实际大力弘扬焦裕禄精神》，《求是》2009 年第 10 期。

的冷暖记在心间。领导干部主政一方应当造福一方，要着力解决人民群众日常生活中最为紧迫和现实的利益问题。习近平总书记指出，党员干部"多做一些雪中送炭、急人之困的工作，少做锦上添花、花上垒花的虚功。"① 因此，党员干部应当竭尽全力去解决人民群众生活中所面临的困难，不搞或者少搞脱离群众、脱离现实且并无益处的形象工程、面子工程、政绩工程。领导干部要想群众之所想、急群众之所急，把群众冷暖时刻记在心上，这样才能真正践行立党为公、执政为民的理念。最后，要学会拜人民群众为师。人民是社会物质财富和精神财富的创造者，人民群众中蕴含着巨大的智慧和力量。党员领导干部要尊重人民群众的首创精神，并要积极地俯下身子向人民学习。各级领导干部要把基层当作磨砺自己的"责任田"，要俯下身去，深入基层、深入群众，在与群众的交流交往中汲取营养与智慧，增强为群众服务的本领，增进同群众的感情。

3. 学习践行杨善洲强烈的责任担当

党员干部身处职位，要积极做一个发展的开路人，为官一任，造福一方。要带头强化责任落实，锐意进取，奋发有为，尽心履职，克难攻坚，创造经得起实践、历史和人民检验的业绩。强烈的担当精神和责任情怀是一名合格干部应有的品质。

学习杨善洲强烈的责任担当就要做到，首先，要有胸怀乐观主义的顽强斗志。梦想不可能一夜成真，事业不可能一蹴而就。想问题、办事情都要遵其规律而行，不可急于求成。习近平总书记指出，领导干部要以"功成不必在我"的精神境界和"功成必定有我"的使命担当，发扬钉钉子精神，一张蓝图绘到底，一任接着一任干。这一指示为领导干部干事创业指明了方向。同时，任何事业的发展都不可能一帆风顺，都会

---

① 中共中央宣传部：《习近平总书记系列重要讲话读本》，人民出版社 2014 年版，第111 页。

遇到各种各样的困难，面对这些问题党员干部要有不服输的劲头，创新工作方法，增强工作本领，积极应对挑战，以乐观的精神、顽强的意志干事创业，争取为人民谋取更大的福祉。其次，要有舍我其谁的责任担当。党员干部身处要职责任重大，要时刻把人民的冷暖记在心头，要把为百姓谋幸福作为奋斗的目标，主动担当、勇于作为，切忌怀有"责任是别人的，政绩是自己的"这种错误思想。在领导职位上，要敢于担责、勇于担责，因为只有把责任落到自己的肩上才会有踏实做事的干劲，才会积极干事主动作为。最后，要有求真务实的工作作风。领导干部勇于担当就来不得半点虚假，就应该以求真务实的精神，深入基层调查研究，这样才能为决策部署提供真实有效的信息支撑。一段时间以来，一些领导干部不愿意到基层走访调研，只满足于阅读材料、听取汇报，忙于"文山会海"，不热衷于研究新问题，总是靠经验办事；而一些领导表面上重视调研，但在实际调研过程中仅仅只是满足于走一走、看一看、听一听，根本达不到调查研究的要求。要想真正了解实情就必须有社会调查的意识，坚持问题导向，明确调查对象和目的，把握事实真相，抓住事物的本质规律和内在规定性，找到方法与对策来解决问题。因此，只有认真进行调查研究，才能真正落实调查研究的作风，承担其应有的责任。

4. 学习践行杨善洲清廉务实的为政品格

"廉洁自律是共产党人为官做人的底线。"① 干部清廉、政治清明是社会主义事业蓬勃发展的必然要求，也是我们党生生不息、锻造强大生命力的应有之义。杨善洲等优秀共产党员，他们艰苦奋斗、廉洁奉公的行为激励千千万万的国家公职人员，他们的身上闪耀着绚丽的光芒。学习杨善洲精神，就要把他清廉的为政品格落实到实际行动之中。

学习杨善洲清廉的为政品格就要做到，首先，要有艰苦朴素和勤俭

---

① 《习近平谈治国理政》第二卷，外文出版社 2017 年版，第 148 页。

节约的道德情操。勤俭节约、艰苦朴素是我们党的优良传统，也是我们党能够长期执政的重要原因所在。经过改革开放四十多年来的发展，我国的经济实力得到了显著增强，不仅国家强盛了，而且人民生活水平也有很大的提升。然而，在这样的环境下一些领导干部慢慢遗忘了我们党勤俭节约、艰苦朴素的优良传统，过上骄奢淫欲的腐败生活。这样的想法和做法实际上是错误的，必须严厉批评并加以制止。我们应该清醒地认识到，虽然我们国家现在已经富裕起来，但我们依然是发展中国家，人民的生活水平和收入差异还很大，在边疆贫困地区还有很多百姓才脱贫。因此，党员干部应该始终保持和发扬朴素的生活作风，牢固树立勤俭节约的观念，坚决同贪污浪费等违法行为作斗争。其次，要有廉洁奉公的政治素养。权力一旦被滥用，就会成为滋生腐败的温床。领导干部手里握着人民赋予的权力，理应全心全意为人民服务，而不为自己谋取私利。因此，做到廉洁奉公首先就要秉公用权。习近平总书记曾经说过，领导干部"要树立权力就是服务的意识，自觉做到用权为公而不为私，施权于民而不于己，绝不能把权力变成谋取私利的工具，确保权力来自于民又服务于民"。同时领导干部要自觉抵制各种不良诱惑，在工作中要谨慎交友，谨慎处事，保持定力，筑牢拒腐防腐的底线，自觉抵制各种"糖衣炮弹"，始终做到清正廉洁。最后，要以严厉的姿态反对搞特殊。"共产党人不是同其他工人政党相对立的特殊政党。他们没有任何同整个无产阶级的利益不同的利益。"①共产党人始终代表绝大多数的普通群众，因此，党员领导干部是广大党员干部队伍里的一分子，也是普通大众的一分子，对于需要普通群众遵守的法律法规，党员领导干部要切实遵守；禁止其他人去做的事，领导干部自己要坚决不做。领导干部因身份、职责特殊，要真正做到"正人先正己"，充分发挥模范带头作用，就应该对他们提出更高的要求和更严的标准，对他们的行为进

---

① 《马克思恩格斯选集》第一卷，人民出版社 2012 年版，第 413 页。

行严格规范。

（二）践行杨善洲精神的制度化建设要求

制度具有管根本、管长远、管全局的作用，具有指导性和约束性、稳定性和长期性、规范性和程序性的特征，制度建设能够使相关事物的功能得到最大限度的发挥。学习和践行杨善洲精神，应注重和加强制度建设，形成学习践行的制度化安排。形成践行杨善洲精神的有效制度，将为这一精神的持续宣传、弘扬和践行提供保障，为将这一精神融入中国共产党的精神谱系及其实践提供制度依据。

1. 以学习践行杨善洲精神推动共产党人理想信念教育的制度化建设

围绕新时代党的建设总要求，理想信念建设是根基，只有筑牢这个根基，坚定了理想信念，才不会在精神上"缺钙"，才不会患上"软骨病"。全面从严治党的关键就在思想教育从严，思想建设是根本、是首位，体现了共产党人的信仰，是政治灵魂和统帅，而思想教育的落脚点就是理想信念。一个政权的瓦解，往往是从思想领域开始的，"坚定理想信念是党的思想建设的首要任务"①，共产党人的政治灵魂存在于理想信念之中，共产党人的初心渗透在理想信念之中，崇高而坚定的理想信念是共产党人精神必需品，任何时候都不可缺失。沿着树立共产主义远大理想的方向义无反顾前行，才能确保我党前景光明、步伐有力，牢记党的性质和宗旨，才能走好新时代的长征路。杨善洲曾说，"共产党人不是要做官，而是要为人民谋福祉"，2018 年 12 月，在庆祝改革开放40 周年大会上，我们党表彰了一批为改革开放作出杰出贡献的个人和集体。杨善洲被党中央、国务院授予"改革先锋"称号。杨善洲曾说：

---

① 中共中央宣传部：《习近平新时代中国特色社会主义思想三十讲》，学习出版社 2018年版，第 312 页。

"艰苦奋斗的革命精神来源于远大理想和坚定的信念，理想和信念是革命者的精神支柱，有了这个精神支柱，就产生勇敢和毅力，就能克服一切困难险阻"。权力是一柄双刃剑，但是杨善洲的品德、修养、本领，没有因为职务职位的变化而变化，反而以全心全意为人民服务获得了最广泛、最可靠、最牢固的群众基础和力量源泉。[①] 这无疑源于不断加强党性修养，自觉实践党的宗旨，不为权力、地位、名利、私情所累。在杨善洲身上，我们看到了一种矢志不渝的理想信念、高尚的价值追求、牢固的思想政治基础，他的可贵之处就在于能够坚定共产党人的理想信念，正是这种信念和精神，造就了这样一位不朽的楷模。坚定的理想信念成为全党全国各族人民不断砥砺前行的强大精神动力，成为中华民族伟大精神得以不断延续的生命源泉。

2. 以学习践行杨善洲精神推动党的宗旨贯彻制度化建设

习近平总书记反复指出，践行全心全意为人民服务根本宗旨，就要把人民放在共产党人心中的最高位置，始终植根人民、造福人民。中国共产党之所以由小变大、由弱变强，就是因为党以全心全意为人民服务为根本宗旨，并践行这个根本宗旨。正是由于在广大党员干部中存在一批像杨善洲这样的先进人物，他们时刻心系人民群众，情系人民群众，想群众所想，急群众所急，帮群众所需，全心全意为人民服务，我们党才有了强大的生命力，实现了长期执政。杨善洲作为一名党员领导干部，艰苦奋斗、甘于奉献、勇于牺牲的革命精神为中国共产党注入了非凡的力量。他常说："共产党员不要躲到机关里做盆景，要到人民群众中去做雪松。"[②] 在杨善洲的精神信仰里，始终把心系群众、恪尽职守、立党为公、执政为民视为笃行共产党人庄严承诺忠贞不渝的实践主题。"我们干工作，不是做给上级看的，而是为了人民群众的幸福。""不要

① 赵德光：《在主题教育中要大力传承弘扬杨善洲精神》，《社会主义论坛》2019年第11期。

② 党的生活杂志社：《杨善洲箴言》，云南人民出版社2010年版，第15页。

凑数字，要实事求是跟老百姓算账，要真正给老百姓带来富裕，要帮助老百姓找到一个致富项目，帮助老百姓发展产业，工作作风要扎实，不要图虚名。"杨善洲把群众的小事都看作关系自身利益的大事，他一辈子为群众做好事、办实事、解难事，无论在什么时候、什么岗位上，都把党和人民的事业看得比泰山还重，一心在为解决群众疾苦奋斗，带领干部群众种田，开展经营，新修水利设施，把保山地区建成全国有名的"滇西粮仓"，直到退休都不忘把林场上交给国家，把公益林分配给乡村百姓。杨善洲曾经在工作笔记中写道："共产党人什么困难也不怕，就怕脱离群众、失掉民心。共产党人不是要做官，而是要为人民谋福祉。"①能不能实现好、维护好、发展好最广大人民的根本利益，能不能坚持群众路线，是检验一个政党先进性的试金石。伟大的时代，需要伟大的精神。杨善洲精神就是在实现中华民族伟大复兴中国梦的时代条件下应运而生的，要在全社会高度重视杨善洲精神的激励和向导作用，彰显党的服务宗旨。

3. 以学习践行杨善洲精神推动群众工作方法实行的制度化建设

坚持问题导向，着力解决宗旨意识淡薄、忽视群众利益、漠视群众疾苦的问题，党中央特别强调的工作要求。因此，全体党员干部要不断增强为人民服务的宗旨意识，以创新精神做好群众工作。杨善洲的群众工作方法与其生活的环境和所处的时代有着紧密的联系，具有鲜明的时代特色。杨善洲出生于一个贫苦的农民家庭，接受党的教育、参加革命工作等经历，使他对党和国家的感恩与热情逐渐升华为一种深厚的群众观念，这种观念生发于他心灵深处，外化为工作与生活中的自觉行动。他说："走路最能深入群众，一路走，一路看，一路问，和农民吃在一起，住在一起，干在一起，了解的情况才真实。"②杨善洲带着感情做好

---

① 党的生活杂志社：《杨善洲箴言》，云南人民出版社 2010 年版，第 10 页。

② 党的生活杂志社：《杨善洲箴言》，云南人民出版社 2010 年版，第 2 页。

群众工作，不论大小事都身体力行，把群众当作自己人，服务群众，以带领群众过上好日子作为自己的工作目标，为民做事不图名、不求利。担任县、地领导30多年，当官却不像官，一直保持勤劳淳朴的农民本色，经常在田里和农民一起劳动，浑身沾满泥水，"草鞋书记""泥腿子书记"就是老百姓对他的亲切称呼。从群众中来，到群众中去，成了他终身追求的政治理念和价值原则，做好群众工作成为最为核心的价值基石。杨善洲之所以能够一辈子表里如一，亲民爱民，艰苦朴素，献身事业，努力奋斗，在于他用一辈子的时间传承和实践从群众中来、到群众中去的工作方法，努力践行全心全意为人民服务的宗旨。

4.以学习践行杨善洲精神推动社会主义核心价值观弘扬践行的制度化建设

在习近平新时代中国特色社会主义思想引领下，凝聚各方力量，以民族精神和时代精神鼓舞斗志，是巩固全党全国各族人民团结奋斗的共同思想基础的需要。杨善洲精神充分彰显了社会主义的榜样力量和道德力量，榜样的力量是无穷的。杨善洲退休以后主动放弃进省城安享晚年的机会，不忘为家乡做点事的诺言，毅然决定回到家乡，扎根大亮山22载，带领大家植树造林建成5.6万亩林场，以实际行动把荒山变成了成片的绿林并将林场无偿捐赠给国家。基于祖国的深厚感情，杨善洲自觉感恩和报效国家。无论做什么工作，他总是脚踏实地、埋头苦干，身先士卒、率先垂范；只要认准的事，他就一抓到底并持之以恒，不达目的不罢休，用自己的模范行为影响和带动了各级干部。他一心为民服务的公仆情怀和服务精神、勤政务实的敬业精神，践行诺言、把人民群众的利益需求摆在最高的位置，这些优良品质和崇高境界与社会主义核心价值观的内容完全吻合，播种了社会主义道德的伟大力量和核心价值观的理念，是对社会主义核心价值观的生动实践。

5. 以学习践行杨善洲精神推动领导干部家风家教的制度化建设

习近平总书记高度重视家庭家教家风建设，他明确指出："不论时代发生多大变化，不论生活格局发生多大变化，我们都要重视家庭建设，注重家庭、注重家教、注重家风。"[①] 总书记要求各级领导干部向焦裕禄、谷文昌、杨善洲等同志学习，做家风建设的表率，严格要求亲属子女，过好亲情关，把修身、齐家落到实处。天下之本在于家，家庭是社会的细胞，"家风正则民风淳，民风淳则社稷安"。领导干部的家风问题关系道德和纪律，党员干部的家风不仅代表着个人形象和家庭形象，还关系到党员干部的家风建设和领导干部作风建设，更关系党风政风。要探索把自律和他律结合的家风家教制度化建设路子。学习和践行杨善洲精神，要形成学习和践行杨善洲始终把纪律和规矩摆在首位，坚持从自己做起，从身边人管起，从来不对自己和家人搞特殊的制度；要形成学习和践行杨善洲始终把人民利益放在第一位、廉洁从政的制度；要形成学习和践行杨善洲始终真心诚意为人民谋利益，把为人民服务作为自己安身立命、从政为民根本的制度。

（三）践行杨善洲精神制度化建设的方向

党员干部带头践行杨善洲精神就要坚持"不忘初心、牢记使命"制度，加强思想作风建设；要完善领导干部心系群众制度，改善党的领导作风；要完善领导干部调查研究制度，改进党的工作作风。

1. 践行杨善洲精神推进初心使命教育制度建设

不忘初心，方得始终。中国共产党的初心和使命指明了每一个共产党员的神圣职责。坚持"不忘初心、牢记使命"制度，恪守党的性质宗旨，"确保全党遵守党章，坚持用共产主义远大理想和中国特色社会主

---

① 《习近平关于社会主义文化建设论述摘编》，中央文献出版社2017年版，第126页。

义共同理想凝聚全党、团结人民，用习近平新时代中国特色社会主义思想武装全党、教育人民、指导工作，夯实党执政的思想基础。"①在这一制度的指导下，坚定共同理想和远大理想，坚守共产党人的精神追求是加强党的思想作风建设的重中之重。弘扬杨善洲精神就要在"不忘初心、牢记使命"制度的指导下，像杨善洲那样树立正确的世界观、人生观和价值观，以坚定的理想信念、执着的信仰追求投身于为人民服务中。党员干部按照"不忘初心、牢记使命"主题教育的要求，找准理想信念与实际工作的结合点，把对信仰信念的执着追求转化为推动工作的不竭动力。同时要把自己的人生价值与党和人民的事业结合起来，坚持在其位、谋其职、尽其责，永远保持昂扬向上的奋斗姿态和奋发图强的精神风貌，推动中华民族伟大复兴的中国梦稳步实现。

2. 践行杨善洲精神推进领导干部密切联系群众制度建设

保持党同人民群众的血肉联系，坚持走群众路线，这是我们党的优良传统，也是我们党在革命、建设、改革中取得胜利的重要法宝之一。密切联系群众，树立人民至上的公仆情怀，杜绝官僚主义的作风是改善党的领导作风、树立党的良好形象的基本要求。

完善领导干部密切联系群众制度具有重要意义。当前我们党面临着具有许多新的历史特点的伟大斗争，加强党的建设特别是党的作风建设成为当务之急，党的建设的重要一环就是加强领导作风建设。领导作风建设的成败不仅事关党的治国理政，而且对于肃清当前党内存在的不正风气也具有重要意义。践行杨善洲精神，就应该弘扬杨善洲全心全意为民服务的良好风尚。党员领导干部要能够秉公用权，正确运用手中的权力，处理好个人与群众、个人与组织、个人与国家的关系。要始终牢记自己的身份和党的宗旨，坚持一切工作的出发点和落脚点只能是始终坚

_____

① 《〈中共中央关于坚持和完善中国特色社会主义制度、推进国家治理体系和治理能力现代化若干重大问题的决定〉辅导读本》，人民出版社 2019 年版，第 7 页。

持人民利益的实现、维护和发展，同人民的血肉联系要始终保持，坚决杜绝脱离群众、脱离实际的官僚主义作风。

3.践行杨善洲精神推进领导干部调查研究制度建设

一切从实际出发、实事求是是求真务实精神的体现，也是党员领导干部干事创业所必须具有的工作作风。坚持实事求是、调查研究的求实精神是改善党的工作作风、树立党的良好形象的客观要求。

完善领导干部调查研究制度，目的就是要使党员领导干部把求真务实融入到实际工作中去，坚持讲实话、办实事、求实效。因此，践行杨善洲精神，就是要弘扬杨善洲树立正确的政绩观。领导干部任职一方，既要有干事创业的热情，又要坚持科学求实的精神；既要奋发有为，又要尊重规律；既要着眼当前，又要放眼长远，这样才能创造经得起实践、历史和人民检验的业绩。同时，在实际发展过程中必然会不可避免地遇到各种各样的困难，领导干部应该具备开拓创新、迎难而上的勇气和信心，善于在逆境中抓住机遇，在机遇中求得发展，从而做出科学的决策和部署，在提高工作效率和质量中改善党的工作作风。

4.践行杨善洲精神推进领导干部优良家风教育制度建设

古人云：正心，修身，齐家，治国，平天下。廉洁修身，乃齐家之始，治国之源。注重家庭、注重家风、注重家教是每一名党员领导干部的必修课。习近平总书记曾经强调，领导干部"要加强对亲属和身边工作人员的教育和约束，要求他们守德、守纪、守法"①。党员领导干部的家风建设在改善党风政风和社会风气方面具有重要作用和意义。

建设领导干部优良家风制度，是新形势下全面从严治党的必然要求。在十八届中央纪委六次全会上，习近平总书记明确指出，领导干部要廉洁修身、廉洁齐家，要把家风建设摆在作风建设和纪律执行的重要

---

① 《习近平关于"不忘初心、牢记使命"论述摘编》，中央文献出版社2019年版，第151页。

位置。杨善洲作为有着良好家风的领导干部，其清白朴实、清正廉洁的良好家风是现在领导干部家风建设的典范。践行杨善洲精神，就要弘扬其严于律己、不搞特殊的廉洁修身的品质；弘扬其严格要求亲属、不占公家一点便宜的廉洁齐家的情操。当前，每一位党员领导干部都应该自觉重视家庭家风的建设，自觉遵守《中国共产党廉洁自律准则》，管好自己和身边的亲属朋友，要始终保持高度的警惕，决不容许亲戚朋友打着自己的名声谋取利益，发现问题要及时纠正，绝对不能含糊。只有始终保持高尚的思想道德境界，才能够营造良好的家风，塑造清廉的生活作风。

第二章
杨善洲精神与新时代"不忘初心、牢记使命"要求

杨善洲是当代共产党员的优秀代表，是不忘初心奉献一生的改革先锋人物，是广大党员干部的学习楷模。杨善洲精神既有其鲜明的个性特征，也折射出时代精神特质，更集中体现了共产党人的坚强党性。坚强的党性是杨善洲一辈子全心全意为人民谋利益精神的核心。本章紧扣共产党人的初心和使命，结合"不忘初心、牢记使命"主题教育的总要求、根本任务，集中探讨杨善洲精神与新时代践行"不忘初心、牢记使命"的要求和制度建设之间的相关性，阐述杨善洲精神如何体现了初心和使命的根本要求。

一、新时代践行"不忘初心、牢记使命"的要求

初心和使命并非中国共产党独有的政治表达，政党的初心和使命是政党性质的集中体现。政党的初心和使命由政党的阶级性所决定。阶级性影响着政党初心和使命的基本向度，反映着政党的固有禀性，体现了政党的目标宗旨。以此看，作为无产阶级政党的中国共产党，自成立之初就承诺了无产阶级政党的初心和使命，即实现共产主义，为全人类谋解放。初心和使命驱动中国共产党带领中国人民迎来从站起来、富起来到强起来的伟大飞跃，并将以新的时代内涵引领中国人民、中华民族创造更大辉煌。

（一）政党的初心和使命

1.政党初心和使命的概念

"初心"一词，对于个人而言，顾名思义是最原初的方向和承诺，"使命"，则是在不同的人生阶段，根据时间或环境的变化对应初心所承担的职责任务。以此看，初心是使命的引领、规范，使命是对初心的应证、体现；初心是内生之本，使命是外在担当。对于政党而言，"初心"是政党成立和发展的根本目的和宗旨，是凝聚、激励、约束政党成员的政治价值。"使命"是政党在不同的历史阶段，根据历史条件的变化针对初心的具体实施和践行。任何政党都有自己的执政目标、纲领和实践，因此，初心和使命是政党所具有的本质属性和普遍性特征。

习近平总书记多次论述过政党的初心使命，他认为，"党的初心和使命是党的性质宗旨、理想信念、奋斗目标的集中体现"[1]。从近代以来世界政党发展历史看，政党初心和使命的差异，体现出先进落后之分，当政党的初心能够代表先进生产力、代表先进文化、能够满足国家和人民利益需求、能够顺应世界发展进步趋势、能够体现对人类命运关切，并且有践行初心的使命担当，就能赢得政党成员和最大多数人民的认可和支持。反之，政党的初心使命就表现出落后性，就会制约、羁绊甚至颠覆政党的发展，政党就会遭到历史和人民的淘汰。世界上这样的政党案例不胜枚举。

2.政党初心和使命的特征

政党的初心和使命折射出政党的固有禀性。一个政党区别于其他政党都具有某些质的规定性，这是政党的固有属性，也即党性。政党初心和使命的确立和表达就是政党党性的鲜明体现，从来没有脱离党性的初心和使命，也从来没有违背初心和使命的党性存在。初心和使

---

[1] 习近平：《牢记初心使命，推进自我革命》，《求是》2019 年第 15 期。

命越坚定党性越强，违背初心和使命，政党就会改变颜色、改变性质。因此，我们认为，谈论政党的初心和使命问题实际上就是谈论党性问题。

政党的初心和使命源于阶级性。政党的初心和使命是党性体现，初心和使命就具有了阶级性特征，因为，政党的党性以阶级性为基础。马克思恩格斯在《共产党宣言》中富有创建地认识到政党都是特定阶级利益的代表。刘少奇则在《人的阶级性》一文中继承马克思主义政党理论进一步从阶级性的角度来阐述党性，他认为："党性，就是人们这种阶级性最高而集中的表现。所以人们也有各种不同的党性：有封建阶级的党性，资产阶级的党性，无产阶级的党性等。"[1]政党的初心和使命就是阶级性的反映和表达。失去阶级性的政党初心就如同失去土壤的花朵，再美丽也会凋谢，而失去初心的反作用，滋养花朵的土地也会干涸。因此，政党需要不断回望初心、坚守初心，才能巩固阶级基础，不断提升党性修养和执政能力。

政党的初心具有笃定性和成长性。任何政党的诞生、成长离不开特定阶级的支持，政党也是在体现阶级利益的过程中承诺初心，在担当使命中不断壮大。就政党初心本意而言，是一个政党的固有禀性，是党性的原初动力。我们认为，政党的原初动力应该是持守不变的，无论经历多少风雨挫折都应坚定如磐。但是，在这一原初动力的基础上，随着历史的发展、社会的进步、人民的需要，政党初心可以被进一步丰富、升华和完善。所以，政党的初心是在不变之中寻求变化，又总是在变化之中持守不变，"不变"体现的是党性的本质性、稳定性，"变化"体现的是党性的时代性、动态性。

政党的使命体现在长远性和阶段性。政党的使命不会凭空产生，也

---

[1] 《刘少奇年谱（一八九八——一九六九）》上卷，中央文献出版社 1996 年版，第357—358 页。

不会一劳永逸。在初心的驱使下，不同政党围绕阶级利益承担和践行着一定的责任，这就是政党的使命。任何一个政党都会设定自己的终极目标、阶段性目标，一般而言，政党的终极目标是明确的，而阶段性目标则会根据条件变化作适当调适，终极目标引领阶段性目标，阶段性目标聚合终极目标，由此形成了政党使命的长远性和阶段性的辩证统一。历史总要向前、时代总要发展，政党也要维护自身阶级利益。通常，能够回应时代进步潮流、代表先进生产力以及最大多数人民群众利益并能够担当历史使命的政党就能持续发展；反之则会变质变色。

政党的初心和使命互为作用、相辅相成。政党的初心和使命是以阶级利益为基础，根据历史条件、社会发展以及政治语境变化而产生和发展的。"初心"的核心是"为了谁""依靠谁"的问题；"使命"的核心是"做什么""怎么做"的问题。"初心"是驱动"使命"的理念、思想、方向、价值，"使命"是应证"初心"的责任、实践、行动和担当。失去"初心"，使命缺少依托、支撑，缺少"使命"，初心则会苍白、空洞。二者关系密切、相辅相成、缺一不可。

（二）马克思主义政党的初心和使命

1.无产阶级的阶级性是没有任何属于自己的特殊利益

政党的初心来自于阶级性，马克思主义政党的阶级基础是无产阶级。关于无产阶级的阶级性，马克思恩格斯在《共产党宣言》中谈道："过去的一切运动都是少数人的或者为少数人谋利益的运动。无产阶级的运动是绝大多数人的、为绝大多数人谋利益的独立的运动。"① 因此明确地指出："他们没有任何同整个无产阶级的利益不同

---

① 《马克思恩格斯选集》第二卷，人民出版社 1995 年版，第 413 页。

的利益。"①无产阶级的阶级性与其他阶级有着截然不同的根本区别，他们没有自己的特殊利益。换言之，如果无产阶级政党利用权力追逐自身利益，那么，无产阶级政党必然会变质。最典型的案例就是苏联共产党，在连续执政74年后轰然垮台的根本原因，就在于绝大多数苏联人并不认为苏共代表了他们的利益，而是代表了特殊集团的利益。因此，当时的苏联人民和苏联共产党都能够平静地接受苏共亡党亡国的现实②。

2. 无产阶级的阶级性决定了无产阶级政党的初心和使命是实现共产主义、为全人类谋解放

马克思恩格斯在《共产党宣言》指出，随着资本主义生产方式的普遍确立，生产的社会化和生产资料私人占有基本矛盾也在不断发展，无产阶级与资产阶级的斗争日益尖锐化。因此，在《共产党宣言》中，马克思恩格斯向全世界宣告："资产阶级的灭亡和无产阶级的胜利是同样不可避免的"。③作为人类历史上最伟大、最革命的阶级，无产阶级的历史使命就是消灭资产阶级并实现人类共同理想——共产主义。由无产阶级先锋队组成的无产阶级政党，因其代表了整个无产阶级和一定历史时期的最大多数人民群众的根本利益，代表了先进生产力和人类社会历史发展的进步趋势，因而才能够推翻资产阶级，并且把建立共产主义、实现全人类解放作为政党的奋斗目标和性质宗旨，引领和召唤着世界上所有无产阶级政党将这一初心使命写入自己的章程，并为之努力奋斗。实践证明，凡是遵循并捍卫这一初心和使命的政党，其无产阶级政党的属性、社会主义社会的属性历经时代变迁依然会焕发出新的蓬勃生机。

---

① 《马克思恩格斯选集》第二卷，人民出版社1995年版，第283页。
② 蒋维兵：《全面从严治党应着力解决的四个问题》，《攀枝花学院学报》2016年第1期。
③ 《马克思恩格斯选集》第二卷，人民出版社1995年版，第284页。

3. 无产阶级政党实践为人类谋解放初心和使命的演进逻辑

自《共产党宣言》发表以后，世界无产阶级政党就在为了实现共产主义最终为人类谋解放的历史使命进行着实践探索，经历了曲折艰辛的奋斗历程。这个历程至今包括五个阶段：第一阶段，随着《共产党宣言》的发表、第一国际的成立，推动了各国工人运动的发展，巴黎公社无产阶级推翻资本主义统治、建立首个工人阶级政权。[①] 第二阶段，19世纪80年代，马克思去世之后，恩格斯肩负领导世界工人运动重任，第二国际成立，各国的工人阶级政党建立并组建社会主义组织，形成的强大国际性运动。第三阶段，19世纪末20世纪初，资本主义从自由竞争阶段发展到垄断阶段 [②]。十月革命高扬马克思主义旗帜，诞生了世界上第一个社会主义国家，列宁领导的无产阶级实现了共产主义从理想变为现实。第四阶段，十月革命的胜利，给当时处于众多西方"思潮""主义"选择面前的中国知识分子送来了马克思主义。在先进理论的指导下建立了中国共产党，领导人民经过28年的艰苦奋斗推翻"三座大山"，建立了人民当家作主的崭新国家。在俄国十月革命和中国革命的影响下，第二次世界大战以后，一大批国家进行了无产阶级革命，世界上出现了一个强大的社会主义阵营。第五阶段，20世纪80年代末90年代初以来，苏联和其他一些社会主义国家纷纷解体和演变。改革开放的伟大革命推动科学社会主义在世界人口最多的国家走上崭新阶段，将马克思主义政党的初心和使命写在中国共产党人奋斗的旗帜上。从无产阶级政党的整个发展历史看，只有充分体现和坚守无产阶级政党的性质宗旨、理想信念之初心，并为着共产主义的奋斗目标始终努力拼搏的政党，才能永远立于不败之地。

---

① 王永贵：《经典作家推动马克思主义大众化的实践方略》，《当代世界与社会主义》2011年第8期。

② 王永贵：《经典作家推动马克思主义大众化的实践方略》，《当代世界与社会主义》2011年第8期。

（三）中国共产党的初心和使命

1. 中国共产党初心和使命的内涵

作为无产阶级政党的中国共产党，其初心和使命深深地烙印着无产阶级政党党性的本质属性。关于中国共产党的初心和使命，在庆祝中国共产党成立 95 周年大会上的讲话中，习近平总书记首次使用了"不忘初心"表述，讲话将中国共产党置于中华文明史、社会主义发展史、新中国史、改革开放史等历史的纵深坐标，以及世界、人类、社会、人民等横向坐标，在纵横坐标捭阖中思考中国共产党应不忘初心，才能继续前进的重大命题。党的十九大，习近平总书记明确指出中国共产党人的初心和使命就是"为人民谋幸福，为民族谋复兴"，对中国共产党的"来去问题"给出了明确答案。2017 年 12 月 1 日，在中国共产党与世界政党高层对话会主旨讲话中，习近平总书记又指出："中国共产党所做的一切，就是为中国人民谋幸福、为中华民族谋复兴、为人类谋和平与发展。"①"三个为"的表述将党的十九大报告关于初心和使命的表述，进一步从人民、民族的层面提升到人类的层面进行概括提炼。"为人类谋和平与发展"就是根据新的历史方位、历史条件、政党建设等，围绕中国共产党初心原点，对初心和使命进行的丰富和提升，体现了政党初心笃定性与成长性相结合的特征，展示了世界上最大政党的宽广胸怀和责任担当，实质是无产阶级政党"实现共产主义，为全人类谋解放"初心和使命论的继承和发展。

2. 中国共产党初心和使命的理论逻辑

（1）中国共产党的初心和使命根植于中华优秀传统文化

如果我们以文化视野来看中国共产党"三个为"的初心和使命，这

---

① 习近平：《携手建设更加美好的世界——在中国共产党与世界政党高层对话会上的讲话》，《人民日报》2017 年 12 月 2 日。

一理论鲜明地体现了中国共产党人高扬的、传承的一种中华文化的最高品格。什么品格呢？那就是担当天下道义，以天下苍生的福祉为最高使命并矢志不渝地奋斗的品格。这种品格贯穿于中国共产党全部的奋斗历史。如果我们把眼光再投向历史的纵深，我们还可以感受到，这实际又是中华民族的代代先贤们崇尚的一种精神品格。儒家的"修身齐家治国平天下"，宋代张载的"为天地立心，为生民立命，为往圣继绝学，为万世开太平"，等等，都是今天的中国共产党人追慕先贤、实现民族理想的坚定意志和博大襟怀。中国共产党"三个为"的初心使命论是一切对于国家民族负有责任和使命感的人，都应该拥有的情怀，这就是说，"三个为"不仅仅是中国共产党的价值立场和奋斗理想，它同时是中华民族的精神，也是全人类所追寻的精神价值。

（2）中国共产党的初心和使命来源于马克思主义政党理论

马克思主义政党理论产生于无产阶级通过暴力和革命反对资产阶级斗争最激烈的历史时期。马克思恩格斯在《共产党宣言》中有过经典表述，概括起来讲，一是阐述了一般政党都具有阶级性，二是强调了共产党的阶级性特征，就是无产阶级的利益代表，坚持无产阶级的不分民族的共同利益，它代表了无产阶级整个政治运动中的利益。马克思政党理论在 20 世纪无产阶级革命取得成功和建设社会主义社会时代得到发展。列宁继承了马克思关于无产阶级阶级性的理论，并进一步提出了共产党是工人阶级先锋队的新命题。今天我们对照《党章》，不难发现马克思政党理论对中国共产党的影响。《党章》总纲第一句话关于中国共产党"两个先锋队"的党性规定，"工人阶级的先锋队"继承马克思恩格斯列宁关于无产阶级政党阶级利益表达的原则，"中国人民和中华民族的先锋队"则是在"共产党人始终强调和坚持整个无产阶级共同的不分民族的利益"基础上，基于具体民族和国家中无产阶级政党阶级利益的表达。而今天的中国共产党初心和使命"三个为"的承诺，进一步将民族利益上升到人类利益高度，很显然，这是马克思"不分民族利益"党性原则的继承和发展。以此看，马克思主义政党理论是中国共产党初心和使命形成、丰富和提升的重要理论来源和实践指南。

3. 中国共产党初心和使命的实践逻辑

（1）中国共产党的历史是"不忘初心、牢记使命"的历史

作为无产阶级政党，中国共产党在成立之初的第一个党纲就明确地把实现共产主义作为政党建设的最高目标，把实现中华民族伟大复兴作为政党的崇高使命。1921年通过的中国共产党的第一个纲领和第一个决议，充分说明党自诞生之日起就是一个新型的以共产主义为目的、以马克思主义为行动指南的、统一的无产阶级革命的政党，这必然使中国革命的面貌焕然一新。① 在初心和使命信念的驱动下，共产党人风雨兼程、不畏险阻、积极探索、解放思想、勇于创新。新民主主义革命的胜利从社会制度层面实现了近代以来中华民族的最大梦想，彻底摆脱了任人欺凌宰割的命运；社会主义革命和建设时期中国共产党不信鬼神、不忘初心，经过艰辛探索，从政治制度层面根本扭转了人民命运，带领人民持续走向繁荣富强。改革开放新时期中国共产党从实际出发、实事求是，开拓创新，在检验真理中破除思想和体制障碍，终于找到了一条真正能够带领人民和民族幸福、复兴的正确道路，这条道路就是中国特色社会主义道路。

今天的中国正在成长，一个世界性的大国正在成长。自近代以来，无数人为之奋斗的中华民族伟大复兴的图景已经日益清晰地展现在我们的面前了。在新中国成立70周年庆祝大会上，当五星红旗在灿烂的阳光下徐徐升起，当阅兵方队威武走过天安门广场，当翱翔的战鹰划过天安门上空，当战车铁流轰鸣着驶过天安门广场，和着嘹亮的歌声和激昂的乐曲，它告诉国人，告诉世界，我们的路走对了。这一路走来，初心和使命是政治基因，支撑着中国共产党人历经坎坷、一往无前，并将续

---

① 《中共一大与〈中国共产党第一个纲领〉》，《中国档案报》2019年8月16日。

写中国共产党人的革命之心、百姓之心；初心使命是一束灯光，光亮不灭，将激励中国共产党人奋勇向前、百折不挠的忠诚之心、进取之心；初心和使命是不朽的灵魂，聚合起九千万中国共产党人的忠诚之心、责任之心，初心和使命引领着中国人民、中华民族创造实现梦想、创造辉煌。

（2）中国共产党的未来更应坚守如磐初心、肩负更大使命

"为人民谋幸福，为民族谋复兴"的初心和使命是中国共产党在历经苦难挫折，能够战胜困难走向辉煌的历史成效、历史经验和启示，是中国共产党之所以"能"的动力之源、思想之基、实践之母。未来的中国共产党要能够带领中国人民、中华民族走向更大的辉煌，更应该把"不忘初心、牢记使命"作为加强党的建设的永恒课题和全体党员、干部的终身课题。强化初心和使命，要确保广大党员，意识"到位"、行动"到底"、责任"到人"、监督"到边"。要清除"一切弱化党的先进性、损害党的纯洁性的因素，坚决割除一切滋生在党的肌体上的毒瘤"①。教育引导党员解决"总开关"问题，做到理想信念坚定、永葆公仆情怀。广大党员要勇于自我革命，强化问题导向，为民服务解难题。要将不忘初心、牢记使命融入制度体系各环节，创新制度、明确职责、严格标准、靶向到人，定期对党员进行"初心使命大体检"，列出问题清单，找准问题切口、问责整治、责任到人、倒逼认领，真正变"他律"为"自律"。真正把"不忘初心、牢记使命"印刻在灵魂深处，成为一种自觉行动和终身实践。

（四）新时代中国共产党人的初心和使命

历史将中国共产党推到了新时代，中国特色社会主义进入了新的历

① 习近平：《在"不忘初心、牢记使命"主题教育总结大会上的讲话》，人民出版社2020年版，第8—9页。

史方位，从发展阶段、社会主要矛盾看，都发生了重大历史性变化。这些都要求中国共产党的初心和使命进行新的丰富和调整，这是政党初心和使命的笃定性、成长性相结合，长远性、阶段性相统一的特征所决定的。在新时代，中国共产党的初心和使命是什么呢？

1."两个一百年"是新时代中国共产党初心和使命的目标引领

任何一个政党都会设定自己的终极目标、阶段性目标，一般而言，政党的终极目标是明确的，而阶段性目标则会根据条件变化作适当调适，终极目标引领阶段性目标，阶段性目标聚合终极目标，由此形成了政党的使命长远性和阶段性的辩证统一。以此看，政党的奋斗目标是公开的政治承诺，它可以引领发展方向，团结凝聚力量。党的初心和使命通过奋斗目标来体现和表达，初心是确立奋斗目标，使命则是实现奋斗目标。中国共产党二大通过的第一个正式党章，明确提出党的最低纲领和最高纲领。围绕这一奋斗目标，中国共产党在不同的历史阶段根据新的历史条件和国情状况不断调整目标定位。新民主主义革命时期，提出推翻"三座大山"建立新民主主义共和国的目标，这一目标导向的直接结果就是中国新民主主义革命的胜利；新中国成立后，面对一穷二白的社会现实，提出"一化三改"的奋斗目标，人民群众以极大的历史创造性推动了社会主义革命的历史进程。党的十一届三中全会以来，科学定位党在社会主义初级阶段的奋斗目标，提出建设富强、民主、文明的社会主义现代化国家，中国特色社会主义扬帆起航。世纪之交，基于新的历史方位，党提出了"两个一百年"奋斗目标。从中共十五大报告首次提出"两个一百年"，到党的十六大、十七大对这一奋斗目标作出强调和安排。党的十八大吹响了向"两个一百年"目标迈进的集结号，党的十九大制定了实现"两个一百年"目标的时间表、路线图。新时代中国共产党的初心和使命已经不再是看不见、摸不着的概念和虚幻的图景，已经形成了一个清晰、明确的任务指南，摆在了全体共产党员面前，能否顺利实现这一目标，是检验中国共产党初心和使命的重要标尺。

2."五位一体"总体布局是践行中国共产党初心和使命的新时代主题

如前所述，政党的初心是在不变之中寻求变化，又总是在变化之中持守不变，"不变"体现的是党性的本质性、稳定性，"变化"体现出党性的时代性、动态性。政党的使命不会一劳永逸，一个时代有一个时代的主题、一代人有一代人的使命。政党的使命总是根据时代主题的发展变化而不断进行调整。无论革命、建设还是改革时期，中国共产党始终将马克思主义普遍真理同中国具体实际相结合，在前无古人的历史性实践中，不断总结经验，深刻地认识到建设中国社会主义的规律，特别是十一届三中全会以来，从"两手抓"到"三位一体"到"四位一体"再到党的十八大提出的"五位一体"，中国特色社会主义事业的总体布局在逐渐演变中日益走向科学，从单兵突进的经济增长，到全面推进、全面协调、均衡发展。这标志着我们党对社会主义建设规律和人类发展规律认识的进一步深化，凸显了新发展理念的智慧光芒。从理论和实践层面系统回答了实现新时代中国共产党初心和使命的内容是什么、怎样实现初心使命，根据新的历史条件从总体领域、总体布局、实现方式、实现条件等作出了理论分析和政策指导。"五位一体"总体布局各项部署，就是新时代中国共产党历史使命的具体内容，认真贯彻落实"五位一体"的每一个环节和全过程，就是践行中国共产党新时代初心和使命的全过程。

3."四个全面"战略布局是践行中国共产党初心和使命的现实保障

"四个全面"战略布局是以习近平同志为核心的党中央治国理政的总体框架。中国共产党初心和使命在新时代有了逻辑更加严密的重点领域、主攻方向。全面建成小康社会这一阶段性战略目标是当前全党重要的历史使命，是共产党人价值观的鲜明体现，这是践行初心使命的物质保障；全面深化改革具有牵一发而动全身的功效，通过破除观念体制机制障碍、破解利益固化藩篱，释放发展活力，这是践行初心和使命的关键保障；全面依法治国，通过进一步匹配经济基础和上层建筑，化解执政风险，这是践行初心和使命的制度保障；全面从严治党，通过净化政治生态，强化政治担当，充分发挥党的先进性、纯洁性，这是践行初心和使命的组织保障。"四个全面"的整体协同推进，既是为践行"不忘初心、牢记使命"提供保障，也是为实现"两个一百年"奋斗目标、"五位一体"总体布局提供可依赖的现实路径。

4. 以人民为中心的思想是践行中国共产党初心使命的实践价值

除了国家、民族、人民的利益，没有任何自己的特殊利益，是马克思主义政党同其他政党相区别的本质特征。中国共产党以人民为中心的思想，既是中华传统民本思想的继承和发展，又集中体现马克思主义唯物史观的必然要求，是中国共产党不忘初心、牢记使命的政治承诺和鲜明表达。[1] 党的十八大以来，以习近平同志为核心的党中央在继承中国共产党人民观的基础上，不断丰富与发展中国共产党为人民服务的党性宗旨。中国共产党的历史是依靠人民创造辉煌的历史、是充分体现人民利益至上的历史，这是党的初心和使命的集中体现。在新民主主义革命时期，以毛泽东同志为主要代表的中国共产党人秉持全心全意为人民服务的根本宗旨，依靠人民群众的伟力取得革命的胜利。在改革开放与中国特色社会主义事业的进程中，以邓小平同志为主要代表的中国共产党人将人民"拥护、赞成、高兴、答应"作为衡量工作的基本尺度。随着改革开放的不断推进，江泽民同志提出始终代表中国最广大人民的根本利益的"三个代表"重要思想。面对改革发展中的深层次问题，胡锦涛同志提出科学发展观，其核心指向就是以人为本。党的十八大以来，以习近平同志为核心的党中央庄严宣告"人民对美好生活的向往，就是我们的奋斗目标"[2]，形成了以人民为中心的发展思想。新时代，中国共产党将无产阶级政党人民性的党性要求置于最重要的位置加以强调和实

---

① 高莹：《新时代伟大斗争精神的逻辑意蕴》，《理论研究》2020 年第 2 期。
② 《习近平谈治国理政》，外文出版社 2014 年版，第 101 页。

施，并从制度要求和实践要求消除脱离群众这一执政的最大风险，这是我们党初心和使命的本质所在，失去民心就会失去政治基础乃至失去政治地位。坚持以人民为中心的发展思想在新时代背景下，就是继承和发展党的群众路线的思想方法和工作方法，其最终指向就是人民幸福、民族复兴，并能够为人类和平发展提供中国方案，贡献中国智慧。中国共产党的初心和使命也就兑现了为民族、为全人类作贡献的价值承诺。

二、杨善洲精神体现了践行我们党"初心和使命"的根本要求

杨善洲是当代共产党员的优秀代表，是不忘初心奉献一生的改革先锋人物，是广大党员干部的学习楷模。当我们被杨善洲先进事迹深深打动，精神境界深深震撼，崇敬景仰之情油然而生之时，不禁要追问他为什么能几十年如一日坚守共产党人的精神家园和做人的原则？是什么支撑他让渡了小我的利益而实现了国家、集体利益的最大化，做到两袖清风、一尘不染？我们认为，杨善洲精神集中体现了一个共产党人的党性本质。

（一）杨善洲精神的核心是坚强的党性

杨善洲之所以一心扑在工作上，用心工作，为人民群众办了无数好事实事，为保山经济社会发展贡献毕生的心血，顾不上家庭，顾不上妻儿老小，孩子到八岁才认识自己，在弥留之际想的是给村民建一个澡塘，就在于他不忘一个共产党人的初心使命，在当官与做事、个人名利与人民福祉中做出正确的取舍，如他所言"忠孝难两全，家国难兼

☆退而不休上大亮山

顾"①，坚持党的宗旨作为一切行动的出发点和归宿，把全心全意为人民谋福祉作为自己"一直想做的事情"。他身上闪现的是一个党员领导干部恪守信念、对党和人民忠诚的政治品质和牢记宗旨、一心为民的公仆情怀。

杨善洲之所以在本该享天伦、仰天年之时，婉谢省委领导对自己生活的关心，顶着花白的头发，回家乡、爬荒山、住窝棚、扛锄头，艰苦创业、不计回报，为大亮山披上"绿装"倾注心血与汗水，为环境保护和生态建设殚精竭虑，就在于他坚守为党奋斗终身的铮铮誓言，兑现对人民群众的庄严承诺，如他所言"要像鲁迅先生说的那样，吃的是草，挤出来的是奶，甚至是血"，用行动把党的光辉形象树立在老百姓的心坎上，完全、彻底地把一生的热血献给祖国和人民。他身上闪现的是一个党员领导干部诚实守信、俯首甘为孺子牛的道德操守和献身党的事业、鞠躬尽瘁的革命精神。

---

① 李自良：《杨善洲的100个故事》，新华出版社2011年版，第156页。

杨善洲之所以公而忘私，清正廉洁，没有利用职务和影响，为自己一直生活在小山村的老婆谋一个城镇户口，为自己的孩子谋一份好工作，甚至连组织和同事对此的关心也毅然地卡下来，就在于他始终把自己的权力看成是党的信任和人民的重托，如他所说"我是共产党员，哪能光想着自己"，坚持权为民所用，权力不滥用，为个人和家庭谋私利"我没有这个权力"。他身上闪现的是一个党员领导干部立党为公、执政为民的正确权力观和守得住清贫、耐得住寂寞的博大胸襟。

杨善洲之所以将价值超过3亿元的大亮山林场经营管理权无偿移交给国家，把自己的工资奖金奉献给需要的群众和事业，在家庭需要他经济支援时，只能拿出30元钱让家里买盆子解决房屋漏雨的问题，身居高位工作多年没攒下什么钱，甚至无力偿还建房债务而不得不把建好的房子卖出去，就在于他始终坚持共产党人的本色，淡泊名利、公而忘私、廉洁奉公，为民不图名、为民不求利、为民不谋私，毕其一生，倾其所有。他身上闪现的是一个党员领导干部以苦为乐、达观豁达的精神境界和不计个人得失、无私奉献的高尚情操。

杨善洲之所以戴草帽、穿草鞋、穿卡基布中山装，身边带着锄头，用淳朴的感情对群众、对家乡、对亲友，而自己的老伴坐过4次林场的吉普车还要交370元汽油钱，有的时候甚至显得有些"另类"，就在于他始终坚持发扬党的优良传统，情为民所系，不搞特殊化，当官不摆谱，保持共产党人的本色，以好作风、好形象扎根群众，与群众始终保持水乳交融的紧密联系。他身上闪现的是一个党员领导干部谦虚谨慎、严以律己的忧患意识和艰苦奋斗、勤俭朴素的优良作风。

综上种种表现，很显然，杨善洲精神有其鲜明的个性特征，同时折射出时代精神的特质。我们认为，杨善洲精神更集中体现在共产党人的坚强党性上，坚强的党性是杨善洲一辈子全心全意为人民谋利益精神的核心，杨善洲为新时期共产党人的先进性是什么、人民公仆做什么作了最好诠释和注脚，坚强的党性是杨善洲精神的核心。

☆杨善洲和工人们一起在大亮山劳作

（二）杨善洲精神高度契合中国共产党的初心使命

1."好处留给别人，难处留给自己"是杨善洲的初心启蒙

杨善洲 1927 年出生在云南省保山市施甸县姚关镇陡坡村大柳水一个"居无家、种无地"的贫苦农民家庭，父亲杨发龙、母亲席有娣祖祖辈辈都是勤苦农民，勤劳善良的家庭观孕育了杨善洲温良的品性。在杨善洲的成长道路上，又碰到了一个个好心的家乡人，舍弃 3 个儿子把上学机会留给自己的干妈、对他谆谆教导的私塾老师、带他跑遍滇西各地把拜师酒改为收徒酒的石匠师傅……影响最深的还是滇缅抗战把重担担在一头的留贵大叔，杨善洲多次回忆都会提到这位大叔。他说："这虽是小事，但对我一生影响非常大：好人总是时时把好处留给别人，把难处留给自己；善良永远像一堆烧不完的柴火，不时地温暖着别人，叫人感动，叫人流泪。当时，我就暗下决心：今后无论干什么，一定要像他

一样心里想着别人。"① 今天我们追溯杨善洲的初心，这或许正是。松柏无语，却道尽一片赤子之心。生于斯，长于斯，在这片水土的孕育下，在淳朴家乡人的滋养下，杨善洲对这片土地、对生活在这里的家乡人充满感恩之心，这是杨善洲一生抹不去的情怀。担任地委领导期间，有乡亲不止一次找上门，让他为家乡办点事情。他说："我是保山地区的书记，哪能光想着自己的家乡，但毕竟心里过意不去呀，是家乡养育了我。于是我就向他们承诺，等退休后，一定帮家乡办点实事。"② 知恩感恩、说话算数、务实包容，正是这块土地和家乡群众在他整个成长过程中赋予他的这份初心观念，成为一种深刻的文化基因渗透进杨善洲的血脉里。

2."为人民谋福祉"是杨善洲的初心升华

正是因为这样特殊的成长经历，杨善洲对农民、对百姓、对土地有着直观却很重要的认识，慢慢建立对百姓群众的深厚感情。随着杨善洲接受党的教育、参加革命工作和建设工作，早期的报恩和热爱情感逐渐升华为一种深厚的群众观念。这种观念不是为生成而生成，而是自发自觉于他的心灵深处，内化于他的行动自觉，形成他的价值原则，成为他坚守初心观念最为核心的基石③。

实际上杨善洲其人其精神，很是朴素。他是贫苦农民的儿子，解放后他家分到了梦寐以求的土地，他因此记住了，人要知道感恩，他深深地感恩于共产党；有幸参加了工作，在不断的学习实践中，他认识认同了共产党，他因此记住了，人要忠诚，他一辈子忠诚于共产党；有幸当上了领导干部，有职有权了，他因此更加体会到了肩上的责任，它一辈子忠实地履行自己的职责。到后来他上山植树造林，只有一个朴素的想

---

① 云南日报评论员：《杨善洲的"穷"与"富"》，《云南日报》2011年4月9日。

② 光明日报评论员：《一辈子为群众办实事——追记云南保山原地委书记杨善洲》，《光明日报》2011年1月30日。

③ 熊黎明、彭红波：《以杨善洲为镜创新群众方法》，《新思路》（下旬）2015年第7期。

法，应该还欠父老乡亲的债，应该给后世留下点东西。同样地，为了省钱，他曾到闹市捡过用来育苗的果核；为履行承诺，他最后一个离开窝棚搬进新盖的平房。凡此等等，正是出于这种知恩感恩的思想，杨善洲自幼就深知群众生活的艰难，自参加土改到担任领导工作，他一直把百姓群众的利益放在心里，葆有对普通百姓的深情厚谊，秉持一颗百姓之心为群众奉献出自己全部的年华和才智，如他所说，"共产党人不是要做官，而是要为人民谋福祉"①。

杨善洲朴素的初心经过党的培养和实践锻炼进一步升华为"全心全意为人民谋福利"，杨善洲说："党员干部，不论在哪里工作，也不论时间多长，都要有一种为人民谋利益的明确目标。"②几十年来，杨善洲尽职尽责，为群众办了一件又一件实事、好事。为了感恩家乡人对他的帮助，兑现自己对家乡人的承诺，杨善洲选择退休后回到"半年雨水半年霜"的家乡大亮山义务植树造林。大亮山曾经林木茂盛、草木葱茏，杨善洲从小深受这座大山的恩赐，大炼钢铁的年代，青山秀水变成了光秃秃的山岭，喝不上水成了周边老百姓的难事，不通电、不通路制约了家乡的发展。到了山上，他带领当地老百姓引水、修路、通电。他和大山较劲，终于改变了当地老百姓通水通电通路的问题，老百姓的日子越过越好。而他自己在四面透风的老窝棚里一住就是9年半，是最后一个从老窝棚搬出来的林场职工。路遥知马力，日久见人心。22个寒暑过去，昔日的荒山重新披上了绿装、价值上亿元，当记者问他，你有那么多钱怎么花？他说："那又不是我的，那是国家的、集体的，是老百姓的。"2009年，基于杨善洲的特殊贡献，保山市委市政府奖励他20万元，但是没有想到他却捐出16万元用于公益事业。当地群众为了感谢他，商量给他立一座碑，他说："感谢可以，碑不能立，立了就不好了。"朴

---

① 李自良：《杨善洲的100个故事》，新华出版社2011年版，第135页。
② 李自良：《杨善洲的100个故事》，新华出版社2011年版，第137页。

实的话语透露着高尚的品格，把群众的利益往大了看，把自己的利益往小了看，这就是杨善洲的初心升华。

3."为家乡办点实事"是杨善洲的使命意识

时刻想着群众、一切为了群众。杨善洲工作的目标是群众的利益，工作的方向是群众的需求，求实效而不务虚名，求百姓口碑而不争风头功名，把为人民谋利益的初心化作踏踏实实为群众做实事、解决群众实实在在利益的一桩桩具体的事情当中，形成了他强烈的使命意识。在杨善洲担任保山地委书记的 10 年间，刚刚改革开放，解决温饱问题，抓粮食生产是大事。他带领干部群众推广科学种田、开展坡改梯基本农田建设、兴修水利设施。保山 90% 以上都是山区，为了使山区尽快发展、农民尽快过上好日子，杨善洲深入山区反复调研，摸索了"三尺两面沟，两季大丰收"套耕方式，在坝区推行"三叉九垄"条播种植方法，山区和坝区的农业生产同步得到了发展，保山也从一个缺粮地区变成全国闻

☆杨善洲在大亮山住了 9 年半的房子

☆今日之大亮山林场

名粮仓。在发展粮食生产的同时，还发展以手工业为主的多种经营。在大亮山义务植树的 22 年里，他带领林场职工发展甘蔗产业、咖啡产业、茶产业，全区涌现出了大量的万亩茶园。同时，杨善洲还通过引进外地优良牲畜品种，鼓励农户发展养殖业，推动了保山产业结构的调整和完善。

杨善洲始终将带领群众过上好日子作为自己工作的最高目标。他曾多次在干部会上讲："我们是党的干部，如果老百姓饿肚子，我们就失职了。"还经常拿出自己的工资为困难群众买种子买牲口。70 年代后，为了抓好粮食生产，时任地委书记的杨善洲在保山板桥公社、施甸的保场公社设立了个人样板田，经常扛起锄头、卷起裤腿下田作示范。1980年，胡耀邦同志视察保山，由于事先没通知，胡耀邦到保山时，他还在田地里干活，匆忙赶回来，一身水一身泥。胡耀邦感叹地说，杨善洲这样朴实的地委书记已经不多了。在他的带领下，从 1978 年开始，保山粮食产量每年以 10％的速度增长，1978—1981 年，水稻单产在全省排

☆ 2009 年 7 月 14 日杨善洲到林场

第一。①1980 年引起了农业部的重视，保山从此获得了"滇西粮仓"的美誉。让群众满意，为家乡办点实事，成为杨善洲坚定的使命意识和自觉行动。

4."干革命要干到脚直眼闭"是杨善洲的使命担当

"不忘初心、牢记使命"不仅要有信念、决心，还要有承担起使命的能力。"不要凑数字，要实事求是跟老百姓算账，要真正给老百姓带来富裕，要帮助老百姓找到一个致富项目，帮助老百姓发展产业，工作作风要扎实，不要图虚名。"②杨善洲精神的内涵阐释了"入党为什么、在党做什么、给党留什么"。进一步理解杨善洲精神，如何守初心担使命，初心是信念、承诺，使命是责任、能力，不能"有初心、没使命""有初心、没能力"，初心、使命要相互促进才能真正发挥能量。

---

① 徐波霞、李思彦：《传承杨善洲精神对公务员职业道德建设的价值及示范作用》，《保山学院学报》2016 年第 8 期。

② 李自良：《杨善洲的 100 个故事》，新华出版社 2011 年版，第 137 页。

以杨善洲为镜，我们还应该对照检查"我会做什么、我能做什么、我应该怎么做"。杨善洲熟悉农村、了解农民、会抓农业，他也始终把抓"三农"就是抓民生、抓民生就是抓好"三农"工作作为个人的价值追求。一辈子做农民的好儿子，成就了人民的好公仆，这也是杨善洲个人能力社会价值的充分体现。杨善洲的使命担当，就体现在他将个人能力转化到为民服务的能力上，转化到实现个人能力的社会价值上。对待每件小事他一丝不苟，对每件大事他冷静思考和决策，对待每件难事他妥善处理和担当，把自己的正确理念和思想转化为组织群众、有效服务群众的工作方法上。在杨善洲身上，初心使命将担当转化为老百姓实实在在的利益，而不是空洞无味的说词。初心使命在杨善洲身上表现出的，是一种意志，是一种品格，是一种觉悟，也是一种群众工作能力。

（三）杨善洲精神是中国共产党初心和使命的精神成果

1. 中华优秀传统文化是杨善洲初心和使命的孕育源头

从杨善洲身上，我们感受到的是一种精神，这种精神是一个国家的文化精神，是一个民族的民族精神，是一个政党的时代精神，是一个干部的奉献精神。当然杨善洲的初心使命也不是从天上掉下来的，其形成与他幼年经历和接受的教育分不开。年幼时期的杨善洲因为碰上了善良的干妈马莲娣，干妈是当地的一位草医，一贯乐善好施，到杨善洲该读书的年龄就把他送去读当地的私塾，他因此受到良好的传统教育。这一时期杨善洲读了《三字经》《千字文》《论语》等传统经典，礼仪廉耻、仁义礼智信、修齐治平等中国优秀传统文化思想深深地烙印在他头脑里，从而在他的思想深处留下了做人做事的观念基础。传统文化教育以及善良为别人的家庭影响因素契合了中国共产党初心和使命理论的逻辑起点，是杨善洲牢固树立初心和使命的源头活水。

2. 地域文化是杨善洲初心和使命的形成根脉

杨善洲是土生土长的云南人，他的家乡保山是云南较早接受汉文化影响的地方，自汉立永昌郡至今两千多年的历史，是古西南丝绸之路上的历史文化名城。杨善洲家乡施甸县姚关镇民风淳朴，明代将领邓子龙戍守施甸姚关历时 8 年之久，他平复外侵、镇守西南边疆的神奇传说很多，在施甸及周边地区流传甚广、妇孺皆知，杨善洲听着这些故事长大，从而熏陶了他朴素的爱国情怀。杨善洲成长经历中碰上的好心的家乡人，他的干妈、私塾老师、石匠师傅、留贵大叔……正是家乡这块淳厚土地以及善良大义家乡人的滋养，为杨善洲扣上了人生的第一粒扣子。文化的力量是深沉的、持久的，可以这么说，中华优秀传统文化观念和他成长的地域文化有着内在的一致性，这成为杨善洲能够一辈子坚守初心使命的根脉，如影随形、历久弥新。

3. 中国共产党先进文化是杨善洲初心和使命的提升条件

如果说中华优秀传统文化、保山地域文化使杨善洲形成了朴素的"三观"，那么中国共产党先进文化的影响进一步提升着他的初心使命。1950 年保山全境解放后，杨善洲就投身到当地打土豪分田地、保卫新生政权的革命工作中。土地改革工作对土改工作队员的政治水平要求比较高，应该说土地改革工作实践迅速培养了杨善洲的阶级水平和政策水平。50 年代杨善洲有机会到中共云南省委党校、四川省委工农干部学校学习深造，他系统学习了马列主义、毛泽东思想，特别是认真学习了马克思主义经典著作，初步掌握了辩证唯物主义和历史唯物主义的思想方法。系统的理论学习提升和塑造着杨善洲朴素的初心观念。在后来的工作实践中，杨善洲一直非常注重学习党的路线方针政策，进一步促进他"为人民谋福祉"初心使命观念的形成。

4. 中国共产党的为民担当是杨善洲初心和使命的实现方式

杨善洲 83 年的人生、60 年的革命生涯，经历了我们党从民主革命、社会主义革命和建设以及改革开放三个历史发展阶段，杨善洲几乎是中国共产党奋斗历程的见证者、亲历者、实践者。新民主主义革命时期正是杨善洲从出生到成长成人时期，1927年出生的他，正赶上中国社会急剧变化的时代，同时是中国共产党不断成长壮大的时代。杨善洲在这一时期和多数中国人一样深切感受到时代的大事和变化，感受着中国共产党的伟大，可以说，新民主主义革命的胜利是杨善洲坚强党性形成的社会基础。① 积贫积弱的新中国刚刚起步，加之帝国主义的经济封锁，又由于社会主义建设经验不足、遭遇"文化大革命"等原因，国家出现了前所未有的困难和问题，中国共产党进行了艰辛曲折的社会主义建设探索，这一时期有过失误，但却涌现了一批可歌可泣的先进典型和模范人物，培育和形成了具有特定内涵的时代精神。怀着对共产党的崇敬和感恩，他参加工作不久就加入了中国共产党，时代精神所折射出的光芒，一直影响和教育了包括杨善洲在内的几代共产党人。应该说，社会主义革命和建设，是杨善洲坚强党性形成的政治基础和制度基础。改革开放以来在激发社会成员前所未有的强劲发展动力的同时，广大党员也经受到了前所未有的挑战和诱惑，一部分党员也丢了初心、忘了使命、守不住底线，党的建设面临巨大风险。杨善洲坚持不忘初心、奋斗一生，带领保山人民立足自身、开拓发展，因此获得了"改革先锋"的光荣称号，给党员干部注入信心、树立了榜样。应该说，改革开放新时期成为杨善洲坚强党性形成的生活基础和群众基础。

100年的历程，是中国共产党不断践行初心使命的伟大实践过程。中国共产党的历史实践中濡养了杨善洲的初心使命，而杨善洲式的千千万万的优秀共产党员共同践行了中国共产党这一世界最大政党的初心和使命。换个角度说，中国共产党100年的革命史、奋斗史和改革史，用坚定的初心和使命积累出优良传统和政党文化，杨善洲用了一辈子的努力和奉献形成弥足珍贵的杨善洲精神，杨善洲精神是中国共产党

---

① 石磊：《杨善洲精神的形成轨迹及特点》，《中共云南省委党校学报》2012年第6期。

初心和使命的精神成果。我们应该热爱、珍视和传承这一精神，因为形成非常之不容易。确实，也许我们很难做到他那样的地步，但我们绝对没有理由可以轻慢这种精神。

（四）杨善洲精神对践行中国共产党初心和使命的实践价值

1. 杨善洲精神是对共产党初心和使命的新诠释

当今中国，我们的共同理想、我们的时代主题，是努力实现中华民族伟大复兴的中国梦。实现中国梦必须以坚定理想信念为根本支撑，以人民至上为价值追求，以艰苦奋斗为人生品格，以敬业奉献为不变信条。要以初心和使命为兴国之魂，要让初心和使命引领中国梦的实现。杨善洲精神是新时代践行中国共产党初心使命的根本体现，其内涵主要体现为信念坚定、对党忠诚的政治品格；牢记宗旨、一心为民的公仆情怀；鞠躬尽瘁、不懈奋斗的崇高境界；大公无私、淡泊名利的奉献精神。可以说，杨善洲精神所展示的价值目标、价值取向、价值追求和价值实现的实践，与中国共产党倡导的初心使命高度合拍，并赋予了中国共产党初心使命新的时代内涵。

2. 杨善洲精神是党员领导干部践行初心和使命的活镜子

杨善洲83年的人生历程见证着云南党组织不断发展壮大。1926年云南诞生了第一个党组织，90多年里云南党组织带领各族人民在革命、建设、改革中取得一个又一个胜利、创造一个又一个辉煌，始终怀有为人民谋幸福、为民族谋复兴的初心和使命。1927年出生的杨善洲在感受着风云变幻的时代变迁后，解放之后参加革命工作，基于感恩的思想加入中国共产党，自入党之日就抱定对党感恩、对党忠诚、为党奋斗的初心和使命，60年来，在党的培养和领导下，他把发展当地经济作为重要抓手，团结和带领家乡人民，致力于保山地区粮食生产、多种经营、社会进步、民生改善、文化繁荣，将保山由交通闭塞、贫穷落后、缺粮少粮，逐步建设成为经济发展、民族团结、社会和谐、人民幸福的社会主义新边疆。杨善洲用毕生作为回答了"为了谁""依靠谁""我是谁"的立场问题，回答了党员领导干部为什么、干什么、留什么的根本问题。杨善洲的人生，不管是处于顺境还是逆境，不管任务多么重、多么难，不管是年轻还是年迈，始终把为百姓群众做实实在在的好事作为自己的初心和使命，并一以贯之到工作中，不断攻坚克难、开拓创新，将一个大写的共产党人形象镌刻在滇西粮仓和大亮山深处。杨善洲用一辈子的努力折射出中国共产党艰辛的革命史、奋斗史、建设史和改革史，他是践行共产党人初心使命的一面镜子。党员领导干部可以利用这面活镜子照一照自己的党性、照一照自己做人为官的品质。

3. 杨善洲精神是共产党人践行初心和使命的好典范

党的建设是革命、建设、改革取得胜利的根本保证。之所以成为取得胜利的保证，就在于党始终牢记初心和使命，不断检视自己，推进党的自我革命，永葆纯洁性和先进性。在云南党的建设中，自1926年成立第一个党组织，90多年的奋斗历程中，我们党始终把政治建设摆在首位，持续深化理论武装、着力夯实基层基础、持之以恒正风肃纪、坚持不懈反腐倡廉，不断完善制度体系，建设了一支有信念、有思路、有激情、有办法的忠诚干净担当的"云岭铁军"。同时，严肃查处了李嘉廷、高严、白恩培、秦光荣、仇和等一批重大典型违法违纪案件。检视反思党的建设的成功经验和沉痛教训启示我们：党的初心和使命是党的性质宗旨、理想信念、奋斗目标的集中体现，越是长期执政，越不能丢掉马克思主义政党的本色，越不能丢掉党的初心和使命。杨善洲精神源于初心，他把初心内化为坚定的价值追求，并自觉主动地践行于为人民服务、艰苦创业的职责使命的实践中，杨善洲是"不忘初心、牢记使命"要求的躬身力行者、模范践行者，杨善洲就是我们身边践行初心和使命的优秀典范。在他身上体现的，是价值追求，是内生动力，是处事方式，是行为风格，展示的是作风主体的素养形象、心态和责任担当,是一种信念、一种自觉、一种习惯。习近平总书记指出:"崇尚英雄才会产生英雄,争做英雄才能英雄辈出。"①崇高精神可以感化人、教育人,也能鼓舞人、塑造人。杨善洲在社会主义和改革开放的生动实践中成为中国共产党人,尤其是各级党政领导干部的言行标准。

4. 杨善洲精神是初心和使命教育的好教材

2020 年 1 月,习近平总书记考察云南,深刻指出要认真学习党史、新中国史,才能懂得党的初心和使命的可贵。云南有光荣的革命传统、有感人肺腑的故事,要把这些故事作为"不忘初心、牢记使命"教育的生动教材,引导广大党员、干部不断检视初心、滋养初心,不断锤炼忠诚干净担当的政治品格。②100 年来,云南各族共产党员怀着马克思主义真理和共产主义远大理想,坚守初心、担当使命,为云南的革命、建设和改革作出了巨大的贡献。无数云南革命先驱和先进人物事迹,带给我们的深刻启示就是:党的初心和使命是激励一代代中国共产党人前赴后继、英勇奋斗的根本动力。杨善洲是云岭大地上众多优秀共产党员中的一员,是共产党人实践党的初心和使命的鲜明代表。学习好、研究好杨善洲精神,无疑是传承好、践行好党的初心和使命的重要基础和有力支撑。干部教育培训通过用好、用活、用足杨善洲这样的先进人物案例,把党的初心、党的使命铭刻于心,把个人前途与党和人民的事业紧密结合起来,这样人生奋斗才有更高的思想起点,才有不竭的精神动力,才能激发奋进新时代的力量。

---

① 习近平:《在国家勋章和国家荣誉称号颁授仪式上的讲话》,《人民日报》2019 年 9 月 30 日。

② 《坚定不移沿着总书记指引的方向奋勇前进把总书记擘画的蓝图一步步变为美好现实》,《云南日报》2020 年 1 月 23 日。

（五）杨善洲精神对"不忘初心、牢记使命"主题教育的现实启示

学习杨善洲精神，一方面会深受感动，但另一方面应该去追问：当今社会有多少像杨善洲这样的人？又如何成为像杨善洲这样的人？的确，除了情感上的赞美与认同，应该进一步思考杨善洲能够通过坚守初心和使命塑造和强化坚强党性的原理和特质，在社会实践中去探索可参照的原则方法来指导杨善洲精神的实施与运用。

1."不忘初心、牢记使命"主题教育，需要感性认知和理性认同的相互作用

初心和使命的养成并非一时冲动，政治追求上的执着和坚定，不仅要有情感的认知，也需要理性的认同；不仅要形成价值上的肯定，而且要获得情感上的共鸣。有了感性和理性的共同作用，这样的初心和使命才能持久牢固、历经变迁而不会泯灭。如果仅有感性的冲动，初心和使命可能仅仅是三分钟热度，感动一阵子而已；而如果仅有理性的认同，初心和使命又会缺乏干事创业的激情和现实动力。这启发我们，学习宣传先进人物，推进"不忘初心、牢记使命"主题教育常态化制度化，不仅要在社会上形成共识，而且要在社会成员的情感、理性中得到支撑、巩固，用情感和理性的力量凝聚起对杨善洲坚守初心和使命的共识，让杨善洲精神成为一面旗帜、一种榜样。

2."不忘初心、牢记使命"主题教育，需要实践和认识循环往复的长期积累

初心使命的养成并非一日之功，既需要实践锤炼，又需要认识的濡养，通过实践和认识循环往复的推动，才能形成笃定的精神品质。可以这么说，今天，我们有认同中国共产党的理论与实践的正确的政治立场；我们有基于国家民族发展大业所要求的责任意识、使命意识；我们有自己所信仰的基本的世界观、价值观；我们有明确的是非概念，最起

码有为人处世不能逾越的道德底线；我们有不断提升自己知识、道德、追求更高精神境界的需求。如此等等，这些不是与生俱来的，需要实践和认识的反复作用和长期积累。这启发我们，学习宣传先进人物，推进"不忘初心、牢记使命"主题教育，是一个长期教育和实践的过程。不可操之过急，应当有步骤、有计划、有层次地进行，同时要坚决反对学习教育中浮于表面和走过场的不良倾向，防止和杜绝把人物精神一般化、片面化、孤立化所造成的负面影响。

3."不忘初心、牢记使命"主题教育，需要人性根基和党性提升的交相辉映

杨善洲精神并非共产党人党性的刻板体现，杨善洲的初心萌芽来自于他鲜活的人性光芒，朴素的初心观念通过党性的塑造、提炼、升华，最终成就一个大写的人，一个大写的共产党员。这启发我们，学习宣传先进人物，推进"不忘初心、牢记使命"主题教育，要正确认识初心和党性、人格与党格的辩证关系，一个共产党人的初心不一定十分纯粹，但并不妨碍可以通过党性教育进一步提炼塑造，我们今天开展的初心和使命教育形式不一定十分完善，但并不妨碍对党员进行教育管理，初心和使命教育结果不一定十分完美，但并不妨碍我们去认真执行。进一步看我们党性教育，坚强党性塑造需要人性的道德伦理支撑，而复杂的人性又需要党性的政治性升华、原则性规范，不可超脱人性空谈党性，同时又要对人性有超越性的伦理道德要求。

4."不忘初心、牢记使命"主题教育，需要道德倡导和实践转化的双重标准

杨善洲精神并非限于抽象的道德倡导，在杨善洲身上，他既符合一个好人、一个好党员的道德标准，又能够时时处处为群众做好事、解难事，这才成就了一种崇高的精神。这启发我们，学习宣传先进人物，推进"不忘初心、牢记使命"主题教育，不要孤立地强调抽象化的道德倡导，而要推动道德要求的实践转化，将愿意也能够为百姓群众做出实际

贡献和成果作为最终价值评判的标准，道德模范的评价不是空泛的观念表达和行为规范，而是体现在具体的为人民服务的一桩桩、一件件事情上，体现在百姓的口碑上，体现在经得住历史检验的功绩上。这样才能昭示道德榜样的现实力量，让道德模范为社会注入"感动"，为民族注入"信心"，为国家发展注入"动力"。

5."不忘初心、牢记使命"主题教育，需要稳定性和动态性的交互融合

初心使命并非千人一面，杨善洲身上，既有共产党党性宗旨意识的本质的稳定一面，也体现出人物特定的时代特质和鲜明的个性特点，这就是初心使命的阶段性、动态性特征。习近平总书记说过，"每一代人有每一代人的长征路，每一代人都要走好自己的长征"[1]，每一个人在平凡工作岗位上认真工作、踏实做事的小小付出，就能够成就中国共产党伟大历史使命。这启发我们，学习宣传先进人物，推进"不忘初心、牢记使命"主题教育，不应刻意强化杨善洲身上那些时代性、个性化的事迹和行为，应抓住杨善洲精神恒久稳定的本质的一面加以强化和运用，注重精神本质的学习而不是先进事迹的复制和效仿，避免大家在违心中学习，学习沦为"走过场"，没有发挥实际作用。

三、践行杨善洲精神与新时代不忘初心、牢记使命的制度建设

中国共产党要能够实现长期执政，怎样立党为公、执政为民、兑现立党之初的初心使命，是执政者必须认识思考的重大现实问题。杨善

---

① 习近平：《在纪念红军长征胜利80周年大会上的讲话》，人民出版社2016年版，第10页。

洲精神告诉我们：加强党的建设，在今天没有什么比正确对待权力更为尖锐的事；加强党的建设，在今天没有什么比正确对待利益更为现实的事；加强党的建设，在今天没有什么比保持党的纯洁性更为迫切的事；加强党的建设，在今天没有什么比提高党拒腐防变能力更为突出的事；加强党的建设，在今天没有什么比塑造执政者的形象更为关键的事；加强党的建设，在今天没有什么比推进党内民主更为紧迫的事；加强党的建设，在今天没有什么比牢固执政者的信仰更为根本的事。"不忘初心、牢记使命"是激励中国共产党人不断前进的思想起点和不竭动力。

党的十九大将"不忘初心、牢记使命"首次作为党的代表大会的主题，2019 年 5 月开始，我们党自上而下分两批在全党开展"不忘初心、牢记使命"主题教育，党的十九届四中全会则正式把"不忘初心、牢记使命"纳入党的制度建设体系，并对建立这一制度作出重大安排部署，要求把不忘初心、牢记使命作为加强党的建设的永恒课题和全体党员、干部的终身课题，形成长效机制。中央系列部署和决定充分表明坚守党的初心和使命的极端重要性，并通过制度的作用把守初心担使命形成党员一种长期性、稳定性的党性要求，体现了中央对进一步坚持全面从严治党的巨大决心和科学决策。杨善洲是千千万万坚守初心和使命的优秀共产党员代表，我们可以通过学习杨善洲精神，对"不忘初心、牢记使命"制度建设进行思考。

（一）学习践行杨善洲精神推进思想理论教育制度化建设

作为我们党优秀的共产党员，就学历而言，杨善洲仅是个初中生，但杨善洲坚持学习热爱学习。除了参加集中学习培训之外，杨善洲坚持业余学习，看书看报是他终身的习惯，就在生重病住院期间他还坚持每天看报纸。一位保山同志介绍，一天下午上班，看到办公室门口台阶上坐着一个老头，问有何事，说是来借几本书看看，后来才知道是老书记杨善洲。是的，杨善洲虽然没有大学、硕士、博士文凭，但是杨善洲将仅有的那点"真知"兑现于行动之中，体现在他的学习和实干精神上。相比较而言，我们今天的党员干部学历文凭都要比杨善洲高很多，但是有些同志却存在读书学习投入的精力不多、热情不高，更多时间放在喝酒应酬、串门客套，贪求热闹、内心浮躁。党员干部学习杨善洲，就是要学习他把学习当作一种良好习惯，加强学习制度建设，通过学习巩固初心、担起使命。作为党员干部，学习的内容重点应该包括如下几方面。

坚持学习党章。根据杨善洲秘书介绍，他办公室书柜里最多的书就是不同年代不同版本的党章。杨善洲入党之后就把学习党章作为重要内容一直坚持。党章是共产党人的一面镜子、一把尺子，应该时常以这面镜子照一照党性、以这把尺子量一量短长。现实生活中，有的同志经常不想不愿不敢照镜子，却还洋洋自得，殊不知自己的脸上身上已经有了尘垢，惹人笑话；有的同志不善不会不勤用尺子，却还自以为是，殊不知已经落人千里，甚至触犯底线。说到底，这些同志就是没有用党章来检视党性。广大党员要经常照镜子、量尺子，在照镜子、量尺子中正衣修己，照亮初心、丈量使命。

坚持学习党的创新理论。杨善洲的初心使命不仅仅来自于对家乡人的感恩思想、对发展家乡的朴素感情，而是通过对马克思主义和党的政策理论的学习，才不断提升和强化了他朴素的初心观念。因此，理论学习是共产党人初心使命从自发到自觉的必要条件。应该用党的创新理论养护初心、引领使命。要认真学习马克思主义基本原理、学习马克思主义与中国实际相结合的中国化的马克思主义理论，现阶段，特别要重视学习习近平新时代中国特色社会主义思想。要踏踏实实学而不是摆摆样子，要孜孜不倦学而不是走走过场，要真真实实懂而不是装装门面，要真真正正信而不是喊喊口号，通过扎实的理论功底和理论素养来唤醒初心、担当使命。

坚持学习先进典型、身边榜样。杨善洲成长的过程中深受身边榜样的影响，明代爱国将领邓子龙戍守边关、抵御外侵的爱国情怀，成长过程中身边家乡群众对他做人做事的指引，都成为他坚守初心使命的源泉。学习杨善洲，要以"初心和使命"为主题，挖掘身边榜样资源，编制先进典型案例、拍摄制作情景式党课。先进人物是一个社会前进的方向，是远方的灯光，党员干部应时常以他们为榜样对对方向、看看灯光，发现走偏了、走丢了，要及时回到正道，发现迷失了、走散了，要找回方向、跟着向前走。尽管普通党员企及一生不一定去到远方，但至少我们不会迷失，这就是所谓的见贤而思齐。

坚持学习党的历史。习近平总书记说："历史是最好的教科书，也是最好的清醒剂。"党员干部学习党的历史就是要在历史和现实之间找到内在的关联，以史为鉴。学习中国共产党带领中华民族走过的百年历史，就是昭示我们全党和全国各族人民需要用厚重的历史的眼光来看待我们正在走的这条中华民族伟大复兴之路，面对今天我们所遇到的各种挑战和机遇。我们需要在历史的眼光之下，在历史的刻度之上来看待，今天我们所拥有的一切，是怎么来的，我们才能看到继续前行的动力是怎么来的，我们才能看到未来的那些目标和梦想还需要做出怎样的努力。因此，党员干部重温历史就是要在历史的认知中把握社会发展的规律，以坚定的信仰看历史，以人民的情怀看历史，以历史的发展看历史，以责任的担当看历史，以民族的使命看历史，以未来的前景看历史，以此分析和解决当前的困难和问题，承担起更加光荣的历史使命。

（二）学习践行杨善洲精神推进群众工作制度化建设

杨善洲精神具有永恒价值的同时，也体现出鲜明的时代特征。在他身上有朴素的百姓感情、一心为民的公仆本色、深入实际的工作方法、扎实过硬的工作能力等。杨善洲精神体现着我们党全心全意为人民服务的根本宗旨以及党的群众路线的立场、观点和方法。学习杨善洲，就是要通过完善党员干部直接联系群众制度，把初心使命真正落实在为民服务的效果和能力提升上。

实践证明，杨善洲与群众打交道，把解决群众实际问题作为立身之本，才赢得群众的认可，也才最有说服力。① 对待群众，杨善洲没有漂亮的话语，实实在在操着一口施甸方言土语，但老百姓最能听得进去，因为解决的是百姓群众最想解决的事，说的是百姓群众最爱听的话。干部直接联系群众，就是要实实在在为群众办好事、解难事、化解烦心事，并从机制的完善和细化上给予支持。结合实际，党员干部直接联系群众制度建设，要在现有制度的基础上不断细化相关的机制和措施，使各项制度彼此衔接，发挥制度的整体合力②。

1.进一步完善群众工作的联系机制

一是建立领导干部下基层工作机制。尝试建立党员干部以普通党员干部身份到基层工作，换一个角度去体验、感受，为进一步整合党群干群关系打下心理基础。二是群众心声表达工作机制。将原有的领导接待日制度，改变为群众"畅聊会"常态化机制，领导干部不定期不定时不亮身份深入"畅聊会"倾听群众真实声音，了解基层真实情况。三是建立和完善民情恳谈和交心机制，领导与群众之间、群众与群众之间交心谈心，并逐步使其规范化，多方面、多层次听取群众心声。

2.建立重点民生实事广泛征求群众意见机制

一是用"老办法＋新手段"的方式创建新型群众工作平台。利用党员联系点、社区服务站、党员干部挂钩户等老办法，加上网络接访、社区论坛等新手段，创建社情民意收集反馈平台。二是畅通民意表达的渠道。通过政务中心、领导干部接访、政府服务热线等，沟通解释群众反

---

① 李小娜：《建立健全党员干部直接联系群众长效机制研究》，《党史博采》（理论）2013年第9期。

② 熊黎明、彭红波：《以杨善洲精神为镜创新群众工作方法》，《新丝路》（下旬）2015年第7期。

映问题。三是根据各平台收集到的社情民意，定期研究梳理民生实事，定出解决问题的计划列表、责任清单，切实解决群众最关心最直接最现实的利益问题。

3.进一步完善群众工作的决策机制

一是建立和完善人民群众参与决策的机制，为广大人民群众参与决策提供机会和条件。消除"我能做得主、我说了就算"的错误认识，让群众的知情权、参与权得到真正实现。二是健全专业人员参与决策的机制，充分发挥专业知识对决策的指导作用。切实防止以权谋私、优亲厚友、随心所欲。三是加强决策程序的科学化、规范化建设。提升决策前的调研，坚决做到"先调研后决策、不调研不决策"，保证每一项决策都能够有利于实际工作、有利于百姓群众，并能经得住历史的检验。

4.进一步完善群众工作的评价机制

通过教育、管理、考核、奖惩等手段建立健全联系服务群众常态化、规范化及长效化工作机制。一是设立群众信箱机制。常态化设置群众信箱，对于群众反映的问题定期反馈回应，在条件允许的范围内最大限度解决。二是建立多种方式和手段相结合的群众工作评价机制。采取定期不定期相结合的方式，确保考核结果的真实性、公开性、公平性。三是强化考核结果的运用。将党员在联系服务群众中的表现作为评价考核党员、党建目标管理、干部任免的重要参考指标，让群众工作态度、表现和实绩不再是一种虚功，而通过硬要求、重奖惩，逐渐化为党员干部的行为习惯。

（三）学习践行杨善洲精神推进党内生活制度化建设

杨善洲精神有着中国共产党党性的本质性特征，也有着鲜明的时代性特质和个性特征，今天学习杨善洲应透过时代去观照他的精神本质，不能以改革开放新时代去评判他、更不应去质疑他，对于杨善洲要历史地看、辩证地看。

实事求是地说，以今天发展的眼光看，杨善洲也有一些局限性。比如在处理保山 80 年代包产到户问题，比如在处理好农业与工业和其他产业关系问题上，杨善洲有保守的一面。关于保山包产到户问题，一开始确实有顾虑，施甸、保山两个山区搞了，但是坝区一直迟迟不动，杨善洲参加过土地改革，大包干要把田地分到一家一户，一开始他确实有点想不通，再加上坝区水利建设滞后等实际情况，这就限制了保山包产到户的积极性。直到 1982 年底，保山的包产到户成为云南省少数几个工作跟进不积极的高产坝区之一。后来随着形势发展和省委的要求，才逐步改变了想法。对此，杨善洲是有清醒认识的。在一次全地区干部大会上，杨善洲当着全体干部的面坦言："坚持马列主义实事求是的观点，工作就前进；违背了这个原理，工作就失败。认识是从生产责任制本身的发展过程中逐步提高的。当初地委的指导思想，把搞责任制看成是解决群众温饱问题的权宜之计，只强调'三靠'地区和分类指导，特别是保山、施甸两个坝子不能搞，这就限制了基层干部和社员的积极性。这是直接原因，责任不在下边，在地委，尤其在我。"[1] 另外，关于保山工业发展相对滞后的问题，杨善洲则自我批评最主要的是自己不懂工业，认为工业要占用大片良田，一个边远地区，只要把农业搞上去了，群众有饭吃、有钱花就行了。杨善洲曾在一次全区干部大会上坦言："他自己对除了农业之外的工业、商业、财政、文教、卫生、科研、交通等行业不懂、是外行，这些部门工作抓不好他有主要责任。"[2] 而且随着工业项目的申请连续失利，杨善洲觉得自己能力和思维已经不适应形势的发展了。1986 年 1 月 7 日，在保山地委委员会上，他主动提出，保山地委书记这一职位，应该由年富力强、跟得上时代发展的同志来担任。两

---

① 唐似亮：《大道健行》，云南人民出版社 2011 年版，第 118 页。
② 唐似亮：《大道健行》，云南人民出版社 2011 年版，第 119—120 页。

个月后，杨善洲正式卸下保山地委书记的担子，担任云南省第六届人大常委会委员。杨善洲之所以能够做到根据形势发展变化及自身存在问题，查找差距、自我解剖、勇于担责，除了他较高的党性修养之外，党内生活制度是杨善洲锤炼初心、体悟使命的"大熔炉"。学习杨善洲，就是要通过加强党内生活制度建设强化初心使命意识。

1.健全和完善党的组织生活各项制度

初心使命的坚定需要依靠经常性的内心反观、自省来确立信念，同时也需要在长期党内政治生活中培养锻炼。组织生活是党内政治生活的日常方式和重要载体，定期的党内组织生活可以为党员守初心担使命提供重要组织保障。党内组织生活是我们党的重要政治优势，包括"三会一课"制度、民主生活会制度、领导干部双重组织生活会制度、党员党性分析制度、党员民主评议制度等党内政治生活制度。这些制度要严格执行，做到不缩水、不变形，避免形式主义。党员过组织生活不是定期地走走过场、搞搞形式、抄抄心得、记记台账，要将组织生活当作提升党员思想、矫正党员行为、净化党员灵魂的重要方式，过一次组织生活有一次的效果和质量。

2.坚持民主集中制原则完善集体领导制度

作为地区一把手，杨善洲办事情做决策总是要听听班子和同事的意见，在研究工作时充分让大家发表意见，决策形成后则分工合作、一抓到底、苦干实干、抓出成效。和杨善洲共过事的老同志，都评价杨善洲是一个比较随和、听得进不同意见的领导。学习杨善洲，各级党委（党组）主要负责同志要把党委集体领导制度真正落到实处，要发扬民主、善于集中、敢于担责。在集中之前要深入实际调研，在研究讨论问题时要注意听取不同意见，正确对待少数人意见，在研究问题之后要以群众的接受度满意度作为衡量的重要标准。

3.开展严格的批评和自我批评

批评和自我批评是我们党强身治病、保持肌体健康的锐利武器，也是加强和规范党内政治生活的重要手段。① 但是，"批评和自我批评这个'利器'在很多地方变成了'钝器'，锈迹斑斑，对问题触及不到、触及不深，就像鸡毛掸子打屁股不痛不痒，有的甚至把自我批评变成了自我表扬，相互批评变成了相互吹捧。"②杨善洲以自我革命的精神，拿起自我批评的"利器"解剖自己、揭短亮丑、承认不足的做法着实值得广大党员认真学习。可以这么说，杨善洲并不完美，但他用自我批评的武器把自己雕刻出一个共产党员真正的样子。中国共产党从来都是在修正错误、改正错误中得以发展壮大的。批评和自我批评就是整顿不良思想行为的有力武器，是促进守正创新的法宝，这柄利剑要时常对准自己和别人亮一亮，才能捍卫共产党人的初心和使命。

4.建立健全调查研究工作制度

注重调查研究杨善洲一贯的工作作风。他在地委书记岗位上就一直保持着淳朴的农民本色，他常常头戴草帽、脚穿草鞋，深入田间地头搞调研、访民情，俨然就像一个农村放牧的老倌儿，群众亲切地称他为"草帽书记"。杨善洲听了坦然笑笑说："我就喜欢'草帽书记'的称呼。"③杨善洲经常深入基层，深入群众，跟群众一起干劳动，通过聊天、唠家常的方式掌握实际情况。在保山任职期间杨善洲走遍了保山的5个县99个乡，不打官腔、不摆官架子，当地干部都说他"把草帽看得比乌纱帽还重"，他这棵生长在人民群众中的"雪松"，对今天机关办公室里的"盆景"干部做好调查研究具有重要学习意义。关于建立健全调查研究制度，习近平总书记有过多次强调，最为集中的表述是在2011年11月16日中央党校秋季学期第二批入学学员开学典礼上"谈谈调查研究"的讲话，总书记指出要"坚持和完善先调研后决策的重要决策调研论证制度、坚持和完善领导机关领导干部的调研工作制度、坚持和完善领

---

① 《关于新形势下党内政治生活的若干准则》，人民出版社2019年版，第16页。

② 《习近平谈治国理政》，外文出版社2014年版，第377页。

③ 耿国彪：《杨善洲"草帽书记"的绿色梦》，《农村工作通讯》2011年第3期。

导干部的联系点制度"。这些调查研究工作制度要认真执行、保证落实到位。

(四)学习践行杨善洲精神推进党员干部党性教育制度化建设

1.将"不忘初心、牢记使命"纳入干部教育培训内容

杨善洲一辈子为民谋利益初心和使命的提升、加强、完善和巩固，除了在实践的大舞台上历练成长，还与他多到接受理论学习和党性教育分不开。一是要将党员干部"不忘初心、牢记使命"列入干部教育培训的重要内容，形成长效机制，并且作为各级党校和其他干部培训院校督查考核内容，以组织机制保证其落到实处。二是按照"分级培训、分类指导"的原则，加强"不忘初心、牢记使命"相关理论的学习和培训，不断提高党员干部守初心、担使命的意识和能力。三是在课程设计上注重突出红色基因，牢牢抓住"初心和使命"这个核心，紧扣时代主题，紧紧围绕保持和发展党的先进性、纯洁性，抓牢理论教学这个基础，把党性教育作为重点内容和必修课程，引导党员干部树牢理想信念、坚守初心使命。

2.将党性分析作为党性教育成效的重要检验手段

党性分析效果是党性教育成效的重要检验标准。把党性锻炼贯穿于干部培训的全过程各方面，抓住"党性分析"这个必经环节，坚持理论学习与实践体验相结合、组织教育与自我修养相结合，通过成立临时党支部，撰写党性分析报告，召开专题组织生活会等党内生活，注重引导干部自觉加强党性修养，坚定理想信念和坚守马克思主义信仰。干部带着问题参训，把学习理论与加强党性锻炼结合起来，与回答解决实际问题结合起来，突出主观世界改造，在培训中注重发挥学员主体地位。教师在课堂上回应干部的关注焦点，有效解决和回答学员思想疑虑和现实困惑；参训干部也把自己摆进去，对照先进查找自身在平时工作中存在

的理论素养尚需提高、理想信念有所蒙尘、与群众的距离拉大、工作担当精神不足、工作作风转变不够等差距及存在问题的深刻原因，逐项提出整改措施和努力方向，自觉接受党内生活的严格锻炼。

3. 加强党员干部守初心担使命的动力机制建设

为了广大党员干部提高守初心担使命的意识和能力，必须加强相应的动力机制建设。一是要把守初心担使命的意识和能力作为党员干部的综合素质要求和日常检查和考核的重要内容加以落实。二是对于党政领导干部的选任，应该把守初心担使命相关认识和能力作为一项任职考察评价的基本条件。三是有必要将守初心担使命纳入主要领导干部的考核范围。严格按照《关于进一步激励广大干部新时代新担当新作为的意见》要求，加大领导干部守初心担使命责任追究制。对在重大责任面前不作为、消极对待、为官不为、庸懒散造成不良影响的，坚决予以问责和处理。情节严重的要给予党纪、政纪处分。同时要大力宣扬和表彰在历史关头、急难险重任务面前，敢于直面问题、科学决策、主动担当、社会反响良好的领导干部，成绩突出的，优先提拔使用。四是要充分信任广大干部，支持干部大胆解放思想、改革创新，树正气，打击歪风邪气，为想干事、敢干事、能干事的人撑腰壮胆。为此，涉及与主动担责有关的问题，要具体问题具体分析，鼓励担当、宽容失误。

（五）学习杨善洲精神推进"不忘初心、牢记使命"制度建设的原则要求

学习杨善洲式的先进人物，通过分析他们身上守初心担使命的精神内涵、形成机理、作用表率，并上升到制度的层面加以固化，形成示范和约束机制，这是贯彻中央思想建党、制度治党要求的必要方式。要牢牢把握建立"不忘初心、牢记使命"的制度的重大意义、主要内容、原则要求，让学习先进人物不仅仅停留在口头上、纸面上、文件上，而是依靠制

度让先进人物的初心和使命成为千万共产党人的精神追求和实际行动。

1."不忘初心、牢记使命"制度与管党治党制度相协同，形成科学系统、高效管用的制度体系

中央要求"不忘初心、牢记使命"要建立长效机制，这个制度并非是全新的制度，而是现有制度与创新制度的协同整合，从而形成一个科学系统的制度体系。这个制度体系至少应该包括几个方面：一是中国共产党关于提升党性方面已经形成的好的制度，比如"三会一课"制度、组织生活会制度、批评与自我批评制度、党内外监督制度等；二是在新的实践过程中创造的一些管用的制度，比如巡视制度、媒体监督制度等；三是总结"不忘初心、牢记使命"主题教育好的经验做法形成的制度；四是顺应时代发展创新的制度，这些制度进一步集约化、系统化，变成一个制度体系，并形成科学的制度安排，在执行的时候发挥系统集成、协同高效的作用。

2."不忘初心、牢记使命"制度要与时代发展相结合，注重制度的完善创新

制度的制定和执行具有长期性、稳定性。但随着历史条件的变化，制度也需要与时俱进地调整、完善和创新。一是制度创新应当围绕初心和使命这一制度建设的目的展开。以新时代党员干部守初心担使命存在的问题为导向，抓住关键问题，用新方法、新举措解决守初心担使命的矛盾和困难。二是制度创新需要坚持遵循法治。制度的设定和完善不是凭想象、不是随意创设条文，需要把"是否依法"作为一切制度设定和创新的重要标准。"不忘初心、牢记使命"制度是一种旧有制度与创新制度的融合体系，要科学评价制度制定的初衷、制度执行的效果，对适应的制度要加以沿用、对不适应的制度要调整、对好的制度要大胆启用，以法治的标准来衡量，避免为了制度而制度，制度文本堆积如山、束之高阁，不能发挥实际作用。三是制度创新成效需要得到实践的检验。凡是对党和国家事业有利、对人民有用、得到群众认可的制度要坚

持，在实践中不适合的、老百姓有意见的就要及时调整修正。四是制度创新的标准是以人民为中心的发展思想。新时代"不忘初心、牢记使命"制度建设的根本目的是一切为了人民，因此，人民群众的需要、利益、态度是制度创新成效的动力、目的和最终的裁判。

3."不忘初心、牢记使命"制度要与党员管理相促进，推动制度执行的监督

"不忘初心、牢记使命"制度要能够转化为全体党员的思想和行动自觉。让制度管用见效、有权威，制度执行监督需要加强。一是强化对制度执行情况的日常督查。抽专人或群众代表通过随机抽查、定期检查，以问卷、访谈、座谈等方式收集制度执行者的表现和实际作为，在一定范围内公开检查结果，以形成监督的良好氛围和舆论压力，倒逼执行制度的自觉性。二是强化制度意识，维护制度权威，聚焦坚持和完善制度体系，善于从"不忘初心、牢记使命"广阔实践中，发现好做法、总结好经验，提炼出能够推广的创新制度。三是发挥"关键少数"在制度执行上的关键作用。"其身正，不令而行；其身不正，虽令不从"，领导干部的制度意识、制度规矩、制度行为就是身教的榜样，领导干部能够带头尊崇制度、执行制度、维护制度，才能推动全党乃至全社会执行制度的意识和能力。

4."不忘初心、牢记使命"制度要与成效评估相挂钩，推动制度实施的效率

绩效评估是检验制度成效的重要手段。要坚持把定性与定量、定期与日常评估相结合，确保制度实施的成效，更好地发挥党员干部守初心担使命的模范作用。一是制定科学合理的评估标准。包括评估的对象和内容。其一，评估对象应为全体党员及各级党组织，以党员和党组织执行制度前后变化为评估内容；其二，科学制定评估原则和打分规则，秉承实事求是、客观全面的原则。不但要看制度施行前的情况，更要看制度施行之后的行为转化；不但要党内打分，也要让党外群众参与，同时

要让评估党员有申诉的权利，尽量做到点面结合、不偏不倚、客观全面。二是加强制度评估的组织实施。由各级党委领导监督，由各级组织部门组织部署，由各党支部具体负责，把制度成效评估结果与评选表彰先进党组织直接挂钩。三是制度效果评估检测。注重对"制度制定的主体、制度的内容、制度执行的方式、接受制度的客体"四个影响制度的因素进行量化分析。四是注重制度评估结果运用。一方面，要把党员干部"不忘初心、牢记使命"制度执行的表现情况记入档案，作为考核评价、培养使用的重要依据，在用人导向上建立党性要求的风向标，在社会上形成一种导向，以激励更多的党员养成良好的品德和初心使命意识。另一方面，要构建惩罚机制，确保刚性约束。对于评估效果不好的党员干部，落实从严监督执纪问责，多方位对党性不强的党员干部进行惩处，让党员干部不敢放松初心使命要求。此外，还要专门建立党员"不忘初心、牢记使命"工作台账，详细记录日常表现，研究将初心和使命能够量化的党员积分，将"初心使命"这种抽象的价值观念和行为态度转化为便于量化的具体工作态度、任务绩效。同时，在评优评选、研究干部任用时，将工作台账和党员积分作为重要的参考指标加以对照和应用。就党员干部自身而言，制度评估结果又是进一步加强党性锻炼的依据。从评估结果中，党员干部可以看出自己在党性锻炼方面存在的差距和不足，真正将党性要求内化于心、外化于行，使初心使命制度取得实效。

第三章
杨善洲精神与新时代全心全意为人民服务宗旨

在奔流不息的历史长河中，总有一种精神与时代同行，精神是一个国家、一个民族、一个政党生存的根基。"只要生命不结束、服务人民不停止"，这是杨善洲为民情怀的生动写照。杨善洲一辈子根植于人民群众，一辈子心系人民群众，一辈子忠诚于党的事业，一辈子全心全意为群众谋利益，犹如一颗璀璨之星闪耀着耀眼的光芒，感动和震撼了无数人。杨善洲精神是时代的产物并且在新时代展现出强大的生命力，我们党走过的百年光辉历程，辉煌成就举世瞩目，正是因为我们党始终站在时代潮流最前列、站在攻坚克难最前沿、站在最广大人民之中，始终坚持全心全意为人民服务的宗旨意识不动摇，始终坚持人民的主体地位，走群众路线，把人民对美好生活的向往作为追求的目标，始终把人民利益摆在至高无上的位置。杨善洲的一生，是赤诚为民的一生，全心全意为人民服务是他心中最无私的力量。杨善洲是普通共产党员的楷模，也是领导干部的楷模，他生动诠释了当代中国共产党人全心全意为人民服务的宗旨，为践行党的宗旨和群众路线树立了榜样，也为践行群众路线提供了根本途径。

一、新时代践行党的宗旨和群众路线的要求

群众路线是实现党的思想路线、政治路线和组织路线的根本保证，是我们党的根本工作路线。习近平总书记在党的十九大报告中强调：

"必须坚持人民主体地位，坚持立党为公、执政为民，践行全心全意为人民服务的根本宗旨，把党的群众路线贯彻到治国理政全部活动之中，把人民对美好生活的向往作为奋斗目标，依靠人民创造历史伟业。"[①]究竟是为人民谋利益，还是为本政党或者政党所代表的特定阶层群体谋利益，是区分马克思主义政党与其他政党的"分水岭"。人民群众是我们党的力量源泉，我们党从成立那天起就把根深扎在人民群众之间，人民群众是我们党的最深厚的力量所在，中国共产党的根本政治立场是人民立场，人民群众是国家前途命运的决定性力量。中国共产党之所以能够长期执政，之所以执政根基坚如磐石，就是因为我们党紧紧依靠人民创造历史伟业。杨善洲作为"关键少数"的领导干部，是爱民、为民的典范，他始终心里装着群众、想着群众的冷暖安危，把人民放在心中最高的位置，克己奉公，始终为人民群众的幸福和人民群众的利益而努力工作，忠诚践行党的群众路线，牢记宗旨，时时刻刻牵挂着群众的冷暖，用忠诚干净担当和无私奉献践行党的宗旨和群众路线，用大爱无私的情怀坚守共产党员的初心和使命。他所做的一切都是为了人民群众，他始终坚持与人民心心相印、与人民同甘共苦，在全心全意为人民服务中坚守初心、践行使命，真正做到了"心中有党、心中有民、心中有责、心中有戒"，是新时代践行党的宗旨和群众路线的"领头雁"。

（一）践行党的宗旨是党巩固执政之基的必然要求

群众路线是我们党在革命、建设、改革中不断取得胜利的不可须臾离开的重要法宝，我们党紧紧依靠人民创造历史伟业，使社会主义现代

---

① 习近平：《决胜全面建成小康社会　夺取新时代中国特色社会主义伟大胜利——在中国共产党第十九次全国代表大会上的报告》，人民出版社 2017 年版，第 10—14 页。

化建设取得了举世瞩目的成就。在中国特色社会主义新时代，习近平总书记强调了在新形势下坚持群众路线的重要性。他深刻指出："群众路线是我们党的生命线和根本工作路线。开展党的群众路线教育实践活动，是我们党在新形势下坚持党要管党、从严治党的重大决策，是顺应群众期盼、加强学习型服务型创新型马克思主义执政党建设的重大部署，是推进中国特色社会主义的重大举措，对保持党的先进性和纯洁性、巩固党的执政基础和执政地位，对全面建成小康社会，具有重大而深远的意义。"①事实充分证明，践行党的宗旨，走群众路线，是党巩固执政之基的必然要求。

1.践行党的宗旨必须始终坚持走好群众路线

中国共产党的性质和宗旨决定了其必须始终保持同人民群众的血肉联系，这既是历史的选择，也是现实的需要。党的性质宗旨决定了中国共产党从登上历史舞台那一天起，就代表着中国最广大人民群众的根本利益。脱离群众，党就会有变质的危险，失去群众的拥护和支持，党的事业和工作必将遭受重大损失。坚持党的性质宗旨，永葆党的先进性和纯洁性，党的事业和工作就会蒸蒸日上。因此，我们党必须把马克思主义作为最鲜亮的底色，牢固树立马克思主义群众观点，从人民群众中汲取智慧和力量，和人民群众想在一起、干在一起，依靠人民群众改变落后面貌，与人民群众同甘共苦，永葆公仆本色，把党的群众路线贯彻到治国理政和社会主义事业发展的全部活动之中。人民群众是社会发展进步的真正的英雄，在推动社会发展进步的历史过程中必须始终牢记宗旨、牢记目标，紧紧依靠人民创造历史伟业。

我们党的历史，就是一部践行根本宗旨、与人民群众同呼吸共命运心连心的历史，我们党紧紧依靠人民群众跨过一道又一道沟坎，取得一个又一个胜利。革命战争年代，党的生存发展，实现政治目标，一时一

---

① 《习近平谈治国理政》，外文出版社2014年版，第365页。

刻也离不开群众的支持，在长期的革命斗争中，党同人民群众建立了血浓于水的党群干群关系。1944年，毛泽东发表了著名的演讲《为人民服务》，系统阐述了为人民服务思想。1945年，在党的七大上，"全心全意为人民服务"的宗旨写入《中国共产党章程》。1949年中华人民共和国成立后，党领导人民群众不断巩固新民主主义胜利的果实。1956年中共八大通过的《中国共产党章程》第一次写入了群众路线的概念。1978年党的十一届三中全会提出"人民拥护不拥护、人民赞成不赞成、人民高兴不高兴、人民答应不答应"作为制定各项方针政策的出发点和归宿。1981年通过的《关于建国以来党的若干历史问题的决议》明确界定"群众路线，就是一切为了群众，一切依靠群众，从群众中来，到群众中去"。1992年邓小平提出"三个有利于"，"三个有利于"从理论和实践上深刻回答了我们党"为了谁"，"依靠谁"，彰显着我们党以人民为中心的发展思想。党的十三届四中全会以后，以江泽民同志为主要代表的中国共产党人，在实践中形成了"代表中国最广大人民根本利益"为核心内容的人民群众观。党的十六大以后，以胡锦涛同志为主要代表的中国共产党人，形成了以"立党为公，执政为民"和"权为民所用，情为民所系，利为民所谋"为主体内容的人民群众观。

党的十八大以来，以习近平同志为核心的党中央丰富和发展了党的群众路线，把"人民对美好生活的向往"作为我们的奋斗目标，这掷地有声的庄严承诺是我们党全心全意为人民服务根本宗旨一脉相承、一以贯之的体现。2013年，习近平总书记在党的群众路线教育实践活动工作会议上指出，"开展党的群众路线教育实践活动，就是要把为民务实清廉的价值追求深深植根于全党同志的思想和行动中"。2016年，习近平总书记在庆祝中国共产党成立95周年讲话中着力强调"党的根基在人民、党的力量在人民，坚持一切为了人民、一切依靠人民，充分发挥广大人民群众积极性、主动性、创造性，不断把为人民造福事业推向前进"①。在党的十九大报告中，"人民"二字共出现 203 次，"人民"二字贯穿于整个大会的始终，呈现出中国共产党人的情感立场。

2. 践行群众路线是党的性质宗旨的彰显

一切为民者，则民向往之。中国共产党的历史，是保持党同人民群众血肉联系的历史。党的十八大以来，习近平总书记围绕坚持党的根本宗旨、保持党同人民群众的血肉联系，发表了一系列重要讲话和论述。这些讲话和论述着眼于中华民族伟大复兴的中国梦，着眼于巩固党的执政地位和党执政的群众基础，体现了鲜明的人民立场、人民观点，蕴含着中国共产党人以人民为中心的发展思想。马克思主义政党站在无产阶级立场上、代表着无产阶级和广大人民群众的利益。中国共产党在百年的奋斗历程中，始终与人民群众同甘苦、共患难，铸就了密不可分的血肉联系。中国共产党从成立那天起就把根深深扎在人民群众之中，这就决定了中国共产党必然永远行进在贯彻党的群众路线中，与历史同步伐、与时代共命运，保持党同人民群众血肉联系，保持党对人民的赤子之心，不忘初心、砥砺前行。② 马克思主义的群众观是新形势下广大党员干部特别是各级领导干部增强宗旨意识、践行群众路线、加强和改进作风的行动指南，群众路线是党的根本政治路线，从根本上决定着党的性质。共产主义远大理想是无产阶级和广大人民群众根本利益在奋斗目标上的最高体现。实现共产主义理想，符合全体人民的意愿，是人类最根本的利益。马克思主义政党，要把追求共产主义理想作为目标，更要把实现广大人民群众的利益作为根本目的。《共产党宣言》指出："过去的一切运动都是少数人的，或者为少数人谋利益的运动。无产阶级的运动是绝大

---

① 《习近平关于"不忘初心、牢记使命"论述摘编》，党建读物出版社、中央文献出版社 2019 年版，第 235 页。

② 《习近平关于"不忘初心、牢记使命"论述摘编》，党建读物出版社、中央文献出版社 2019 年版，第 229 页。

多数人的，为绝大多数人谋利益的独立的运动。"①这一论述，指出了马克思主义政党的重要使命，以马克思主义为指导的无产阶级政党应当牢固树立群众观点，把群众所思、所盼、所忧、所急放在心上，积极为争取人民群众对美好生活的向往而不懈奋斗。全心全意为人民服务是中国共产党的唯一的宗旨，也是永恒的宗旨，牢固树立群众观点，与人民群众心往一处想、劲往一处使，与人民群众同甘苦、共患难，与人民群众想在一起、干在一起，全心全意为人民谋利益，是中国共产党的必然选择。而践行群众路线，坚持人民群众的利益第一位，与人民群众同甘共苦，生动地彰显着党的性质和宗旨，深刻阐明了中国共产党"是谁""为了谁"，同样，也昭示着中国共产党的未来"走向何处"。

江河有源，大树有根。历史是最好的教科书，人民是历史的真正的创造者，中国梦归根结底是人民的梦，正确处理好党的先进性与人民性的关系，坚持党的群众路线，我们党才能不断取得新时代中国特色社会主义建设的伟大胜利。中国共产党任何时候都不能脱离人民群众，以马克思主义为指导的中国共产党，把人民写在旗帜上，装在心中最重要的位置，自成立那天起就坚持把全心全意为人民服务作为根本宗旨毫不动摇，密切联系群众，紧紧依靠群众，克服了一个又一个困难，取得了一个又一个胜利。

（二）群众路线是党的根本路线和传家宝

习近平总书记 2013 年在党的群众路线教育实践活动工作会议上的讲话指出，"群众路线是我们党的生命线和根本工作路线"。往前追溯，以毛泽东为主要代表的中国共产党人在长期斗争中和实践中形成了"一切为了群众，一切依靠群众和从群众中来，到群众中去"的群众路线，

---

① 《马克思恩格斯选集》第一卷，人民出版社 1995 年版，第 283 页。

可以看出，走群众路线是我们党一以贯之的根本工作路线。

实现我们党的奋斗目标，就一刻也不能脱离人民群众，必须紧紧依靠人民群众，始终为了人民群众，我们党工作的成效如何，衡量的标准最终要看人民群众是否真正从中得到了实惠。坚持党的群众路线是我们党的根本路线和传家宝。一切为了群众，是我们党工作的根本出发点和落脚点。我们党从成立那天起，就没有自身的特殊利益谋求，而是把为人民谋利益作为自己最崇高的使命。践行党的宗旨和群众路线从根本上回答了"为了谁"的问题，是立党为公、执政为民的生动体现，是共产党人始终坚守的政治灵魂，也是共产党人的精神支柱，100年来，我们党创造的历史伟业令世人瞩目，就是因为我们党始终践行党的宗旨和群众路线。

任何时候任何情况下，我们党的宗旨不能违背，初心不能忘记，实现中华民族伟大复兴的中国梦必须不忘来路，把人民群众的利益放在第一位，绝不允许任何脱离群众、凌驾于群众之上的现象发生。毛泽东曾经指出，我们共产党人好比种子，人民好比土地。我们到了一个地方，就要同那里的人民结合起来，在人民中间生根、开花。① 杨善洲精神折射出的光辉，彰显着共产党人"一切为了群众"的政治本色。杨善洲一辈子植根群众，对老百姓有着深厚感情。他心里始终装着群众，始终把人民群众的利益放在第一位，与干部群众摸爬滚打在一起，老百姓亲切地称呼他为"草鞋书记""泥腿书记""百姓书记"。帮群众收稻、插秧，帮路过的赶马人钉马掌，教工地上的年轻人打石头，还亲自下田示范推广"三岔九垄"插秧法。杨善洲的事迹表明，一名党员干部，只有对老百姓怀有深情挚爱、心底无私，才能真正尽心竭力地为老百姓谋利益；只有真心实意当公仆，群众才把他当亲人。党员干部要想赢得人民群众衷心拥护和支持，就必须像杨善洲那样，真正从内心深处在情感上贴近

---

① 《毛泽东选集》第四卷，人民出版社1991年版，第1162页。

群众，在行动上融入群众，时时刻刻保持与群众的血肉联系。杨善洲把自己当作一粒种子，深深植根于人民群众的沃土，牢记党的宗旨，永葆公仆本色，拼搏奉献，为民造福。以不变的初心，持之以恒地为群众办好事、办实事，模范践行了人民至上的价值理念。

1. 践行党的宗旨和群众路线的关键是站稳人民立场

"人民立场体现了马克思主义唯物史观，体现了对人民创造历史的地位和作用的深刻认识，体现了对人类社会发展规律的科学把握，体现了对党保持先进性纯洁性的坚定追求，是马克思主义政党区别于其他政党的显著标志。只有真正领悟了人民立场的真谛，才会自觉站在人民立场上想问题、做决策，做事情、干事业，做有利于人民、符合人民眼前利益要求和人民长远利益要求的事。"[1] 杨善洲不畏艰苦、筚路蓝缕，自觉站在人民的立场，心里装着群众，处处想着群众，时时刻刻把群众的利益放在首位，把解决人民最期盼的问题作为工作的着力点，带领干部群众一步一步地改变当地贫穷落后面貌，退休后仍执着地带领干部群众一点一点地让荒山秃岭披上绿装，杨善洲是践行党的宗旨和群众路线的典范，是新时期的"愚公"。杨善洲精神是党的群众路线的集中体现，他用一辈子的执着和努力，坚守着共产党人人民立场的精神高地。

2. 践行党的宗旨和群众路线的要义是以人民为中心

"治国有常，而利民为本。""人民是历史的创造者，是决定党和国家前途命运的根本力量。"[2] 这就要求我们必须始终坚持人民主体地位，紧紧依靠群众的智慧和力量，取得人民群众的广泛支持和积极参与，增强深深扎根人民的自觉性，凝聚起人民群众磅礴力量，把人民对美好生活的向往作为奋斗目标，虚心问计于人民群众，最大限度地激发人民群众的创造力，不断推动中国特色社会主义伟大事业向前发展。全心全意

---

[1]　中共中央宣传部：《习近平新时代中国特色社会主义思想三十讲》，学习出版社 2018年版，第 88 页。

[2]　《习近平谈治国理政》第三卷，外文出版社 2020 年版，第 16—17 页。

为人民服务的宗旨必须围绕人民群众最现实、最关心、最直接的利益诉求——落实，必须从具体的一点一滴的小事做起。这要求我们一方面要坚持以人为本、执政为民，把最广大人民群众的根本利益实现好、维护好、发展好；另一方面要切实解决自身存在的突出问题，切实改进我们的工作。"从群众中来，到群众中去"，是我们党一贯倡导的科学工作方法。重不重视向群众学习，善不善于向群众学习，是检验一名领导干部是否真正坚持群众路线的重要标志。杨善洲一辈子心系群众福祉，一门心思为老百姓办实事办好事。他常说，"我们干工作是为了群众幸福，只要活着就有义务帮群众办事""只要生命不结束，服务人民不停止"。他想得最多的是让老百姓生活得好一点。看到群众遭受水灾，他立即指示把建办公大楼的钱拿来救灾；遇到困难人家缺衣少被，就从自己兜里往外掏；他能筹钱给职工治病，自己却盖不起新房。意莫高于爱民，行莫厚于乐民。为中国人民谋幸福，为中华民族谋复兴，是中国共产党人的初心和使命，人民是我们党执政的最大底气，为民谋利，造福人民，是我们党执政的最高使命，也是党员干部最大的政治责任。

3.践行党的宗旨和群众路线的归因是人民群众是党的力量源泉

"不忘初心，方得始终。"中国共产党人的初心和使命就是"为中国人民谋幸福，为中华民族谋复兴"。践行党的宗旨，走群众路线，必须要牢记人民群众是我们党的力量源泉，从服务群众中汲取智慧和营养。只有尊重人民的首创精神，我们的工作才会获得最为广泛的支持。践行党的宗旨和群众路线，我们的工作才能获得最广泛最可靠最牢固的群众基础和力量源泉。杨善洲的一生，是践行党的宗旨和群众路线的一生，他用"一辈子"的追求和实际行动生动诠释了中国共产党人的根本立场，是践行党的宗旨和群众路线的典范。他29岁担任县级干部，39岁担任地委副书记，50岁担任地委书记，始终坚定不移地把全心全意为人民服务作为根本立场和价值追求，践行着"绿水青山就是金山银山"的生态文明理念，他无私地将价值超过3亿元的大亮山林场经营管理权无偿交给国家。他一辈子忠诚于党的事业，一辈子全心全意为群众谋利益，始终坚持共产党人的理想信念和根本宗旨，一心为民、大公无私、一身正气，为党员特别是领导干部树立了一面光辉的旗帜，生动诠释了当代共产党人的先进性和纯洁性，他深厚的为民情怀，具有直抵人心的力量，生动诠释了我们党一脉相承的价值追求，彰显着共产党人的党性光辉。

（三）践行党的宗旨和群众路线是共产党人安身立命之根本

党的宗旨反映党的性质和理想，是共产党人安身立命的根本，忘记了以人民为中心的发展思想，脱离了人民群众，我们的工作就会成为无源之水、无本之木。从中国共产党发展壮大的历史来看，中国共产党之所以能够发展壮大、不断前进，取得一个又一个胜利，正是因为我们党紧紧依靠人民推动事业发展。每一项事业的发展进步，最根本的依靠是人民群众。中国共产党在理论和实践上的每一次突破和创新，无不来自于亿万人民群众的智慧和实践。我们党在发展壮大的过程中，只要有人民的支持和参与，从来就没有克服不了的困难、越不过去的坎。践行党的宗旨和群众路线，就要善于从人民群众那里汲取智慧和力量，做小学生，自觉拜人民为师，求教问策。共产党员保有实现共产主义的理想信念，以马克思主义的世界观和方法论为指导，以实现共产主义为理想信念，共产党人有了这个理想信念，就能经受住血与火的考验，就能抵御名与利的诱惑，就能以马克思主义的世界观和方法论为指导，以严格的组织纪律相约束，把全心全意为人民服务作为自己毕生的理想来追求。习近平总书记2012年在河北省阜平县考察扶贫开发工作时强调："要一心一意为老百姓做事，心里装着困难群众，多做雪中送炭的工作，常去贫困地区走一走，常到贫困户家里坐一坐，常同困难群众聊一聊，多了解困难群众的期盼，多解决困难群众的问题，满怀热情为困难群众办事。"这些重要论述，语言朴实简洁，态度鲜明有力，既深刻阐释了我们党全心全意为人民服务的根本宗旨，又为各级领导干部践行党的群众路线指明了主攻方向，明晰了贯彻群众路线的实践要求。

二、杨善洲精神是践行党的宗旨立场和群众路线的集中体现

全心全意为人民服务，是我们党的根本宗旨。党的十八大报告指出："党坚强有力，党同人民保持血肉联系，国家就繁荣稳定，人民就幸福安康。"群众路线是实践党的思想路线、政治路线、组织路线的根本工作路线，是党的生命线、传家宝。杨善洲是践行群众路线的典范，杨善洲精神是党的群众路线的集中体现，他一辈子忠于党的事业，一辈子全心全意为群众谋利益，退休后不是选择到省城安享晚年，而是义无反顾地回家乡带领大家艰苦造林，坚毅执着，把自己退休后的 22 个春秋献给了大亮山，用生命的余热让几万亩荒山秃岭变成了苍翠的绿洲，为群众缔造了绿水青山的生活乐园。杨善洲用毕生精力谱写了一曲对党忠诚、为党和人们事业奋斗终身的壮歌，他的模范事迹和崇高精神，生动诠释了当代共产党人的政治品格、价值追求、精神风范，是践行党的宗旨立场和群众路线的集中体现。

（一）杨善洲赤诚的为民情怀生动展现群众路线的丰富内涵

中国共产党的宗旨是全心全意为人民服务。全心全意为人民服务，也是党的生命之所在。新时期践行党的宗旨、贯彻党的群众路线，必须牢牢坚守以人民为中心的发展思想。坚持群众路线的本质，就是要站在群众的立场上想问题、看问题，把群众装在心中，把群众利益落实到工作的方方面面，关注群众、关心群众、关爱群众，始终为群众谋利益、

谋幸福。坚持群众路线，才能保证党的群众工作和其他工作取得成功。党的群众观点、群众立场、群众路线是我们安身立命的根本，也是我们党不断焕发生机与活力、永葆纯洁性先进性的力量源泉。

杨善洲一辈子把人民利益放在第一位，全心全意为人民服务的精神始终如一，他尽心竭力为老百姓干实事、办好事，做了一个永远忠诚的共产主义战士。他担任地、县领导30多年，任何时候都把群众的利益放在第一位，大部分时间都在乡下跑，和群众吃在一起、住在一起、干在一起，头戴草帽、足履草鞋，碰到插秧就插秧，碰到收稻就收稻，用实际行动贯彻和体现了我们党的群众路线。"共产党人不是要做官，而是要为人民谋福祉""共产党员不要躲在机关里做盆景，要到人民群众中去当雪松"。杨善洲是这样说的，也是这样做的。在他心底，始终把人民群众摆在最高的位置。他曾说过："走路最能深入群众，一路走，一路看，一路问，和农民吃在一起，住在一起，干在一起，了解到的情况才真实。"他深知，谋划发展，最了解实际情况的，是人民群众；推

☆杨善洲在拾肥

☆山绿了，头发白了

动改革，最大的依靠力量，也是人民群众。只有亲身征询于田野，虚心问计于百姓，才能把握群众所思所想所盼，才能真正凝聚民心民智民力。中央领导去保山考察调研时，他浑身沾满了泥水和农民在一起劳动，这浑身上下的泥水体现的正是他一身的正气和共产党员的公仆本色，是名副其实的"百姓书记"。生活中，他常常告诉身边的同志："我们干工作是为了群众幸福，只要活着就有义务帮群众办事。"用自己的工资帮助困难群众是常态，以至于他自家房子漏雨都没钱修补，但是为了解决百姓的生活困难却义无反顾、毅然决然。他在任时，有一次昌宁县遭受水灾，他停建了保山地委办公大楼，用建楼的钱救灾，群众的生命安全在他心中最重，群众的冷暖在他心中最重。杨善洲为官几十年，是奉献的几十年，在位时没利用职权为自己的家乡和个人亲人谋取私利，退休后兑现给家乡办点实事的承诺。临终前他把林木的收益分给群众。杨善洲去世后，群众含泪为他送行。他真正做到了"捧着一颗心来，不带半根草去"，在他心底已经牢固树立了人民群众的主体地位。党的培养和教育使杨善洲牢固树立了全心全意为人民服务的价值观，"工作是做出来的，不是摆摆样子"。杨善洲是这样说的，他一辈子也是按照自己的话做的。他一心为民，把人民放在心中最高的位置，坚持以百姓所思所想所盼为自身追求，无私奉献、无怨无悔，60年如一日坚守共产党员的精神家园，用一生践行着入党时的誓言，时时处处、时时刻刻，田间地头，彰显着他一心为民的情怀。

（二）杨善洲坚定的理想信念生动彰显共产党人的政治品格

对于共产党员来说，安身立命的根本就在于坚定理想信念，理想信念和崇高信仰始终是我们党的强大精神支柱，理想信念建设是根基，只有筑牢这个根基，坚定了理想信念，不忘初心，不忘来路，切切实实把群众路线贯彻到底，我们党才能战胜一切困难。习近平总书记在党史学习教育动员大会上指出："信仰信念任何时候都至关重要。对共产主义的信仰，对中国特色社会主义的信念，是共产党人的政治灵魂，是共产党人经受住任何考验的精神支柱。"全心全意为人民服务，走群众路线展现了共产党人与生俱来的政治品格。中国共产党之所以被千千万万的人民群众衷心拥护，之所以历尽苦难而淬火成钢，就是因为千千万万的中国共产党人心中远大理想和革命信念始终坚定执着，始终闪耀着火热的光芒。心中有信仰，行动有力量，坚定理想信念，坚守精神追求，是我们共产党人安身立命的根本。百年来，无数共产党人为党和人民的利益而英勇牺牲，坚定不移信仰共产主义，坚定不移地走中国特色社会主义道路，支撑他们的就是坚定的理想信念。

☆杨善洲向媒体阐述共产党人的理想

  对任何一名共产党员来说，对党忠诚是第一位的政治要求。强调坚定理想信念，有很强的现实针对性。面对经济快速发展、开放多元的时代，面对相互激荡、形形色色的价值思潮，面对社会生活的复杂变化、利益关系的深刻调整，人们的世界观、人生观、价值观不断经受着冲击与洗礼，资产阶级的腐朽思想和价值观念不断考验着我们的精神追求和价值取向。怎样坚持共产党人的崇高理想，坚守共产党人的精神家园，这个问题现实地摆在了每一个共产党员面前。信仰动摇，政治上就会迷失方向，就会变成利己主义、实用主义。习近平总书记一再告诫全党，信仰缺失是一个需要引起高度重视的问题，我们党的一些党员领导干部之所以出现消极腐败，走上违法犯罪的道路，究其根本原因，是理想信念出现了问题。精神上的"钙"缺失，就会得"软骨病"。对党忠诚是共产党人对党组织所表现出来的赤胆忠心的意识和行动。杨善洲之所以能够始终如一地牢记入党誓词，始终如一地坚守共产党人实事求是、求真务实的精神，始终如一地践行全心全意为人民服务的根本宗旨，始终如一地发扬艰苦奋斗的精神，始终如一地践行群众路线，最根本的就在于他始终把对党绝对忠诚作为人生的根本准则，用远大的理想为人生导航。坚定理想信念，是共产党人的立身之本、成事之基、动力之源。习近平总书记指出："杨善洲同志之所以能够60年如一日坚守共产党人的精神家园，60年如一日为党和国家事业不懈奋斗，60年如一日淡泊名利、一尘不染，最根本的就在于他树立了马克思主义世界观、人生观、价值观，毕生笃定社会主义和共产主义理想信念，并把坚定的理想信念化作一心一意为国家为人民利益奋斗终身的实际行动。"杨善洲精神之所以感动亿万中国人民，成为引领时代的价值标杆，就是因为他以坚定的理想信念坚守了共产党人的初心和使命，生动展示了共产党人的政治品格。杨善洲一辈子坚守共产党人的精神家园，坚定的理想信念和崇高的精神追求成为他根植于内心的强大的精神支柱。"入党时我们都向党宣过誓，干革命要干到脚直眼闭"。这铿锵有力、充满豪情的话语，是杨善洲对共产党人神圣使命的深刻理解。正是对理想信念的坚定执着，他做到了60年坚守共产党人的精神家园不动摇，60年为党的事业奋斗不止，60年践行党的宗旨永不褪色，60年心系群众一心为民，用全部的生命和心血兑现入党的誓言。

（三）杨善洲求真务实的作风生动体现践行群众路线的根本途径

习近平总书记指出："领导不是百事通，不是万能的。要做群众的先生，先做群众的学生。领导干部要放下架子，甘当小学生，多同群众交朋友，多向群众请教。要真正悟透群众是真正的英雄。"这是习近平总书记2012年在广东考察工作时所讲的一段话，旨在告诫党员干部在群众面前要谦虚谨慎，要有敢当小学生的态度和意识，拜群众为师、向群众学习，发扬求真务实的工作作风，从群众中来、到群众中去。杨善洲"心中装着群众，唯独没有自己"，他把自己当成人民的儿子，而且当成了孝顺的儿子，在担任领导干部期间，求真务实，把自己的根牢牢扎在群众中，一年中大部分时间在乡下、在田间、在地头，和群众吃在一起、住在一起、干在一起，走遍了保山的山山水水，经常性地深入基层，了解民意，体察民情，认真倾听群众的反映和诉求，把群众的冷暖放在心上。在职期间，他带领干部群众拔掉穷根，把保山建设成为当时全国著名的"滇西粮仓"；在退休后，他卷起铺盖住在大亮山，用 22 年的坚守与执着，22 年的精心耕耘，把荒山秃岭变成了郁郁葱葱的青山绿洲。在他的身上，充分彰显了共产党人为民务实清廉的价值追求和优秀品质，生动诠释了为民情怀和"俯首甘为孺子牛"的精神。他对人民表现出的深厚感情，以及那份重于泰山的责任和使命，彰显着共产党人的政治品格。人民群众爱戴和拥护他，人民群众追怀与致敬他，也充分说明了人民群众在干部心中有多重，干部在人民群众心中就有多重。这就生动说明了杨善洲是广大党员干部践行马克思主义群众观点和党的群众路线的榜样。他之所以能够做到这些，究其原因，最根本的就在于他始终保持求真务实、献身党的事业、恪尽职守、鞠躬尽瘁的担当精神，为践行群众路线树立了榜样，也为践行群众路线提供了根本途径。

三、践行杨善洲精神与新时代贯彻落实党的群众路线制度建设

群众路线的贯彻和执行体现党的作风，是党的群众观点的具体化。"正人必先正己，正己才能正人。群众看领导，党员看干部。领导带头、层层示范，是做好各项工作的重要方法。"[①] 坚持群众路线是对革命

---

① 《习近平关于"不忘初心、牢记使命"论述摘编》，党建读物出版社、中央文献出版社 2019 年版，第 125 页。

历史的深刻总结，是我们党在长期斗争和实践中形成的宝贵经验，是我们党的性质和宗旨的集中体现。人民的拥护和支持是党的事业长青的基础和根基，始终同人民群众同呼吸、共命运才能筑牢深厚的群众基础，才能经受住各种考验。杨善洲精神为我们做好新时期的群众工作树立了光辉的典范。学习和发扬杨善洲精神，是时代的需要，是保持党的先进性和纯洁性的需要，也是更好地发展中国特色社会主义事业的需要。我们必须牢记，我们党只有植根人民、造福人民，以人民利益为根本，才能赢得人民群众的信任和支持，才能始终立于不败之地；只有居安思危、勇于进取，不断加强党的作风建设，我们党才能始终走在时代前列。但是，我们必须清醒地看到，受腐朽思想的影响，一些党员干部身上仍然存在形式主义、官僚主义、享乐主义和奢靡之风的"四风"问题，这些顽症痼疾严重损害了我们党的形象，削弱了我们党的战斗力。背离了共产党员的初心，离开了人民的观点、以人民为中心的思想，党的先进性和纯洁性就成了无源之水、无本之木。践行党的群众路线，需要建立长效机制。

（一）建立健全掌握"看家本领"的经常性教育制度

践行党的群众路线需要建立健全与之相适应的教育制度。我们党一贯重视学习，通过不断学习永葆党的先进性，学习型政党是党的建设的目标之一。马克思一贯重视理论的作用：理论一旦掌握群众，也会变成物质力量。思想是行动的先导，列宁曾说过："没有革命的理论，就不会有革命的运动。"[1]马克思主义政党的先进性，首先体现在思想理论的先进性上。"只有以先进理论为指南的党，才能实现先进战士的作用。"[2]

---

[1] 《列宁选集》第一卷，人民出版社 1995 年版，第 311 页。
[2] 《列宁选集》第一卷，人民出版社 1995 年版，第 312 页。

马克思主义是我们党最鲜亮的底色，马克思主义揭示了人类社会发展规律，是人类思想史上最壮丽的日出。我们党从成立之日起就把马克思主义写在自己的旗帜上，把科学理论武装作为克难制胜的重要法宝，使马克思主义在东方大地上放射出真理的光芒。坚持在实践中不断结合中国实际丰富和发展马克思主义，准确认识和运用中国革命、建设、改革的规律，领导和推动党和人民事业不断从胜利走向新的胜利。思想建党，理论强党，加强党的理论武装，就必须深入学习贯彻习近平新时代中国特色社会主义思想，这就要求我们基层党员要在学深悟透上下功夫，自觉筑牢信仰之基，补足精神之钙，自觉武装头脑，指导实践，推动工作。杨善洲之所以能为了党和人民的事业鞠躬尽瘁，死而后已，正是因为他拥有马克思主义的信仰。因此，应当构建常态化的学习教育机制，让党员干部在制度化常态化学习中真正系统地掌握马克思主义理论这一"看家本领"。将群众史观具体化为党的群众观点，把马克思主义的群众观点作为学习的重要内容，引导党员干部系统掌握马克思主义基本理论，把系统全面的马克思主义理论作为"看家本领"。

党员干部经常性的教育引导制度是增强"四个意识"、坚定"四个自信"、做到"两个维护"的最直接的举措，也是最有效的途径之一，更是贯彻落实党的群众路线的一项基础性工作。要坚持正面教育、自我教育为主，以身边的榜样和正面典型为镜，经常性地通过"照镜子"来"正衣冠"，增强教育的吸引力和感染力，坚持面向全体党员干部，分类实施，按需施教，增强教育的针对性和实效性。要不断加强中国特色社会主义理论教育、党章和党的基本知识教育、党的优良传统和作风教育、党的纪律和反腐倡廉教育。通过集中学习研讨、集中教育培训、专题知识讲座和自学等形式，在党员干部中普遍开展"信仰、信念、信心、为民服务、廉洁自律和个人品德"等主题教育，通过系统的教育培训，全面提升党员干部的个人修养，牢牢掌握"看家本领"。党员领导干部要认真参加党委（党组）中心组学习，带头参加所在支部的集体学习，始终同人民想在一起、干在一起。要抓好实践锻炼，组织党员干部立足本职岗位，通过党员承诺、党员志愿服务、党员结对帮扶等多种形式，为党员深入基层联系群众、服务群众搭建平台，在服务群众的实践中增强执政本领、提升领导能力。人民群众最聪明、最有智慧，要当好群众的学生，使广大干部与群众零距离交流、面对面谈心，做到与群众心相通、意相连，不断从群众中汲取营养和智慧。要严格组织生活，加强党性锻炼，党性属于一个党员的"心性"。修身、用权、律己，谋事、创业、做人，贯穿领导干部工作生活方方面面。① 因此，强化党性锻炼就要拷问心中有没有党，心中有没有民，心中有没有责，心中有没有戒。对脱离群众、"四风"问题严重的党员干部，要及时地给予帮助教育，促其改正。经耐心细致教育仍不改正的，要按照党章和党内有关规定作出处理，真正使党员干部将"全心全意为人民服务"的宗旨内化于心、外化于行，杨善洲之所以能够一辈子表里如一，一辈子忠诚不二，一辈子光明磊落，一辈子亲民爱民，一辈子艰苦朴素，一辈子拒染尘垢，一辈子努力奋斗，一辈子献身事业，正是由于他心中有民，正是在于他用一辈子的时间传承和实践全心全意为人民服务的宗旨，努力践行从群众中来、到群众中去的工作方法。

（二）完善内化价值追求的思想保障机制

完善思想保障机制，践行党的群众路线，就是要坚持全心全意为人民服务的宗旨，让共产党人的理想信念在心灵深处扎根，深入践行党的群众路线，真正把习近平总书记提出的"多干群众急需的事，多干群众受益的事，多干打基础的事，多干长远起作用的事"的要求落到实

---

① 《习近平关于"不忘初心、牢记使命"论述摘编》，党建读物出版社、中央文献出版社 2019 年版，第 189 页。

处。要在实践中丰富和发展思想保障机制，坚持不懈抓好理论武装，牢固树立以人民为中心的思想，坚持全心全意为人民服务的宗旨意识不动摇，坚持党的群众观点和群众路线不动摇，坚持群众利益高于一切的原则和立场不动摇，坚持想问题办事情把群众利益放在第一位的思想行动不动摇。明确"为了谁、依靠谁"这一关系，使广大党员把马克思主义群众路线的基本观点内化于心、外化于行，深刻认识人民群众在推动历史进程和社会发展中的重要作用，想人民群众所想，切实解决人民群众的难题，切实把人民的主体地位落到实处，贯穿到经济、政治、文化、社会、生态文明建设的方方面面，努力践行群众利益至上，当好公仆，坚持发展为了人民、发展依靠人民、发展成果由人民共享，实现每个人自由而全面的发展。习近平总书记指出："共享理念实质就是坚持以人民为中心的发展思想，体现的是逐步实现共同富裕的要求。共同富裕，是马克思主义的一个基本目标，也是自古以来我国人民的一个基本理想。"① 使广大党员干部提高在新的历史条件下坚持群众路线的自觉性和主动性，让"人民至上"的价值原则和政治信念成为党员干部的信条。提升思想境界，切实弄清相信谁、依靠谁和为了谁。杨善洲出生于一个贫苦的农民家庭，务过农、当过石匠。随着杨善洲接受党的教育、参加革命工作，早期

☆中国文联副主席李雪健敬赠杨善洲的题词

---

① 《习近平关于"不忘初心、牢记使命"论述摘编》，党建读物出版社、中央文献出版社 2019 年版，第 220 页。

的报恩和热爱情感逐渐升华为一种深厚的群众观念。这种深厚的群众观念自发自觉于他的心灵深处，内化成他的自觉行动和行为习惯，形成了他终身追求的价值原则和政治理念，他是这样想的，也是这样做的，也因此得到了人民群众的衷心爱戴和支持，成为他做好群众工作最为核心的价值基石。

（三）健全和完善直接服务群众的工作机制

践行党的群众路线的核心内容是做好群众工作。中国共产党的重要法宝，就是把根深扎在人民中间，把群众路线贯彻到治国理政的全部活动之中，始终践行全心全意为人民服务的宗旨，把人民群众的利益实现程度、人民群众的认可度和满意度作为衡量我们工作好坏的准绳，始终牢记人民群众也只有人民群众才是历史发展和社会进步的主体力量。从而进一步牢固树立马克思主义群众观点，自觉贯彻执行党的群众路线，打通服务群众的最后一公里，把党的正确主张接到最末端，变为群众的自觉行动，始终保持党与人民群众的血肉联系。在新的历史条件下，更加充分地调动人民群众的积极性，紧紧依靠人民群众创造历史伟业，使我们党的根基更加牢固。我们党带领人民群众取得了举世瞩目的成就，人民生活水平提高了，生活富裕了，但是生活的富足、富裕也容易滋生思想懈怠、骄傲自满、脱离群众、贪图享受、不思进取等种种背离党的宗旨，甚至侵犯群众利益的思想和现象发生。如果我们不及时应对这种考验，就会动摇党的执政根基。因此要防止出现任何背离党、背离群众、背离人民的行为和现象，健全和完善服务群众的工作机制，促使党员干部把服务人民群众作为行动的出发点，赢得人民群众的信任和衷心拥护。

1. 建立健全常态化的联系群众机制

党的十八大以来，习近平总书记反复强调必须建立联系服务群众的长效机制，着力打通联系服务群众的最后一公里。密切联系群众不是挂在嘴边的说辞，不能成为空喊口号的标签，密切联系群众应该不断拓展党员干部常态化联系群众和服务群众的途径，让党员干部与群众心贴心地交流，让群众表达意愿的渠道更加畅通，党员干部要始终怀着忧民、爱民、为民、惠民之心，察民情、倾听群众呼声，努力解决群众的实际问题，使群众得到更多改革发展的实惠。实现这一目的，保持党与人民群众的血肉联系，需要载体和平台。要通过建立基层联系点制度，促使党员干部深入基层开展群众工作。从一定意义上讲，人民群众的期待和诉求推动党的建设，有效的联系群众制度可以确保我们党始终同人民群众想在一起、干在一起。

开展好群众工作关键是要尊重群众，在思想感情上要贴近群众，用平等的姿态联系群众，真心实意倾听群众呼声。高高在上的姿态，冠冕堂皇的做法，只会引起群众的反感，无法拉近与群众的距离，也就无法真正了解到实情。要建立和完善党员干部联系点制度，使广大党员干部与群众无障碍交流、面对面谈心，既耐心，又细致，做到与人民群众感情相通，保持与人民群众的经常性联系，从交流谈心中了解民意，问政于民、问计于民、问需于民，汲取智慧与营养。同时，工作中需要畅通与群众平等对话交流的渠道，要使群众的各种诉求得到充分表达、及时准确反映。

2. 建立健全行为引导机制

贯彻党的群众路线，需要建立健全以激发内生动力为目标的行为引导机制。有效的制度建设具有根本性、全局性、稳定性和长期性的特点，是管长远的治本之策，可以从根本上形成自觉自愿的内生动力。因此，应着力推进制度建设，用制度建设治根本，健全行为引导机制，引导党员干部像杨善洲那样，心中有民。把党和人民赋予的权力看作一种责任，把为群众排忧解难形成一种习惯。如通过建立党员干部定期走访基层群众制度，关注群众意愿，了解群众需求等。这些制度的建立和健全，有利于把党的群众路线贯彻落实到工作的方方面面，引导党员干部满腔热情地为民办实事、解难事，从而建立起党员干部与群众良性互动机制。

3.建立健全群众利益反映和关注机制

为人民群众谋利益是党员干部的使命和职责，要高度关注群众意愿、群众利益，及时有效回应好、解决好群众的利益诉求，这就需要建立一个顺畅的群众反映和关注机制，通过群众利益表达机制为不同利益诉求主体提供畅通的表达渠道。习近平总书记指出："得民心者得天下，失民心者失天下，人民拥护和支持是党执政的最牢固根基。人心向背关系党的生死存亡。党只有始终与人民心连心、同呼吸、共命运，始终依靠人民推动历史前进，才能做到哪怕'黑云压城城欲摧'，'我自岿然不动'，安如泰山、坚如磐石。"为民务实清廉，夯实党的执政基础，需要保障群众利益诉求表达充分，群众意愿反映畅通，对涉及经济社会发展全局和群众利益密切相关的重大事项，要通过一系列的群众利益反映和关注机制来广泛听取和掌握人民群众的利益诉求，对群众反对意见较多和意见分歧较大的事项，要慎重决策，反复听取群众意见，反复沟通交流，防止高高在上、漠视群众利益的现象发生。要建立健全各级领导干部接待群众来访、阅批群众来信机制，督促和引导党员干部大接访、大下访、大排查、大调解，深入群众、联系群众、服务群众，真心与群众心贴心交流，真实掌握群众所期所盼所忧所怨，防止花拳绣腿、浅尝辄止、作风漂浮。同时，要创新网络群众利益诉求表达渠道，最大限度地实现人民群众的需求意愿，防止脱离实际、脱离群众。积极推进问题处理销号制度体系，群众反映的问题要逐一销号落实，任何时候都要想一想人民群众关心的是什么，期盼的是什么，问题导向是我们做好一切工作的基石；群众反对的、不满的，就是我们工作中需要注意和改正的。坚决防止敷衍塞责、不了了之的工作态度。要将群众反映的涉及群众利益的问题分类梳理，建立群众利益问题工作台账，落实好主体责任，承诺一件，落实一件，销号一件，切实办实事、办成事、办好事，只有这样，才可以赢得广泛、深厚、可靠的群众基础。

（四）建立和完善党员干部问计于民的调查研究制度

作为一种工作方法，群众路线强调"从群众中来，到群众中去"，这实际上就是强调调查研究的工作方法。调查研究的工作方法历来是我们党的优良传统，是我们取得胜利的法宝。习近平总书记指出："调查研究是做好领导工作的一项基本功，调查研究能力是领导干部整体素质和能力的一个组成部分。"因此，可以看出，调查研究不仅是一种工作方法，而且是干部能力素质的一项重要内容。领导干部如果不掌握调查研究的工作方法，仅凭主观臆断"问诊开药"，坐在办公室"闭门造车"，以老经验、老办法解决新问题是行不通的，要在工作中掌握调查研究的工作方法，在调查研究中了解实情、掌握民意，找到解决问题的思路和办法。因此，需要建立和完善党员干部调查研究制度，用制度的刚性约束保证调查研究经常化。党员干部要经常性地深入实践，到群众去倾听群众的意见，实实在在地帮助群众解决实际问题。党员干部仅仅靠开开会、听听报告是不可能体察到民情的。当前，我们党全面建成小康社会的第一个百年奋斗目标已实现，正向第二个百年奋斗目标进军，在中华民族伟大复兴的征程中，我们可能会面临很多新情况新问题，这就迫切需要我们在解放思想中把握发展规律、创新发展理念，迫切需要我们应对新情况、解决新问题，运用调查研究这一重要法宝，通过深入系统的调查研究，找出应对一切困难的办法与措施，迫切需要我们把发展所需和群众需求紧密结合起来，找准切入点，寻求突破口，解决好人民群众最直接最现实的利益问题，激活发展活力与动力，不断推进中国特色社会主义伟大事业。

（五）建立健全形成震慑效应的党内监督体系

新形势下我们党自身面临着"四大危险"和"四种考验"，建立健全党内监督体系，是我们党着眼于坚持党的领导、加强党的建设、全面从严治党、保持党的先进性和纯洁性提出的一项重大任务。加强党内监督，是一项复杂的系统工程，是全党的共同任务。因此，要在建立健全党内监督体系上下更大的功夫，建立健全党员监督制约机制，针对一些薄弱环节打上"补丁"、堵上"漏洞"，建立健全与时代发展相适应的党内民主监督制度、民主监督渠道，让党内监督没有真空、没有盲点，形成科学合理的党内监督体系，让制度"长牙齿"，让制度的威慑力无处不在、无时不有。

（六）完善夯实民意基础的群众监督和评价机制

建立和健全群众监督机制。时代在变，社会主要矛盾在变化，但是人民群众满意不满意的第一标准不能变。我们党一贯强调权力监督，特别强调人民群众对党和政府的监督。党的十八届三中全会明确指出，坚持用制度管权管事管人，把权力关进制度笼子，让人民监督权力，让权力在阳光下运行。我们党从诞生之日起就没有自己的特殊利益，清正廉洁是我们党的政治本色，清正廉洁才能取信于民，腐败背离民意，只有做到权为民所用、情为民所系、利为民所谋，才能赢得广泛的群众基础。人民群众是共产党执政的力量源泉，接受群众监督是加强党的执政能力建设的一个重要内容，只有形成多层次的社会监督机制，通过群众监督机制建构，形成外在约束力，切实把群众监督落到实处，才能获得最广泛最可靠的力量源泉。腐败是世界性顽疾，离开了群众监督和评价机制，仅仅依靠自律，很难解决腐败问题。因此，需要不断锻造和增强党在长期执政条件下自我革新和自我超越能力，这更加需要我们党夯实民意基础，增强接受监督的自觉性。实现好、维护好、发展好人民群众的利益和权利是我们党的群众路线的出发点和落脚点，也是我们党做好一切工作的出发点和落脚点。党的工作成效如何、群众路线贯彻得如何，群众最有发言权。杨善洲等党员干部之所以被人民群众铭记，就是因为他们把服务群众贯穿于权力运行的过程之中，始终践行"只要生命不结束，服务人民不停止"的诺言。因此，要科学设置干部评价群众参与机制，建构起群众参与的干部评价机制，把服务对象满意与否作为干部评价的首要标准，让权力运行在阳光下，不断夯实我们党的民意基础。

第四章
杨善洲精神与新时代"忠诚干净担当"好干部标准

　　杨善洲是普通中国人民的一员，也是在党的教育与培养下，在党领导的各项实践中成长出来的特别优秀的干部。在党的事业中，他发挥出极大的主动性，通过学习、锤炼和约束自己，与不断前进的时代相融合，在生前与生后都闪耀出优秀共产党员的光芒，赢得了党和人民的信赖，是优秀领导干部学习的榜样。杨善洲在他生活的年代与地域的奋斗经历是独特的，其奋斗经历所展示的内在精神却超越时空，具有普遍性。党的十九大报告宣告了中国特色社会主义进入新时代。这个时代我们取得了历史性的成绩，也面临世界百年未有之大变局，今天的中国屹立于世界民族之林，以全新的姿态参与世界新历史的书写、创造和担当中。习近平总书记强调，新时代要"更好构筑中国精神、中国价值、中国力量，为人民提供精神指引"，"信念的能量、大爱的胸怀、忘我的精神、进取的锐气，正是我们民族精神的最好写照"。落实到干部的标准上，就是习近平总书记提出的"忠诚干净担当"的好干部标准。杨善洲精神是中国共产党引领和倡导的民族精神的一种体现，落实于实践中的杨善洲精神也为新时代党的干部培养、识别、选拔、任用、管理、激励提供了参考。

一、新时代培养好干部的基本要求

　　党的干部是党和国家事业推进的中坚力量，在不同的事业阶段，党对干部提出了不同的要求。百年的奋斗历程中，中国共产党时刻强调自身建设，严格加强自身治理，管党从严，治党从严，在实践中积累了很多经验与教训。党的十九大宣告："经过长期努力，中国特色社会主义进入新时代。"当今世界形势变化迅速，在政治、经济、社会、文化等方面融合与交流，共同应对全球危机等国际问题；国内经济快速发展，经济秩序与社会秩序正在重构，文化与道德文明不断兴盛，人民日益增长的美好生活需要在期待得到满足。在复杂的变化与挑战面前，中国一方面加强改革，一方面维护稳定，以推进国家发展，实现人民幸福，而理顺治理中的体制机制问题，协调社会关系，维护社会正义，都离不开有理想、有约束、有担当精神的领导干部。为此，习近平总书记提出了"忠诚干净担当"的新时代好干部标准。

（一）党的干部是党和国家事业的中坚力量

在百年来中国共产党领导的革命、建设、改革事业中，党的干部承担了领导者、组织者的角色，发挥了领导、组织、推动、示范、教育等重要作用。高素质干部队伍是党和国家事业成功的关键，这是中国共产党在100年的革命、建设、改革实践中总结出来的真理。

中国共产党第二次全国代表大会确立了《中国共产党章程》，其中首次使用了"干部"一词，此后，随着领导革命战争的需要，"干部"一词被广泛使用。对于干部的具体含义，张闻天说："干部是在党的方方面面工作中负责任务完成的党员。"[1]

在1938年9月召开的党的六届六中全会上，毛泽东强调干部对于党的重要性："中国共产党是在一个几万万人的大民族中领导伟大革命

---

[1] 张玉刚：《1949—1956年中国共产党干部思想政治教育研究》，中国矿业大学，学位论文，2017年。

斗争的党，没有多数才德兼备的领导干部，是不能完成其历史任务的。"毛泽东明确肯定了干部之于党的政治目标实现中的地位——"政治路线确定之后，干部就是决定的因素"。①

邓小平对干部队伍建设十分重视，提出要建立完善的干部制度。他指出："中国的事情能不能办好，社会主义和改革开放能不能坚持，经济能不能快一点发展起来，国家能不能长治久安，从一定意义上说，关键在人。"②江泽民在继承和发扬邓小平干部队伍建设思想的同时，提出"与时俱进"理念，认为"我们党要做到'三个代表'，关键在于建设一支能够适应新形势新任务要求的高素质领导干部队伍"③。胡锦涛提出要造就一支自觉实践科学发展观，有能力推动科学发展的党员干部队伍，坚持正确的政绩观。④

在 2013 年 6 月召开的全国组织工作会议上，习近平总书记强调了建设高素质干部队伍的重要意义，要实现党的十八大确定的各项任务目标，一定要抓住党这个关键，抓住人这个关键，要抓住党这个关键就是要始终确保党的领导核心，抓住这个人关键就是要建立一支宏大的高素质的干部队伍。⑤

可见，党的事业中重视人的因素，重视干部队伍建设是中国共产党从建党到立国，到社会主义事业建设发展到今天被实践检验和证明的真理，从"德才兼备"的干部到今天"高素质干部队伍"建设要求，本质上都是在强调干部的重要性，好干部的重要性。

① 《毛泽东选集》第二卷，人民出版社 1991 年版，第 526 页。
② 《邓小平文选》第三卷，人民出版社 1993 年版，第 26 页。
③ 《江泽民文选》第三卷，人民出版社 2006 年版，第 27 页。
④ 《十七大以来重要文献选编》（上册），中央文献出版社 2009 年版，第 578 页。
⑤ 转引自王懂棋：《习近平总书记关于新时代干部队伍建设重要论述探析》，《中国井冈山干部学院学报》2020 年第 13 期。

（二）干部标准的根本性与时代性

1.党的干部标准兼具根本性与时代性特征

在任何组织中，都存在成员素质不一致的问题，因此，对于成员素质的培养、选择、使用都应明确标准。马克思、恩格斯等无产阶级革命家曾对革命事业所需要的干部提出过要求，这些要求中明确奋斗的根本宗旨，就是要为大多数人谋取福利，同时遵守民主集中制原则，拥有责任心这几个方面。无产阶级政党事业的成功必须依赖符合无产阶级革命和建设需要的干部。干部标准首先要服从与服务于无产阶级政党的基本价值和基本目标，这些价值与目标也融于中国共产党培养干部、选拔干部、任用干部的核心标准之中。

需要说明的是，中国共产党在干部工作上选取的标准结合了根本性要求和时代性要求。即根据党在不同历史时期面临的历史任务，所处的国际国内环境，人民的意愿与不同需求，组织本身发展出现的问题，适时进行调整，这些调整既坚持了中国共产党本身的原则性要求、根本性标准，又根据时代特征做出重点性描述和具体性描述。

2.党的好干部标准的时代变迁

战争时期，中国共产党要求好干部忠诚、英勇、善战、无畏、牺牲。这符合了革命战争时期险绝的斗争环境对中国共产党的要求。民族解放革命与新民主主义革命关系到民族的危亡，关系到中国人民摆脱三座大山、走向现代文明世界的实践能否成功，忠诚、英勇、善战、无畏、牺牲的党员干部成就了中国人民"站起来"的伟大愿望。

"又红又专是社会主义革命和建设时期的好干部标准，并在一段时期内成为党的干部政策标准。"①1957年10月，毛泽东在党的八届三中全会上第一次提出"又红又专"，1958年，对"红"和"专"进行了解释，

---

① 万光军:《德才兼备通论》，山东大学出版社2014年版，第56页。

"红"是对干部政治上、思想上、组织上的要求，"专"是对干部业务上的要求，二者缺一不可，只红不专，只会空喊口号；只专不红，就会成为"迷途实干家"。

为了适应改革开放对人才的需要，邓小平提出了党对干部的要求：知识与专业符合现代治理结构对干部的专门化需要，锐意改革恰恰是向现代化国家转向中相配套的胆识、魄力与能力要求。针对当时的具体问题，尤其是"文革"造成的干部匮乏、不利于四个现代化建设的问题，提出了选拔任用党员干部的新标准，并在1980年12月25日《贯彻调整方针，保证安定团结》中讲到社会主义道路建设是前提，而如何来保证社会主义建设，就需要我们干部队伍的革命化、年轻化、知识化、专业化，我们的干部制度也要改革并逐步完善。

世界政治多极化和经济全球化，给中国经济发展带来了前所未有的机遇和挑战，需要领导干部适应新的形势和发展要求，在理论素质、知识水平和工作能力等方面大幅度提高综合素质。因此，1992年，江泽民在《党的建设要创造新办法、积累新经验》中对"新时期衡量党员干部先锋模范作用的标准问题"进行了阐述，他指出，在新的历史时期，党的干部应该诚心为人民服务，立志改革开放，献身现代化事业。之后，江泽民在党的十五大、十六大和多次讲话中都强调建设高素质干部队伍。

胡锦涛指出，在改革和发展的关键时期，世界不同力量的竞争从政治与经济的竞争转为思想和文化的竞争，舆论上丑化马克思主义和社会主义制度等倾向都考验了中国共产党在理想信念和政治立场上的坚守与能力；长期执政与发展社会主义市场经济的进程中，党的干部在理想信念、群众路线、能力增长、腐败侵蚀方面存在巨大风险；改革开放以来，社会主义现代化进程走向更为艰巨的阶段，面临艰巨任务；整个社会的开放程度与不确定性增加，信息传播的便捷性，以及人民群众情绪和心理的需求都对党员干部的品行、能力提出了更高要求。在此背景下，2009 年 9 月，中共十七届四中全会明确指出："坚持德才兼备、以德为先用人标准。"①

3.新时代党的好干部标准

党的十八大以来，以习近平同志为核心的党中央统筹推进"五位一体"总体布局、协调推进"四个全面"战略布局，推动各项事业取得历史性成就，发生历史性变革。贯彻新发展理念，全面深化改革，增强人民的获得感，大力推进生态文明建设，国防和军队改革取得历史性突破，强军兴军开创新局面，坚持反腐败无禁区、全覆盖、零容忍；倡导构建人类命运共同体，实施共建"一带一路"倡议，形成全方位、多层次、立体化外交布局。这些历史性成就和变革，表明了党和人民的事业进入了新的历史时期。"中国特色社会主义从创立到发展与完善，中华民族从站起来，到富起来，到强起来。"②党的十九大宣告中国特色社会主义进入了新时代。

习近平总书记指出："时代是出卷人，我们是答卷人，人民是阅卷人。"答卷人需要回应时代的召唤，关注时代的动向，回应人民的呼声。这个时代，我们取得了历史性的成绩，也面临世界百年未有之大变局，今天的中国屹立于世界民族之林，以全新的姿态参与世界新历史的书写、创造和担当中去。

同时，当今世界形势变化太快，改革发展稳定的任务之重、风险之大前所未有。这种背景下，习近平总书记提出了一系列对党员干部的要求：2013 年 6 月召开的全国组织工作会议上，习近平总书记提出了"信念坚定、为民服务、勤政务实、敢于担当、清正廉洁"的好干部标准；2014 年 10 月，习近平总书记对云南工作作出指示，要求党员干部要始终做到"对党忠诚、个人干净、敢于担当"，好干部标准和"忠诚干净

---

① 《十七大以来重要文献选编》中，中央文献出版社 2011 年版，第 290 页。

② 颜晓峰：《"中国之治"与坚定"四个自信"》，《思想理论教育》2020 年第 1 期。

担当"一起作为普遍性要求写入党章；对于新一代革命工作者来说要求"铁一般信仰、铁一般信念、铁一般纪律、铁一般担当"；[①] 对宣传干部要求"政治过硬、本领高强、求实创新、能打胜仗"，对中青年干部要求"信念坚、政治强、本领高、作风硬"，党委办公厅干部要做到"五个坚持"，政法队伍要做到"五个过硬"，民族地区干部要做到"三个特别"，县委书记要做到"四有"等。

新时代的好干部标准必然体现出时代特征，传承历史，反映现实，不断创新，引领时代精神，超越局限性，作为广大党员干部的行动方向与指南，为推进"四个全面"战略布局的实施，实现"两个一百年"奋斗目标提供坚实的保障。

新时代好干部标准体现出历史与现实的衔接、传承与创新的统一、理论升华与实践升华的结合，对广大党员干部提出了基本要求，指明了努力方向，也为协调推进"四个全面"战略布局、实现"两个一百年"奋斗目标和中华民族伟大复兴的中国梦提供坚强的组织和干部保证。

（三）新时代好干部标准的核心是"忠诚、干净、担当"

1. 新时代好干部"五条标准"与"忠诚、干净、担当"

2013 年 6 月，习近平总书记提出"好干部要做到信念坚定、为民服务、勤政务实、敢于担当、清正廉洁"。此后，这五条标准多次被习近平总书记提及，2018 年 7 月召开的全国组织工作会议上，习近平总书记又说到贯彻新时代党的组织路线，建设忠诚干净担当的高素质干部队伍是关键。信念坚定、为民服务、勤政务实、敢于担当、清正廉洁是好干部的具体标准，而忠诚、干净、担当是好干部标准的核心内容。

五条标准的首要两条就是信念坚定和为民服务，坚定理想信念须不

---

① 习近平：《在全国党校工作会议上的讲话》，《求是》2015 年第 9 期。

忘初心，坚持党的基本理论、基本路线、基本方略，为新时代中国特色社会主义事业持续奋斗。

其次，要坚持全心全意为人民服务的根本宗旨，其时代精神是以人为本，具体表现为改善民生。"人民对美好生活的向往，就是我们的奋斗目标"①。为此，共产党人要坚持群众路线，忠诚于人民，坚持以人民为中心，奋斗进程依靠人民，发展成果由人民共享。

这两条标准都指向了"忠诚"这一核心。习近平总书记指出："我们共产党人的根本，就是对马克思主义的信仰，对共产主义和社会主义的信念，对党和人民的忠诚。""理想信念动摇是最危险的动摇，理想信念滑坡是最危险的滑坡。""无论是处于顺境还是逆境，我们党从未动摇对马克思主义的信仰。"②"对党忠诚，必须体现到对党的理论和路线方针政策的忠诚上。"③对人民忠诚就是要坚持站在人民的立场上，融己于民，想民之所想，解民之所难，从这个意义上说，忠诚指向了"信念坚定、为民服务"的根本内涵，也铸就了"勤政务实、敢于担当、清正廉洁"的基石。

勤政务实是敢于担当的基础。空谈误国，实干兴邦。勤政的反面是懒政怠政。党的十八大以来，习近平总书记在公开场合谈到"敢于担当"的次数不下 40 次，在《习近平谈治国理政》第一、二卷中先后有 62 次直接谈及"担当"，担当反映了共产党的性质和宗旨，既包含民族担当、为民担当、改革担当、责任担当，又包括大国担当、治军担当、治党担当、为官担当等多个方面。④当今时代，变迁日新月异，政治、经济、科技、民意要求党的干部加速学习、勤勉实干，否则将无法履行基本的

① 《习近平谈治国理政》，外文出版社 2014 年版，第 424 页。

② 习近平：《在庆祝中国共产党成立 95 周年大会上的讲话》，人民出版社 2016 年版，第 8 页。

③ 《习近平谈治国理政》第二卷，外文出版社 2017 年版，第 21 页。

④ 李智勇：《深入学习习近平总书记关于担当重要论述 做敢于担当的合格党员领导干部》，《紫光阁》2016 年第 6 期。

岗位职责，无法满足广大群众的利益需求，无法回应时代的需要，更无法担当党和人民交付的事业。除此之外，担当还要能"担当起来"，"担当下去"，用勤勉敬业、求真务实、真抓实干落实到位，才能确保担当有效。从这个意义上，担当包含了"敢于担当""能够担当""有

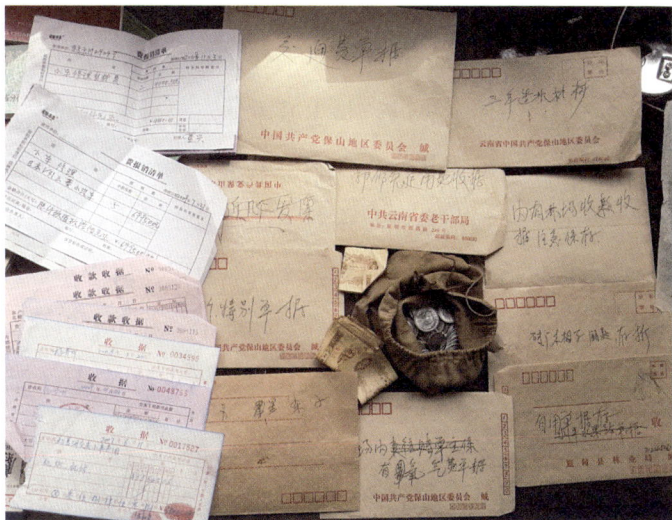

☆杨善洲留下的没有报销的票据

效担当"的过程性含义。"敢于担当"要求有更大格局、更强勇气、更广胸怀来做出担当的承诺，这必然要求领导干部突破个人自身的局限与环境的约束，突破惯性的力量；"能够担当"指向能力维度，要求领导干部加强政治思想、专业能力、时代精神、世界视野的学习，提升思考能力和行动能力；"有效担当"需要结合日常的勤勉、务实、实干的作风，将应当担当的内容落到实处，实现良好的目标。可以说，勤政务实与敢于担当体现了担当核心的具体内涵。

清正廉洁的目的就是干净，干净是中国人的人格追求，中国古代社会亦追求"出淤泥而不染"，不染就是对干净的直接表述，干净就是新时代党的干部的标准的核心之一。干净意味着不染，领导干部的"干净"包括权力使用与财产占有两方面边界清晰，做到了前者就是"清正"，做到了后者就是"廉洁"，"清正"与"廉洁"都在寻求"干净"的不染状态。同时，"干净"还超越时空限制，超越于一时干净、一地干净、一处干净，落实于时时、处处干净。对党的干部而言，不管在任何岗位，在任时间多长，都要保证初心不变，都要以"干净"来约束自己，

作为自省的标准。

2.忠诚是衡量好干部的第一标准

所谓忠诚，是忠诚主体对忠诚客体的发自内心的意愿，以行动表达彻底的服从、付出和奉献。

强调忠诚意味着干部要忠于马克思主义，忠于中国特色社会主义理想信念，对党、对国家、对人民、对中华民族以及对组织忠诚。忠诚就是要让党员干部明确"为谁干"和"靠得住"的问题，这是根本的政治能力。习近平总书记反复强调，"在领导干部的所有能力中，政治能力是第一位的"。在新时代，我们党领导人民开展的社会革命所涉领域的广度、利益格局调整的深度、矛盾和问题的尖锐程度、困难的艰巨度都是前所未有的。2018年11月，习近平总书记在中央政治局集体学习时指出，选拔和聘用人员必须做好政治检查，将忠于党，忠于人民，信仰坚定，坚决拥护党中央权威和集中统一领导，充分落实党的方针、路线、政策作为衡量干部的首要标准。

因此，党中央高度重视干部的忠诚度教育。2009年，习近平在参加全国培养和选拔年轻干部座谈会上发表讲话，要求各级党委特别加强政治忠诚教育，并将"政治忠诚教育"置于道德情感教育、良好风范教育、党的纪律教育之首。党的十八大以来，党员干部的政治忠诚建设越来越受到重视。2014年10月，习近平总书记指示，党员干部要"对党忠诚、个人干净、敢于担当"，忠诚放在干净和担当的前面，在此后的多次会议上都强调"忠诚干净担当"的干部要求。党的十九大报告指出，"全党同志特别是高级干部要加强党性锻炼，不断提高政治觉悟和政治能力，把对党忠诚、为党分忧、为党尽职、为民造福作为根本政治担当"。2018年7月，习近平总书记在全国组织工作会议上提出新时代党的组织路线，再次强调要"着力培养忠诚干净担当的高素质干部"。2019年5月，在"不忘初心、牢记使命"主题教育工作会议上，习近平总书记强调，党员干部要"自觉在思想上政治上行动上同党中央保持高度一致，始终忠诚于党、忠诚于人民、忠诚于马克思主义"①。

"忠诚"一词包含的服从、坚持与奉献等内容具有绝对性特征，即在任何情形下，都应如此，正如习近平总书记反复强调的，"对党绝对忠诚要害在'绝对'两个字，就是唯一的、彻底的、无条件的、不掺任何杂质的、没有任何水分的忠诚。"②忠诚通过行动展现，现实中存在政治忠诚偏差，使表面忠诚的行动走向了忠诚的反面，严重破坏了忠诚的根基。这些偏差表现为政治忠诚个人化、虚伪化、盲愚化等类型。③

政治忠诚的个人化意味着党员是对某人的忠诚而不是对我们党及其原则和价值观的忠诚。党内山头主义、圈子文化、人身依附和帮派盛行所带来的严重后果使党的政治生态受到破坏。对此，习近平总书记告诫全体党员，"不能把党组织等同于领导干部个人，对党尽忠不是对领导干部个人尽忠，党内不能搞人身依附关系。"④

伪政治忠诚是指党员表面上忠于我们党及其原则和价值观，但实际上与党背道而驰。"伪忠诚"现象不断增多，这是伪造政治忠实的必然结果。我们党对"伪忠诚"的容忍度始终为零。在《中国共产党章程》中，明确规定"保持党的团结统一，诚实守信，言行一致"是党员的基本政治要求。关于党员如何满足这一基本政治要求，习近平总书记指出，做人要诚实，要对党、组织、人民及同志都要忠诚，要忠诚老实，做人老实、说话老实、做事也要老实，心无偏私，坦坦荡荡，正派公正。

对政治忠诚的盲愚是指，当共产党员履行其对党的忠诚的政治义务时，他们将马克思列宁主义的经典和理论视为教条，而不顾现实需要，不明辨是非。真正的政治忠诚必须在尊重客观规律、解放思想、实事求

① 刘晓哲、何彦霏：《论新时代中国共产党人的政治忠诚》，《理论探索》2019 年第 6 期。
② 《习近平谈治国理政》第三卷，外文出版社 2020 年版，第 525 页。
③ 程东旺：《论党员政治忠诚异化及防范策略》，《理论导刊》2017 年第 11 期。
④ 《十八大以来重要文献选编》（上册），中央文献出版社 2014 年版，第 69—70 页。

是的基础上忠于党，提高党员的主观性、自觉性和主动性，以便正确履行党的政治义务。对此，习近平总书记强调，不能以教条主义、本本主义的态度对待马克思主义，不能是老祖宗讲了的就能做，没讲的就不能办。

忠诚既是政治立场，又是实践标准，应把握传统与当代的一致性需要，把握理论与实践的一致性承继，把握信仰与行动的一致性逻辑，坚强党员干部的政治核心。

3. 干净与担当是新时代好干部标准的双翼

在党对干部标准的阐述中，习近平总书记首次将敢于担当明确为好干部标准之一。敢于担当就是要求党员干部坚持原则，遇到大是大非明确立场，遇到困难迎难而上，遇到危机敢于担责，遇到歪风邪气敢于斗争。党的十九大报告指出："旗帜鲜明为那些敢于担当、踏实做事、不谋私利的干部撑腰鼓劲。"2018 年 3 月 1 日，习近平总书记在纪念周恩来同志诞辰 120 周年座谈会上强调："我们要向周恩来同志学习，敢于担当责任，勇于直面矛盾，善于解决问题，以时不我待、只争朝夕的精神，以钉钉子精神落实好党的十九大作出的各项战略部署，努力创造经得起实践、人民、历史检验的实绩，无愧于时代，无愧于人民，无愧于历史。"①

2019 年 1 月 14—15 日召开的全国组织部长会议上，中共中央政治局委员、中组部部长陈希强调："要坚持新时期好干部标准，把政治素质考察摆在干部工作重中之重，大力培育选拔忠诚干净担当的高素质干部。从政治忠诚上教育干部主动担当，选拔任用上引导干部争相担当，教育培训上促使干部善于担当，管理方式上推动干部敢于担当，工作氛围上激励干部乐于担当。"

---

① 习近平：《在纪念周恩来同志诞辰 120 周年座谈会上的讲话》，《人民日报》2018 年 3 月 2 日。

要担当就必须有足够的本领。2017年10月，习近平总书记强调，领导干部不仅要有担当的宽肩膀，还得有成事的真本领。2018年7月，习近平总书记指出，优秀年轻干部要有足够本领来接班，加强学习、积累经验、增长才干，自觉从实践中学习，从人民中学习，全心全意做好工作，钻研业务。

干净是中国共产党能够立于不败之地的基本品格。党的十八大以来，在全面从严治党的形势下，通过体制机制革新，共产党人自我革命，清除党内的贪腐分子，肃清党内风气，提升了社会纯净度，提振干部队伍的士气，人民的满意度迅速提高。

干净和担当是新时代好干部标准的两翼，必须正确处理干净和担当的关系。针对全面从严治党高压下，部分干部出现不敢为、惰政懒政的新情况，习近平总书记在中央和国家机关党的建设工作会议上指出，反腐败决不能成为不担当、不作为的借口。必须要把干净和担当、勤政和廉政统一起来，勇于挑重担子、啃硬骨头、接烫手山芋。占着位子不作为也是腐败，没有担当精神的官也不能当。①

二、杨善洲精神内蕴了好干部的本质要求

杨善洲革命工作的一生是忠诚的一生，"跟着共产党干革命，干到脚直眼闭"，用行动展现了自己作为一个优秀党员应有的样子。杨善洲精神中蕴含了忠诚于党和人民、自我从严管理、勇于干净担当的内核。杨善洲精神生发于爱党爱国爱人民的朴实情感中，生发于党的锻炼与要求中，生发于一次次批评与自我批评的反思中。杨善洲精神的形成为新时代党的干部培养提供了参考。

---

① 李军鹏：《新时代激发广大干部担当作为靠什么》，《人民论坛》2020年增刊。

（一）杨善洲精神符合"忠诚干净担当"的干部标准

1.杨善洲精神是忠诚于党和人民的辩证统一

第一，杨善洲对党的忠诚落脚在全心全意为人民办事上。

1952 年 11 月，杨善洲正式加入中国共产党，他忠诚于信仰，忠诚于党，忠诚于人民，在党的培养下成长起来，他用朴实无华的语言去诠释党、人民与个人的关系。作为党的干部就是应该严格要求自己，"光想着自己"就不是共产党员，完全、彻底地为人民服务，必须落实在日常生活中，不搞特殊化，严防特权思想，所以不能在大家都艰难的时候，把自己的家搞得富丽堂皇；作为党的干部，不能占公家的一点便宜，领导的家属不能搞特殊。

杨善洲坚持群众立场。信仰共产主义，忠诚于党，就是要落实到忠诚于人民，忠诚于人民就是对党的忠诚，这是杨善洲从实践中得出的真理。他说，我们处理的任何小事对群众来说都可能关乎他们的切身利益，因此，都不能马虎，不能让群众伤心。他把公平正义摆在心里，认真处理有关群众利益的各项工作。

忠诚于党、忠诚于人民必须接受人民的检验，杨善洲晚年返回林场时对老场长自学洪说："一辈子虽然没有干出什么大事来，但内心无愧，因为自己从没有忘记和背离在党旗下立下的誓言。人一生都会犯错，但只要与人民在一起，挂念着人民生活怎么样，考虑他们是否吃饱了饭，惦记他们是否有困难，始终这样想且这样做，就会得到人民的保护，否则就会被群众抛弃。"①

第二，杨善洲的忠诚在于用行动维护党在人民群众中的形象。

杨善洲的忠诚不仅在于坚持和落实党的路线、方针、政策，帮助人

---

① 程三娟：《杨善洲实际是主题教育的鲜活教材（下）——杨善洲同志先进事迹采访报道工作手记》，《社会主义论坛》2019 年第 9 期。

民群众解决大事，还在于对"群众利益无小事"的认识，在涉及群众的利益问题时，不管群众是否主张，都切实维护纪律，维护党的形象。例如，1952年时，杨善洲到石头寨蹲点，蹲点结束，他按照每天的伙食费标准给老乡付了饭费。在回去的路上，他发现兜里有两毛钱，是老乡悄悄放的。他一直挂念此事，之后自己走几十里山路，回到老乡家还了钱。虽然只是两毛钱，杨善洲却用行动向老乡证明了，"共产党人不拿群众一针一线。"同样的事情在1984年杨善洲担任保山地委书记时也发生过，当听说没有结清在龙陵县委食堂的伙食费，他自掏腰包，令秘书坐班车返回龙陵县城结账，花费了32元车钱，去结清6.5元伙食费，看上去的高成本却维护了领导干部的清正廉洁的形象，这个形象是党的重要财富，"共产党的干部不能搞特殊化，不能当白吃干部，那样做会失掉民心。"①

第三，杨善洲的忠诚是"跟着共产党干革命，干到脚直眼闭"的恒心壮志。

"跟着共产党干革命，干到脚直眼闭"这是解放初期杨善洲的誓言。1988年杨善洲不再担任保山地委书记，光荣退休，他说"共产党员的身份永不退休"，正因为秉持着这样的信念，杨善洲没有接受组织安排到昆明养老，转身扎入了家乡大亮山搞起了义务植树。他说："我在任地委书记期间，乡亲们找上门让我为家乡办点事情。我说作为保山地委书记，哪能只想着自己的家乡？我承诺过，等退休后，一定帮父老乡亲们办点实事。"② 从花甲之躯到耄耋之年，整整22年的时间，在荒山坡上植树造林5.6万亩，他用自己的承诺与行动展示了"恒"的含义。"恒，德之固也。"杨善洲的"恒"受到了"感动中国"组委会的高度评价。2009年底，保山市委、市政府授予杨善洲特别贡献奖，并一次性奖励

---

① 邓有凯：《杨善洲精神的哲学内涵研究》，《云南开放大学学报》2019年第1期。
② 程三娟：《坚守信念绿染大亮山——记保山市原地委书记杨善洲》，《云南林业》2010年第6期。

20万元。① 杨善洲向保山第一中学捐款10万元，向林场和附近村庄捐款6万元。2011年，杨善洲被树立为全体党员学习的榜样，他的先进事迹被总结为"杨善洲精神"。②

2.杨善洲精神的"干净"在于自我管理从严

第一，杨善洲艰苦朴素、克己奉公。

杨善洲精神在于淡泊名利，公而忘私，廉洁奉公，自始至终。工作35年多的时间里，他始终艰苦朴素，两袖清风。自己常年离家，住在办公室旁一间10多平方米的小屋里。

他对群众的付出常常不计回报，经常帮困难的群众买种子、买粮食，也送衣服被子，先后捐款数额达10万元，他对自己却克勤克俭，

☆ 2010年10月5日杨善洲给保山一中捐款

---

① 程三娟：《坚守信念绿染大亮山——记保山市原地委书记杨善洲》，《云南林业》2010年第6期。

② 程三娟：《坚守信念绿染大亮山——记保山市原地委书记杨善洲》，《云南林业》2010年第6期。

以至于晚年在山上种树，他都没有积蓄能帮助家人盖一间瓦房。为了不给家人增加负担，他把刚盖起未入住的新房卖了。退休后植树 22 年，他将价值 3 亿元林场经营管理权无偿交给国家却不要一分钱。

他克己奉公，不管是 1964 年他担任施甸县委书记，组织部门将他爱人转成城镇户口，还是 1978 年根据上级组织部门的通知，可以将他在农村的

☆杨善洲任地委书记时的钱袋

家人转为城市人口，他都坚决撤销了申请。他主张："孩子的路，靠他们自己走"，他表态："我们全家都乐意和八亿农民同甘共苦建设新农村。"①

他将自己融入群众中，和八亿农民同甘共苦，农民们还没有解决温饱问题，自己也不能有更多财产，农民们还没有战胜艰苦的生产生活环境，他也不能离开他们。他将自己的奋斗、克己、奉公作为对家人的精神财富，也成为当地人民群众的精神财富。

第二，杨善洲公私分明、约束用权。

杨善洲的干净在于公私分明、全心全意为人民服务的同时，不占群众便宜，哪怕是自己为群众嫁接的果树挂了果，群众自愿送给他吃，他都认真对待，坚决不肯收下。

杨善洲的干净体现在不搞特权、不公权私用。杨善洲离家工作 35 年，从不公车私用，杨善洲的二女儿杨惠兰在保山一中读书，交通不便，但杨善洲领着女儿坚持乘公共汽车回家。但是杨善洲却让老乡们搭

---

① 邓有凯：《杨善洲精神的哲学内涵研究》，《云南开放大学学报》2019 年第 1 期。

过他的车，他解释"让外人搭车是为人民服务，让亲人搭车就是'滥用职权'"，公车不私用这个规矩，在他上山植树造林的 20 年间都一直坚持着。杨善洲的二女儿当年考地区中专差一分落榜，女儿请求父亲帮忙安排工作，也被杨善洲坚决拒绝了。杨善洲就是生怕用错了手中的权力。一位转业干部因为与他相识，请他帮忙分配城里的工作，他也毫不留情拒绝了。

3.杨善洲的"担当"在于主动承担责任

第一，体现为坚定落实党的方针政策。

在温饱还未解决的年代，抓农业生产是首要任务。杨善洲身体力行，自己随时下到田间地头，狠抓农业生产，他秉持依靠技术发展农业的思路，带头推进技术的运用，治理水患，农业的抗灾减灾能力大幅提升。① 他说："我们是党的干部，如果老百姓饿肚子，我们就失职了。"这样，保山地区水稻单产连年在全省排第一，山区面积占 91.79% 的保山成了"滇西粮仓"。时任中共中央总书记的胡耀邦于 1980 年和 1986年两次视察保山，并在全国各省、市、自治区思想政治工作座谈会上褒扬："云南保山县板桥公社确实是个好公社。"②

第二，体现为艰苦奋斗、勤政务实。

2005 年，党中央开展保持党员先进性教育活动，杨善洲讲述了他对艰苦奋斗的理解，并谈到了怎样坚持理想信念的问题，说到艰苦奋斗的革命精神是我们党形成和发展的优良传统。它源于伟大的理想和坚定的信念，理想和信念是革命者的精神支柱，有了这一精神支柱，就会产生勇气和毅力，克服一切困难和危险，并能经受住生死考验。③ 在任期

---

① 程三娟：《杨善洲实际是主题教育的鲜活教材（下）——杨善洲同志先进事迹采访报道工作手记》，《社会主义论坛》2019 年第 9 期。

② 程三娟：《杨善洲实际是主题教育的鲜活教材（下）——杨善洲同志先进事迹采访报道工作手记》，《社会主义论坛》2019 年第 9 期。

③ 程三娟：《杨善洲实际是主题教育的鲜活教材（上）——杨善洲同志先进事迹采访报道工作手记》，《社会主义论坛》2019 年第 8 期。

间，杨善洲日夜操劳，忘我工作，为老百姓付出了艰辛和汗水，以便他们能够尽快摆脱贫困。

杨善洲提着行李来到施甸县的荷叶寺。他修理并在 5 间没有隔板、壁板和天花板的房屋中安置下来。他从艰苦奋斗开始，通过"推广良种、推行良法，坡改梯、改良土壤"等措施，亲自耕种实验田，并帮助人们制作"包衣种"。①

从杨善洲经常携带的劳动工具（人称杨善洲六件宝：锄头、镰刀、嫁接刀、蓑衣、草帽、马灯）可以理解杨善洲精神中蕴含的奋斗与实干力量。②

杨善洲的担当体现在求真务实上。他反对空喊口号、靠开会发文件的领导方式，要求党员干部"调查研究，实事求是，一切从实际出发"。杨善洲的奋斗与务实精神在退休后的大亮山植树事件上也得到集中反应，他花了 22 年时间，就是要改变大亮山荒芜、水土流失的弊端，进行生态治理。不积跬步无以至千里，杨善洲精神就是在奋斗、在务实中展现了中华民族与中国共产党人从站起来、富起来到强起来征程中的依靠信念、战胜困难的坚毅精神。

第三，体现为主动承担责任。

杨善洲的战略发展能力。施甸县筹建初期，杨善洲就向地委提出要一个林场的编制。他看到了当时施甸的山头砍伐严重，面临洪水侵袭，会导致水土大量流失，因此必须大力发展林业，加强生态治理，而且他主动向地委立下军令状。国有林场编制得到上级批准后，他又请求增加一个林业管理所的编制。之后，杨善洲到省里争取，并发动周围村民计出荒山，凑够了 5000 亩的荒山，为国营摩苍寺林场的创建打下了基础。杨善洲着眼于山区长远发展，提出种茶、栽树的多元治理方案。如今的

---

① 程三娟：《杨善洲实际是主题教育的鲜活教材（上）——杨善洲同志先进事迹采访报道工作手记》，《社会主义论坛》2019 年第 8 期。

② 邓有凯：《杨善洲精神的哲学内涵研究》，《云南开放大学学报》2019 年第 1 期。

保山已是小粒咖啡之乡，林场多年来为村民提供免费林柴，也为 6 个自然村提供了公路修筑支持，并为 8 个自然村架通了生产生活用电，有效改善了当地群众的生活条件，为当地群众脱贫致富打好了基础。他去植树创新的初始，大亮山山枯水竭，他去创业 22 年后，5.6 万亩荒山重披绿装，创造了超过 3 亿元的活立木蓄积量，有效治理了水土流失，极大改善了当地的生态环境。①

杨善洲在危机时刻的挺身而出。1976 年 5 月 29 日 20 时 23 分和 30 日 2 时 0 分，龙陵县境内先后发生了 7.3 级和 7.4 级强烈地震，时任地委副书记的杨善洲刚刚因为肺气肿在昆明住院 3 个月，主动请缨，要求连夜奔赴地震重灾区，现场余震不断，山石随时滚落，他和工作人员一边清理石头一边赶路，甚至弃车步行，坚决完成抢险救灾任务。②

（二）杨善洲精神是践行党的干部标准的精神成果和逻辑结果

1. 杨善洲精神的精神渊源与情感塑造

第一，杨善洲来源于朴素的家庭背景与忠诚的入党誓言。

杨善洲出生于 1927 年，1952 年 10 月递交《入党申请书》。他在申请书中叙述了自己的家庭背景："我的家庭成分贫农，个人出身农民，家庭情况：有佃田一亩零一立（厘），有佃地五亩三分，有牛三条（头），草房三格半，家庭生活主要靠农业劳动，吏（历）史：十二岁到十三岁读书，十四岁到十六岁卖工去要（了）三年，十七岁到二十五岁务农生产，一九五一年七月十五日在摆马乡参加工作，一九五二年八月七日 [起] 在

---

① 程三娟：《杨善洲实际是主题教育的鲜活教材（下）——杨善洲同志先进事迹采访报道工作手记》，《社会主义论坛》2019 年第 9 期。
② 程三娟：《杨善洲实际是主题教育的鲜活教材（下）——杨善洲同志先进事迹采访报道工作手记》，《社会主义论坛》2019 年第 9 期。

☆ 20 世纪 70 年代杨善洲和老母亲的唯一合影

四区公所［工作］。"①

　　解放前杨善洲仅读过两年书，首先充满了对共产党的感恩："解放了，有地了，真心感恩共产党。"②以后，为了所有群众都能有土地，一心一意跟着共产党干革命。其次，通过党组织的关怀，他认同共产党人的奋斗目标，向往成为共产党的一员，"现在我认时（识）到共产党是

---

① 杨善洲 1952 年 10 月《入党申请书》原件藏于保山市档案馆。面世时，该馆对"错字、别字、不规范的简化字、方言在'（　）'内更正和说明，原文缺漏需增补的内容在'［　］'中补充。"

② 邓有凯：《杨善洲精神的哲学内涵研究》，《云南开放大学学报》2019 年第 1 期。

思想最进步、觉悟最高的人组织成的……现阶段要时（实）现新民主主义到底，[要]放去（弃）个人的利益，把群众利益放在前面，党的目的是要时（实）现社会主义和共产主义到底。"因此，在入党动机上杨善洲阐述了自己希望从思想上提高自己，立誓要永远跟着党走，"如（入）党的动机是为了金长的（经常地）得到党[的]教育和培养，从思想上提高一步，时长的（时常地）[给自己]止（指）出缺点来，自己好改政（正）错误，革命到底。"其誓言要"放气（弃）自己的利益，中（忠）心的（地）为人民服务到底，永远根（跟）着共产党和毛主席走，跟着世（时）代走"①。

第二，杨善洲精神来源于中国人民热情、勤快、厚道、肯吃苦品质。

杨善洲 15 岁丧父，母亲想让他掌握一门谋生技能，送他去学石匠技艺。杨善洲身上的勤劳、厚道、能吃苦的特质使他很快就掌握了技艺，成为仅次于师父的"二石匠"，受人欢迎。② 他不计较报酬多少，经常主动帮忙，这种热情、厚道、不计较个人得失的品质，受到群众的赞誉。

中国人民认同这种品质，宣传这种品质，赞扬这种品质，这种品质也是党所需要的领导干部的品质。对人民的深情厚谊就是忠诚的基石，厚道、不计得失的品质是清正廉洁的基础，热情、勤快、肯吃苦才有担当的可能性。1950 年，杨善洲在离开家乡的时候遇到了木匠杨福建，他们一起在镇康县陆家寨盖房子。1950 年 10 月，杨福建加入党的工作，一段时间后，担任了陡坡乡乡长，这个乡正是杨善洲出生和成长的地方，土改工作一开始，杨善洲加入了土地改革小组，这是杨善洲走出农家的起点，也是杨善洲走向新的生活的开始。③ 杨善洲人生轨迹的变化

① 邓有凯：《杨善洲精神的哲学内涵研究》，《云南开放大学学报》2019 年第 1 期。
② 程三娟：《杨善洲实际是主题教育的鲜活教材（上）——杨善洲同志先进事迹采访报道工作手记》，《社会主义论坛》2019 年第 8 期。
③ 程三娟：《杨善洲实际是主题教育的鲜活教材（上）——杨善洲同志先进事迹采访报道工作手记》，《社会主义论坛》2019 年第 8 期。

有历史机遇的因素，但他身上所蕴含的中国人民的优秀品质是根本，符合了党对优秀人才需要的期待。

第三，杨善洲精神生发于爱党爱国爱人民的朴实情感。

父老乡亲无私的帮助塑造了杨善洲朴素的人民情感。杨善洲出生地为施甸县姚关镇陡坡村，当时属于保山县，他出生于大柳水一户贫穷的农民家中，本来有兄弟姊妹6个，但其中4人不幸早夭，杨善洲6岁时被拜寄到邻村，并起名"马桩"。[①] 寄母马莲头对杨善洲家庭以及他个人前途的关心温暖了杨善洲，杨善洲得到寄母关怀，在私塾读书，学习民族文化。15岁时，他去学当石匠，师父无私教给他手艺；16岁时，他投身滇西抗战，运送战略物资，抬运伤员，留贵和他搭帮，每次抬伤员，留贵自己挥汗如雨，甚至磨破草鞋，脚底受伤，都注意保护杨善洲这个少年，他用绳索将杨善洲拴牢在担架上，保护他，避免他打滑和受伤。这些平凡人的点滴滋养了杨善洲内心，让他一生感怀。

民末爱国将领邓子龙将军当年抗击缅甸侵略军的事迹熏陶了杨善洲的爱国情怀。杨善洲从小就崇拜邓子龙，他时时去邓子龙抗缅作战时居住的地方，叫清平洞，这也是他日后每次回老家都要走走看看的地方，他为清平洞捐献过树苗，自己掏钱重修过祠碑，还要求家人将他的一部分骨灰安葬在这里，可见邓子龙的事迹给予了杨善洲正义感和爱国情怀。

土改时的经历让杨善洲体会到，只有共产党才能救中国。刚参加土改时，他说，我也就是想分点土地，家中祖祖辈辈都没有土地，所以受穷，受欺负，共产党来了，搞土改，让我这样的穷人家有了自己的田地，翻身做了主人，这种好事，千载难逢，当然要参加土改。

青少年时的经历让杨善洲成长，让他看到中国共产党的性质，看到

---

① 程三娟：《杨善洲实际是主题教育的鲜活教材（上）——杨善洲同志先进事迹采访报道工作手记》，《社会主义论坛》2019年第8期。

中国共产党党的使命，他看到党是国家的希望，社会主义是中国要走的道路。加入中国共产党并回报感激之情，已经成为杨善洲的必然选择。感恩党，感恩父老乡亲，是杨善洲一辈子忠于党的事业、一辈子全心全意为群众谋利益的思想基础。①

2. 杨善洲精神在党的培养教育中历练养成

杨善洲成为党的干部，就面临着对干部自身身份的认定，一方面与群众鱼水情深，一方面又要严格要求自己，不占群众一分一毫的便宜，这在革命年代是铁的纪律，在和平年代是干部的标准要求。杨善洲在个人成长中，要明确这种身份的转换，明确行为边界，离不开组织的教育。

1952 年，杨善洲在施甸县石头寨参加土地改革工作期间，住在一个姓安的农户家中，根据组织规定，他必须为每顿饭支付 1 角钱的饭钱。离开的那天，老安念及情谊，要招待杨善洲吃饭，不肯收当天的饭钱，杨善洲转念老乡的好意，也不好辜负。但杨善洲到保山参加培训并在自我批评环节将这件事向组织做了汇报。组织严肃批评了他，并强调这是党的纪律，"两毛钱是不多，可这种占老百姓便宜的思想很危险，这么下去，迟早会出问题，伤了老百姓的心。"②组织的这次批评使杨善洲在心中生出了一种信念：任何时候都不能占老百姓的便宜。

所以，在日后的工作中，杨善洲会因为 6.5 元的伙食费没有交，而花 32 元的交通费去补，会因为几角钱的餐费要走几十里山路去还，这些事情看似虽小，但守住了行为边界。古人智慧："勿以善小而不为，勿以恶小而为之"，"见微知著"，守住小的边界，就能比较出小和中、中和大的区别，就能在行为上生出介蒂。

---

① 程三娟：《杨善洲实际是主题教育的鲜活教材（上）——杨善洲同志先进事迹采访报道工作手记》，《社会主义论坛》2019 年第 8 期。

② 程三娟：《杨善洲实际是主题教育的鲜活教材（上）——杨善洲同志先进事迹采访报道工作手记》，《社会主义论坛》2019 年第 8 期。

3. 杨善洲在批评与自我批评、责任担当中自我提升

学会担当是成长过程，党通过培养、教育，批评与自我批评等手段提升党员的思想修养，提升党员干部的担当观念、担当能力，坚决反对上下级和干部之间逢迎讨好、相互吹捧。言必行、行必果，表里如一、诚实守信。

在 1952 年底的土改复查时期，杨善洲被人反映工作出现失误，划拨成分时错误地将一户上中农划成了地主。上级立即派人检查，经过查验，认定杨善洲确实出现了错划的工作失误。为此，组织要求杨善洲公开检讨，还要清点送还财务。杨善洲思想负担加重，担心影响到党在人民群众的形象，对自己的工作和能力产生了怀疑。正是在党组织的关怀下，他走出了心理上的困惑，并且得到成长。支部书记告诉他，"批评和自我批评是我们党的一项优良传统作风，不要害怕犯错，及时改正就是好同志。"[1]杨善洲作了检讨，返还了没收的财物，反而得到老百姓的称赞，提升了群众对共产党的认识，说共产党员犯了错是敢于检讨、敢于担责的。这就让杨善洲确认了只有敢于承认和担当工作中的失误，及时纠偏，才能把工作干好，才能担当更大的责任，为人民谋更大的幸福。

杨善洲在党的培养和教育下不断进步和完善自身。例如，一次在家乡搞土改工作，本来约定了与保山县西南乡（今施甸县何元乡石头寨村委会）篱笆寨、甘蔗地的群众开会，到了开会时间，他恰巧感染疟疾，高烧不退，而门外大雨滂沱，下个不停，大家关心他，说身体重要，他却顾不上这些，冒雨赶了 6 公里的山路，坚决完成了工作，因为他认为，和群众约好的事情一定要讲信用。[2]在两年多的土改实践中，杨善

---

① 程三娟：《杨善洲实际是主题教育的鲜活教材（上）——杨善洲同志先进事迹采访报道工作手记》，《社会主义论坛》2019 年第 8 期。

② 程三娟：《杨善洲实际是主题教育的鲜活教材（上）——杨善洲同志先进事迹采访报道工作手记》，《社会主义论坛》2019 年第 8 期。

洲表现出善于学习、肯动脑筋的品质。他为人诚实讲信用，吃苦耐劳，乐于帮助周边的群众，高标准完成各项工作，他的工作作风和工作成效都被当地群众和工作队所认可，人民群众拥护他，工作队支持他，他也成长为土改小组长，之后，由于表现优异，又当上了土改分队长。随着土改工作结束，他被安排担任乡区干部，作为农村基层干部，他踏实奋进，发扬党的优良作风，不断增强自身本领，后来成为保山地委书记。经过多年的党性锤炼，杨善洲已经成长为一名思想入党的共产党人，走向了为党的事业不懈奋斗、为人民利益不解奋斗的光彩人生。

批评与自我批评、勇于承担责任、不断提升担当能力是杨善洲在多年工作中对自己的要求。1985年9月12日，杨善洲在整党学习中对照检查自己，写道："党的三中全会以后，政治形势、经济形势和工作条件都很好，保山地区的工作，应该有一个较大的前进。……在经济建设方面，附近地州是前进了，我们地区却发展缓慢，粮食生产退下来了，这同我个人的指导思想是分不开的，深深感到，我的思想觉悟、知识水平、工作能力、开拓精神，都不适应现代化建设这一形势对自己的要求。"① 为此，他反省自己并加强干部培训，虚心向有知识、有经验、有技术的同志学习，向人民群众学习。

（三）杨善洲精神在新时代党的干部培养中具有重要的实践价值

1.新时代部分干部离忠诚干净担当的标准还有差距

从2013年党的十八届三中全会开始，以习近平同志为核心的党中央推进全面深化改革，国家治理能力提升不仅是改革的战略目标，还要落实到各级干部身上的能力期待与方法创新上。

随着国内外环境变迁，社会矛盾日益凸显，前进困难加大，人民群

---

① 蒋光贵：《杨善洲为民务实清廉精神及其产生的原因》，《西南学林》2016年。

众对党和政府有了更多期待，尤其需要更好地继承和发扬中国共产党人的优秀品德、优良传统和良好作风。要教育和引导广大党员干部学习杨善洲等先进模范，始终保持共产党员的初心，切实担当起历史赋予的重大责任。然而，现在一些党员干部沦为腐败分子，一些领导干部迷失方向，甚至丧失基本道德，严重损害了党和国家形象，影响了党的执政能力和先进性、纯洁性，也引起人民群众的不满，这成为当前推进国家治理体系和治理能力现代化的阻力。

2019年1月11日至13日，在中共十九届中央纪委第三次全体会议上，习近平总书记提出了六项任务，要求2019年继续推进全面从严治党，这其中，强调警惕形式主义和官僚主义，要求各地区、各部门党委（党组）要履行主体责任，密切关注形式主义、官僚主义的新趋势，拿出有效的整改措施。专题片《一抓到底正风纪——秦岭北麓违建别墅整治始末》反映了政令文件化、文件传达化、责任"空转化"等渎职懈怠、弄虚作假的现象。习近平总书记四年来作了六次重要指示，但问题仍未得到有效解决。违反政治纪律和政治规则的问题，也是忠诚干净担当标准没有落实到位的问题。这些问题严重伤害党的纯洁性。

一些党员干部忠诚内核缺失，政治意识淡薄，不遵守党的纪律，不遵守政治纪律和政治规矩，不执行党的决定。只关心头上的"帽子"和身下的位子，对中央的政策冷漠，对群众利益漠视，造成政令不通，令行不止。

一些干部被利益缠身，污浊不堪。一些党员干部经不住诱惑，他们弃党和人民的利益不顾，将个人利益置于党和人民利益之上，利用手中权力谋取私利，追名逐利，堕入深渊。

一些党员干部缺乏责任担当。党的十九大报告要求党员干部不仅要遵守纪律、廉洁干净，还要主动担当、敢于作为。而一些干部正好相反，他们优先考虑自己，不顾大局，将党的事业抛在脑后。他们害怕做事，害怕犯错误，害怕承担责任。他们喜欢成为"老好人"，在实际工作中敷衍了事，趋于应付。

新时代加强干部队伍建设，培养忠诚干净担当的高素质队伍需要借助榜样的力量。习近平总书记反复强调领导干部的思想修养和行为规范，不仅谆谆教诲，亦躬身实践，结合模范党员示范教育。①

杨善洲精神为新时期的干部队伍建设提供了良好的榜样教育。在60年如一日的时光里，他坚守着共产党人的精神家园，为党和国家事业不懈奋斗，他淡泊名利、做到一尘不染，根本就在于他树立了马克思主义世界观，笃定理想信念不放松，用忠诚、干净、担当践行了共产党人的崇高理想。②

2.杨善洲精神为党的干部培养树立了实践标杆

第一，杨善洲精神中的忠诚、干净、担当影响了三代林业人。

心底无私天地宽。当一个人活着就是为了使别人活得更好，将甘于奉献当作人生的意义，他就获得了宽阔的胸怀、更为自由的人生境界，从而显示出伟大的人格魅力。林场开创初期，条件异常艰苦。杨善洲和林场工人们没有钱盖房子，他花了7000多元钱盖了40多间油毛毡房，并在此居住近10年。办公桌、板凳、床铺都是自制的，农具也是自制的，晚上没有电，每个人就买一盏马灯来照明。22年的建设，使农场的工作条件大为改观，但相比外界的条件，农场依然显得艰苦，工人们既要接受清贫的现实，又要忍受寂寞、高海拔和潮湿环境的考验，但林场职工在杨善洲的带领下，却安心于林场的工作，职工队伍一直保持相对稳定。原善洲林场场长董继军说："如果不是受老书记影响，大家很难在这么艰苦的地方坚守这么长时间，老书记的精神足足影响了三代林业人。"③

---

① 《习近平总书记怎样为领导干部"讲课"》，《理论导报》2019年第2期。

② 《学习杨善洲同志先进事迹，做人民满意的好党员好干部》，《党建》2011年第5期。

③ 程三娟：《杨善洲实际是主题教育的鲜活教材（下）——杨善洲同志先进事迹采访报道工作手记》，《社会主义论坛》2019年第9期。

☆杨善洲在林场和职工谈心

　　因为杨善洲心里装着老百姓，这一点也得到了组织和上级的认同，所以，22年间，上级部门通过项目先后为林场提供了900多万元的资助；林场职工对他的信任与认同甚至表现在资金短缺时允许杨善洲拖欠他们的工钱，"就是因为相信老书记，林场拖欠我们工资，我们还是在林场干，老书记不会让我们吃亏。"[1]正是在杨善洲精神的影响下，林场三代人奋发努力，22年间取得了5.6万亩昔日山秃水枯的大亮山重披绿装的成绩。

　　第二，杨善洲精神中的忠诚、干净、担当影响了广大党员干部。

　　习近平总书记指出，广大党员干部要以杨善洲为镜子，找差距、增动力，自觉加强党性修养，自觉实践党的宗旨，做人民满意的好党员、

---

①　程三娟：《杨善洲实际是主题教育的鲜活教材（下）——杨善洲同志先进事迹采访报道工作手记》，《社会主义论坛》2019年第9期。

好干部。① 今日之中国，不缺少文凭，甚至不缺乏理想，最缺少的，是像杨善洲那样的勤劳、苦干、实干。

2011 年，在党中央的号召下，中央和国家机关以及各地掀起向杨善洲学习的浪潮。中组部、中宣部、中央创先争优活动领导小组和云南省委组织的杨善洲同志先进事迹报告团②，在全国各地市巡回演讲，影响很大，效果很好，广大党员干部表示报告团的演讲给他们深刻的思想教育、强大的精神激励和纯净的灵魂洗礼。此后，人民日报、新华社、中央人民广播电台、中央电视台、人民网等多家中央新闻媒体连续报道杨善洲的模范事迹和崇高精神，在社会各界引起强烈反响。③

2013 年 12 月 5 日，按照中央及云南省委关于在干部教育培训中加强党性教育的要求，"杨善洲精神教育基地"加挂"杨善洲干部学院"牌子，承担国家、省、市公务员重要班次学员到基地开展的党性专题教育组织工作；对云南本地学员开展了多班次的专题教育活动，省内外各部门、各单位也纷纷组织开展学习杨善洲精神的党性锻炼和学习实践活动。自 2014 年 12 月成立至 2016 年 6 月期间，杨善洲干部学院共举办各类培训班 540 期，培训来自省内各州市和北京、上海、广东、江苏、江西、四川、贵州、海南等省外的学员 25898 人次。2015 年，学习杨善洲成为云南开展"忠诚干净担当"专题教育的重要载体，并取得积极的社会反响。一些同志在参观学习后感动落泪，表示看见了人性的光辉、党性的光辉，一些同志在杨善洲身上找到了力量。

这些情况再次说明，榜样的力量是无穷的。深入开展向杨善洲学习活动，无论对于广大党员加强党性修养，还是对于加强各级领导班子建设，都具有十分重要的意义。④

① 《学习杨善洲同志先进事迹，做人民满意的好党员好干部》，《党建》2011 年第 5 期。
② 《学习杨善洲同志先进事迹，做人民满意的好党员好干部》，《党建》2011 年第 5 期。
③ 《学习杨善洲同志先进事迹，做人民满意的好党员好干部》，《党建》2011 年第 5 期。
④ 《学习杨善洲同志先进事迹，做人民满意的好党员好干部》，《党建》2011 年第 5 期。

三、践行杨善洲精神与新时代好干部培养制度建设

国家治理体系现代化包含了干部培养与选拔任用制度的现代化，即在新时代的背景下干部制度也应符合现代国家发展的需要，走向科学管理与体系建设，同时我们的方向就是中国特色社会主义道路。这就意味着有必要将包括杨善洲精神的优秀共产党人的传统融入到现代干部制度体系中来，将培养杨善洲精神的组织工作优势融入到现代干部制度中来，发挥这些宝贵精神财富的价值。

（一）新时代党的好干部培养制度体系

好干部杨善洲是党培养出来的，在选拔任用中党把他放在了恰当的位置上。他融入人民群众，接受党的管理，接受人民的监督，得到党的肯定与人民的赞扬，这也激发了他不断严格要求自己，更加努力为人民服务，勇于担当，做到一生奉献。杨善洲是新时代好干部的标杆，杨善洲精神为新时代好干部的培养提供了实践标准。新时代的好干部需要提高干部队伍的整体素质，将干部队伍建成符合忠诚干净担当标准的好干部队伍，以应对当前国际国内形势的变化，在变化中能够立足忠诚根基，坚守干净底线，担当中国梦实现的责任。这就必然要求在党的组织工作中强化好干部标准，落实好干部标准。

党的十九大报告提出，要"把好干部标准落到实处"①。2018 年在全国组织工作会议上，习近平总书记深刻阐述了干部工作"五个体系"：素质培养、知事识人、选拔任用、从严管理、正向激励。这是党的十八大以来干部工作实践的理论升华，为加强新时代干部队伍建设进一步指

---

① 《中国共产党第十九次全国代表大会文件汇编》，人民出版社 2017 年版，第 95 页。

明了方向。①

正是在党中央对干部培养工作高度重视下，2019 年中央新修订出台了《党政领导干部选拔任用工作条例》，要求建设忠诚干净担当的高素质专业化干部队伍，明确要求建立素质培养、知事识人、选拔任用、从严管理、正向激励的干部工作体系。这五大干部工作体系相互联系，形成整体，突出了干部管理工作中的整体性、长期性、正面性、联系性。以素质培养体系为前提，将干部的素质培养和能力锻造作为好干部生成的逻辑起点；以知事识人体系为了解干部的信息基础，了解干部的专长与短板，准确考核，以从严管理体系加强干部监督，好的监督可以维持好的干部队伍质量；以正向激励体系增加动力，激发潜在担当热情，形成保护担当的制度安排，营造人人担当的氛围。

干部培养工作体系，要在干部选拔、干部使用过程跟踪培养、干部任用全程关注几个方面，重点着眼培养复合型干部，注重在脱贫攻坚一线、急难险重任务、处理复杂问题中培养锻炼干部，消除能力弱项、知识短板和工作盲区，帮助干部健康成长。

建立知事识人干部工作体系，要求建立考察识别、日常考核、分类考核、近距离考核工作体系。

建立选拔任用干部工作体系，要求构建以德为先、任人唯贤、人事相宜的选拔任用体系。放宽思路，吸纳有知识、有学历、有干劲、有冲劲、有能力的干部。强化党组织领导和把关作用，健全完善干部选拔任用程序，从严落实干部选拔任用报备制度。

干部工作"五大体系"具有系统性，相互联系，为"忠诚干净担当"干部队伍建设提供保障，具有整体性、长期性、正面性、联系性。将忠诚干净担当要求贯穿于干部培养、考核、选拔、监督和激励的全过程，

---

① 《强化源头培养跟踪培养全程培养　全面提高干部队伍素质》，《党建研究》2018 年第 9 期。

以忠诚为基础，将政治素质作为干部工作的首重条件，以干净为干部工作的底线要求，以担当为新时代干部工作的目标创新。

（二）杨善洲精神与好干部素质培养体系建设

素质培养体系居于"五大体系"首位，素质培养在干部工作中发挥先导性与基础性作用，贯穿育人选人管人用人的全过程。[①] 杨善洲精神的起点在于在参加党的实践活动中，理解、拥护党的宗旨，并融入为人民服务的实践，在 35 年的干部工作实践和退休后 22 年的荒山改造实践中，杨善洲精神体现了做老实人、说老实话，一辈子对党忠诚，一辈子清正廉洁，一辈子勇于担当，这种一直忠诚、干净、担当，一辈子忠诚、干净、担当的好干部给组织培养新时代干部带来启示，就是建立源头培养、跟踪培养、全程培养的素质培养体系。[②] 这样将原先的干部教育培训上升到一个战略高度，突出了对干部培养的目标性、全局性和长期性。

第一，源头培养重在注入忠诚干净担当的灵魂。

加强党性教育，筑牢信仰基础。习近平总书记强调，"培养干部，要抓好党性教育这个核心。"[③] 在党员模范教育上，杨善洲精神本身也是加强党性教育的资源。2014 年杨善洲干部教育学院成立，是云南省委批准命名的干部教育培训现场教学基地、中组部公布的全国 13 个地方党性教育特色基地之一，通过现场教学、专题教学、音像教学、访谈教学、激情教学、体验教学、拓展延伸的方式向全国广大党员传递了杨善

---

① 《强化源头培养跟踪培养全程培养　全面提高干部队伍素质》，《党建研究》2018 年第 9 期。

② 《强化源头培养跟踪培养全程培养　全面提高干部队伍素质》，《党建研究》2018 年第 9 期。

③ 《习近平谈治国理政》，外文出版社 2014 年版，第 417 页。

洲"忠诚干净担当"的内涵。此外，电影《杨善洲》、话剧《守望心灵》、电视纪录片《清廉杨善洲》等将杨善洲精神与影视作品结合，起到了扩大传播、广泛教育的作用。

第二，跟踪培养重在养成"忠诚干净担当"的自觉与习惯。

习近平总书记强调，组织上应与时俱进，帮助干部成长。培养干部素质是一个长期过程，不能光靠一朝一夕的努力。在干部成长全过程中贯穿素质培养，要协调干部素质培训资源的配置，尤其要注重优秀年轻干部的素质培养。2018年6月29日，中央政治局对《关于适应新时代要求大力发现培养选拔优秀年轻干部的意见》进行审议，提出要建设一支高素质专业化的年轻干部队伍，加强和完善青年干部工作，努力做好培养工作。以强化实践锻炼为重点，让年轻干部在基层锻炼中深刻认识国情民情，密切与群众的感情，不忘为人民服务的初心。青年干部要着力加强实践训练，在基层锻炼中加深对国情和民情的理解，与群众保持密切联系，不忘初衷。

（三）杨善洲精神与好干部知事识人体系建设

培养年轻干部应坚持党管干部原则，坚持五湖四海、事业至上。杨善洲本人作为农家子弟，就是因热情、勤劳、厚道、不计个人得失的优秀品质被发现，被推荐，并加入到革命工作中。又由于他在党的培养下，忠诚于党的路线方针政策，忠诚于为人民服务的宗旨，吃苦耐劳，勤政务实，敢于担当，得到了当地农民群众和工作队员的爱戴拥护。作为普通土改队员，杨善洲的工作表现被组织了解和掌握，随着土改工作的结束，他成为农村基层干部，不断努力，工作实绩日积月累，信念愈发坚定，能力愈发突出，从严管理自身，到后来成为保山地委书记。这是杨善洲个人品质得到认可的实证，也是党组织知事识人的成功案例。

"德才兼备，以德为先"，不唯 GDP 论英雄，在对好干部评价标准上，应抓住重点与核心。杨善洲精神通过群众口碑，通过日常之中对待工作、对待群众、对待身边人的一举一动，通过在重大事件、重要关头、关键时刻的表现，展现出忠于党和人民的赤诚之心，展现出干干净净的坦荡与正气，也展现出在真正问题上的责任意识和担当情怀、担当坚持。"治本在得人，得人在审举，审举在核真。"这为党的组织工作提供了全面了解领导班子及干部队伍运行情况，近距离、精准化、常态化考察干部工作实绩的机制建设思路。

一是加强经常性考核，了解班子和干部的一贯表现，以便进行全面、准确的评估。日常要多角度地了解干部的能力和政治素养，动态掌握履职表现。坚持"见人"与"抓物"的有机融合，看事实、成果，注重了解干部在扶贫抗疫、重大攻坚克难项目工作中的业绩表现，以及群众对干部的认可度。为加强考核，要建立不定期谈话制度，畅通组织与干部的日常联系渠道；要建立信息报送与分析研判制度，掌握任务指标完成情况，研判分析，及时发现问题，动态了解班子和干部日常表现。

二是全面精准"识人"。首先，必须进行科学分类。对主要领导干部和团队成员以及处于不同岗位的领导干部的评估要求应当不同，通过对地方、部门、大学和国有企业等不同类型的组织中的领导干部评估方案设计和评估比较，可以更清楚、更准确地了解团队的运作状况和干部的表现，使评估更具针对性。其次，必须评项目。必须集中精力执行中央和省级重大决策安排，并确定评估重点。评估内容应突出政治取向，政治建设为重，着眼于部门特点和工作要求，准确选择评估要素，建立反映差异的评估项目，努力提高科学性和准确性。领导班子和干部可以有来自各个方面的评价，他们共同反映出班子和干部的绩效，可以考虑加强部门之间的联系，并探索多个组织的同步评估。再次，必须加强评估结果的使用。将"考"与"用"结合起来。"考"是基础，"用"是关键，只有真正使用评估结果，才能实现评估的价值和功能。对于搁置评估结果和"用""考"脱节的问题要针对性地找到问题，加强培训，使评估结果能够运转起来。

（四）杨善洲精神与好干部选拔任用体系建设

杨善洲作为党的好干部，符合新时代党组织选拔任用干部的条件，即他个人的群众认可度极高，他政治立场坚定、政治方向明确、政治定力坚定、政治担当真实和政治自律严谨。他在土改小组长、土改队长、县委书记、地委书记等岗位上都展示出和岗位的适宜性，杨善洲历任的岗位都经过了组织的慎重考虑和选拔任用程序，经得起检验，对他选拔任用标准也是新时代好干部的选拔任用标准。

2019年3月，《党政领导干部选拔任用工作条例》出台，中共中央在以往党政领导干部选拔任用制度实施的基础上，吸收了新的成果，抓住了选拔干部的关键，为干部选拔任用提供了"最新标准"，并提供了选择和使用干部的"最佳路径"。其特点如下：

第一，选人用人中强调"群众认可"维度。

新条例延续了党的干部任用原则，充分发挥党组织在选拔任用中的作用。在选拔任用人员时，必须控制全过程，坚持党负责干部的原则。要听取群众的意见，观察干部的日常工作，查明干部的行为，完善民主建议，使党的干部管理以规范、有效、有序的方式在严格、科学、民主的过程中开展工作。

第二，干部考察树立了"政治表现优先"的导向。

首关不过，余关莫论。政治问题在任何时候都是根本。对于干部来说，政治建设是第一位的建设，政治水平是第一位的标准，政治能力是第一位的能力。要从各个方面证实和展示干部的真实业绩，坚持从政治上选拔和使用干部，重点是干部的政治站位、政治方向、政治决心、政治责任和政治自律。对政治不合格的要"一票否决"。

第三，精准选人与岗位要求相适应。

增加了"人岗相适、人事相宜"等原则，提供科学的原理和方法，用于选拔任用人员的"岗位匹配"维度考察。这就要求科学研究岗位，能将岗位所需人才的需求描述清楚，根据事业需要、岗位职责要求科学地选拔人员，实现人尽其才、才尽其用。

（五）杨善洲精神与好干部从严管理体系建设

杨善洲精神内涵是对己管理从严，严格约束自己的利益，也因此严格约束同志、约束家人、约束朋友，绝不用公权力为私人谋取一点利益。这种自我管理内化于心、外化于行，自然而然，就在于他在铭记党的教导、遵守党的纪律的过程中，经历服从、认同、内化的过程，成长为党的好干部，也凝练了杨善洲的严格精神。这种严格自我管理的精神值得所有干部学习，也需要通过党的制度约束来督促养成。

2018 年召开的全国组织工作会议上，习近平总书记提出"建立管思想、管工作、管作风、管纪律的从严管理体系"[①]。

一是强化全方位管理、全过程管理，将严管干部与厚爱干部结合起来，发挥忠诚干净担当目标建设的最大效应。

坚持把事前的指导要求与事后评估结合起来。即在事前要明确任务，明确责任，为任务完成设定相应标准，对任务完成的方法予以教授，这样从目标设定、标准制作、方法教授方面来解决可能存在的目标问题、动力问题和能力问题；事后评估、验收是要通过账目收集，确定完成基准，并按照奖惩计划，奖优罚劣，这样解决导向问题，也明晰责任，确定适当压力。事前指导是基础，是前提，需要考虑全面，扎实推进，在此基础上确立的评估与验收才能得到认可，并被认真执行，事后

---

① 习近平：《在全国组织工作会议上的讲话》，人民出版社 2018 年版，第 21 页。

考评验收重在检查和落实。

坚持将使用前检查与使用后管理和监督相结合。任职前的干部考核评价，应当通过定期检查和考核机制积累评判信息，在岗位需要聘用人员时，作为选择聘用的依据，而干部在使用过程中也要注意思想政治教育，并跟踪管理监督，整个过程同时形成新的信息，将这些信息积累下来，又为干部培养与新的岗位适用提供了判断依据。这样，任用前的干部考核评估结果转化为使用后的针对性管理措施，作为离职后管理和监督的依据，任用后的管理过程信息也同样作为下一轮干部聘用的依据。

组织部门必须集中力量防止干部违反政治纪律和怠政懒政。一是违纪发生前要及时提醒，突出教育第一，预警第一，预防第一，目的是防患于未然，减轻负担，积极工作。二是完善日常监督管理制度。三是加强责任追究。坚定意志，坚持不懈净化党内政治生态，以高度的责任精神建设高素质的党员干部。

（六）杨善洲精神与好干部正向激励体系建设

杨善洲精神的落脚点在担当上。杨善洲在任何工作岗位上都亲自调查、亲自尝试，冲在第一线。推广新技术先办样板、树典型、搞试验，率先垂范，等成功了再推广，而不是一哄而上。他的担当精神，不贪功，求真务实，敢于制止歪风邪气，在"四个全面"过程中承担党员干部的责任，这种精神值得激发，为此，要建立积极的激励机制，倡导艰苦奋斗，提倡责任意识，体现担当导向。在新时代，完善正向激励机制，是贯彻党的组织路线、加强党的建设的必然要求，也是推进新时期干部工作的必然选择。

2018 年 5 月，中共中央办公厅印发的《关于进一步激励广大干部新时代新担当新作为的意见》反映出对榜样力量的重视，发挥榜样的标杆作用与激励作用，有利于一般党员干部查找不足，在建立激励机制的同时，也建立容错机制，为广大干部的勇于担当提供保障。

新时代激励好干部担当有为需要考虑以下关系：

要重视干部自身的内在动力，将干部内外部利益的辩证统一关系转变为现实的制度安排，建立基于内在价值和使命的行为选择机制，增强责任感，改善公共治理绩效。为实现这一目标，有必要形成一个以信念、责任和价值观为核心的内向型激励体系，加强对干部的理想信念教育，加强干部的政治、道德和作风教育，并完善干部的思想政治教育培训机制。

用荣誉因素满足干部更高层次的需求。在保证合理的基本要求的同时，要进一步增强干部的积极性，就必须建立科学合理的荣誉表彰机制。目前，党和国家的表彰制度正在完善。一般奖励措施与特别表彰奖励之间的关系必须得到妥善处理，防止表彰无效问题，将荣誉与干部绩效评估和干部晋升联系起来。

纠正关于干部的不实舆论。党的十八大以来，反腐败斗争取得压倒性胜利，许多腐败分子受到了惩罚。同时，对干部的污名化也变得司空见惯。为此，我们必须加强对互联网舆论的正确认识，加大先进模范的推广力度，树立好榜样，建设和谐可靠的干群关系。

第五章
杨善洲精神与新时代"三严三实"干部作风要求

作风建设是党建的永恒主题，贯穿于中国共产党发展的历程中，与党的事业紧密联系。杨善洲作为一位廉洁奉公的中国共产党人优秀代表，为新时代党员干部树立了良好榜样。杨善洲精神则是杨善洲一生实践党的宗旨的思想结晶，其中杨善洲"为政，干事，做人"的作风成为新时代干部作风要求的光辉旗帜。而"三严三实"干部作风要求是充分挖掘党的历史传统中优秀思想资源而提炼出的党建思想，是对党的优良作风的继承和发扬。二者都是以马克思主义为世界观，以"严、实"为行动纲领，可以说"三严三实"对杨善洲精神中的干部作风进行了凝练与概括。因此，新时代的党员干部，要以杨善洲为镜鉴，践行"三严三实"的作风，自觉加强党性修养，强化全心全意为人民服务的宗旨，实事求是，用实际行动促进干部队伍作风建设的转变，做人民满意的好干部。

一、新时代推进干部作风建设的要求

新时代作风建设仍旧是党建的重要内容，关乎国运民生等重要问题，关系执政党的生存与发展。习近平总书记曾指出，"党的作风就是党的形象，关系人心向背，关系党的生死存亡。"① 可见作风建设至关重

---

① 《习近平关于党风廉政建设和反腐败斗争论述摘编》，中国方正出版社 2015 年版，第 8 页。

要，党员干部必须认识到干部作风建设的紧迫性和重要性。《论语》道："己不正，焉能正人。"作风建设必须以上率下，党员干部应该发挥榜样作用。作为作风建设的推进者和受益者，党员干部应该在思想上、工作作风上做好表率，用自己过硬作风参与到作风建设长效化的行动中来。当前，我国面临的形势依然错综复杂，支撑发展的要素条件也在发生深刻变化，经济正处于结构调整的阵痛期、增长速度的换挡期，改革"险滩"等着去涉，"硬骨头"等着去啃。因此，各级党员干部的作风建设也有了更高要求，新时代背景下应运而生的"三严三实"成为党员干部对照自身的行为准则。

（一）新时代干部作风建设的理论基础

"三严三实"的作风标准是习近平总书记 2014 年提出的。在当年两会上，他指出："各级领导干部都要树立和发扬好的作风，既严以修身、严以用权、严以律己，又谋事要实、创业要实、做人要实。"[1] 简明扼要地对作风建设的内容进行了升华，从不同层面规范了党员干部的行为。

"决定一个人如何的是品行，决定一名党员如何的是党性。"[2]"三严三实"是一种精神，是一种作风要求，也是一个标准、一个境界，是新时代党员干部作风建设的新要求和新标准。首先是要"严"，包括三个方面："严以修身"是要有坚定的理想信念，自觉加强党性修养和提升道德境界、抵制歪风邪气和低级趣味，"严以用权"是指把权力关进制度的笼子里，依照制度和规则行使权力，坚持用权为民；"严以律己"是指要向习近平总书记所说的，做到"心存敬畏、手握戒尺，慎独慎微、

---

① 《习近平谈治国理政》，外文出版社 2014 年版，第 318 页。

② 习近平：《在纪念朱德同志诞辰 130 周年座谈会上的讲话》，人民出版社 2016 年版，第 8 页。

勤于自省，遵守党纪国法，做到为政清廉。"① 其次是要"实"，同样包括三个方面："谋事要实"是指实事求是地办事，在工作中要从实际出发，行动要符合客观规律和实际情况，不违背科学精神，不脱离实际；"创业要实"是要勤恳踏实，担当责任，直面矛盾，解决问题，努力创造经得起检验的实绩；"做人要实"要求做老实人、说老实话、干老实事，对党、对组织、对人民、对同志忠诚老实。

在"三严三实"作风要求中将"严以修身"置于首要位置，与中国传统儒家"修齐治平"的思想观念和行为体系一脉相承。修身作为起点和基础，修身以齐家，齐家以治国，一环一环紧紧相扣，体现出社会发展的逻辑规律和历史惯性。中华优秀传统文化根植于中国人民的精神世界和价值观，传统文化中执政理念的核心内容便是官德修养，古往圣贤都十分注重执政者的个人修养。孔子曰："自天子以至于庶人，壹是皆以修身为本。"《大学·礼记》曰："古之欲明明德于天下者，先治其国；欲治其国者，先齐其家；欲齐其家者，先修其身。"② 王安石提倡"修其心治其身，而后可以为政于天下"。这些格言的核心内容皆为修身、齐家、治国、平天下的思想，并且都把自我修养作为安民强国的首要前提。它们共同形成了高尚的中华民族优秀品德，引导着人们修身自省，为善修德，是中华文化独特的精神符号。时至今日，仍然闪耀着智慧的光辉，具有重要的教化作用。中国共产党人历来重视修身，刘少奇的《论共产党员的修养》就提及相关内容，他认为共产党员就是要在各种艰难困苦的境遇中去锻炼自己，总结实践的经验，加紧自己的修养，提高自己的思想能力，这样才能使自己变成品质优良、政治坚定的革命者。这些革命先辈的优秀品质成为新时代党员干部学习的典范，在"修齐治平"传统文化的基础上，又增加了时代

---

① 《习近平关于全面从严治党论述摘编》，中央文献出版社2016年版，第158页。
② 陈注：《礼记》，上海古籍出版社1987年版，第323页。

内涵。

"三严三实"与这些优秀的传统文化和精神品质一脉相通,又与时俱进地融合了时代特点,是"改进作风对各级干部的必然要求,要体现在抓作风建设各项工作之中,体现在各级干部首先是各级领导干部实际行动之中。"①它是新时代干部做人做事的行为标准,是强化作风建设的标尺,是为政之道、修身之本,有利于干部群体形成高尚的道德品质。依据"三严三实"思想,从不同方面对新时代党员干部作风提出了更为具体、更切合实际的要求。

(二)新时代干部作风建设的基本内涵

思想作风上,首先是要注重增强马克思主义信仰和党性修养。新时代干部思想作风建设必须加强马克思主义信仰,坚定共产主义理想信念教育。马克思主义是科学世界观和方法论,习近平总书记在纪念马克思诞辰200周年时,强调"马克思主义是中国共产党人理想信念的灵魂"②。党员干部应该继续坚持和巩固马克思主义的指导地位,认真学习马克思主义,将马克思主义自觉运用到实践中,用来分析、解决实际问题。另外,"作风问题根本上是党性问题。作风反映的是形象和素质,体现的是党性,起决定作用的也是党性。"③党员干部如果不加强党性修养,就会导致人生目标的缺失,价值选择易出现偏离。所以,坚守党性原则,严肃党规党纪是干部思想作风的风向标。党性的关键内容又是处理公私关系,干部应该将正确处理好公与私的关系作为全心全意为人民服务的前提。其次是坚持实事求是、与时俱进。习近平总书记指出"要真

---

① 《习近平关于全面从严治党论述摘编》,中央文献出版社2016年版,第158—159页。
② 《习近平谈治国理政》第三卷,外文出版社2020年版,第74页。
③ 《习近平关于全面从严治党论述摘编》,中央文献出版社2016年版,第154页。

正做到实事求是，必须注重和坚持调查研究"①。这就要求对事实的来源进行深入的考察，不能顽固不化，在继承老一辈革命家求真务实精神的基础上，要根据时代发展遵循的客观规律不断创新，并且敢于在事实面前，正视自己的错误，及时发现自己的不足，做到与时俱进，认识与实践相统一。此外，还应坚持理论联系实际，知行合一。这就需要干部在工作之余进行学习。党的十八大提出建设学习型、服务型、创新型政党，将学习型放在首位，体现出学习的重要性。习近平总书记指出："领导干部应该把学习作为一种追求、一种爱好、一种健康的生活方式，做到好学乐学。"②若只是单纯地学习理论知识，只会纸上谈兵，终将导致理论与知识的脱节。所以，干部要发扬理论联系实际的马克思主义学习方法，以问题为本，尊人民为师，做到边做边学、边用边学。此外，还要发扬求真务实的工作作风，敢于创新，勇于实践，坚决反对教条主义，真正做到理论联系实际，学会透过现象看本质，达到学以致用的效果。

工作作风上，一是要树立正确的权力观、政绩观、利益观。正确的权力观是政绩观、利益观的前提。习近平总书记指出："官当得越大，就越要谨慎"③。"我们的权力是党和人民赋予的，是为党和人民做事用的，姓公不姓私"④。干部首先要明白权力源自人民，权力越大，责任越大，所要做的事情越多，因此，党员干部应具备正确的权力观，反对特权思想、特权现象，反对个人主义，正视自己所拥有的权力与承担的责任使命，处理好权与法、权与利、公与私的关系。身为干部，搞出一番政绩是能力的体现，也是造福一方的丰功，但"树政绩的根本目的是为

---

① 习近平：《学习和掌握马克思主义立场观点方法是深入学习中国特色社会主义理论的根本要求》，《学习时报》2013 年 4 月 28 日。
② 《习近平谈治国理政》，外文出版社 2014 年版，第 406 页。
③ 中共中央文献研究室：《习近平关于全面从严治党论述摘编》，中央文献出版社 2016 年版，第 10 页。
④ 《习近平谈治国理政》第二卷，外文出版社 2017 年版，第 147 页。

人民谋利益"①。而有些干部只图自己的职位升迁，忽视了百姓的生活水平，违背了初心，因此，树立正确的政绩观能够使干部真正办实事，清楚认识自己的工作重心。其次，"越是取得成绩的时候，越是要有如履薄冰的谨慎，越是要有居安思危的忧患，绝不能犯战略性、颠覆性错误。"②要增强政治敏锐性，树立正确的政绩观，做到责任过硬、本领过硬，发扬求真务实、真抓实干的作风，以钉钉子精神担当尽责，仔细查摆自己工作中的问题。践行群众利益观就是要把人民群众放在心中最高的位置，真心诚意地为群众办实事，将人民的利益放在第一位，以为人民服务为己任，将促进人民发展作为工作的首要目的，形成优良的工作作风。二是要坚持走群众路线，密切联系人民群众。"民为本固，本固邦民。"人命群众是安邦定国的根本，密切干群关系是干部队伍建设的核心内容。"民者，国之根也"，干部应该做到权为民所用、情为民所系、利为民所谋、将工作重心下移，深入基层，深入群众，才能稳固执政根基不动摇。"群众路线是我们党永葆青春活力和战斗力的重要传家宝。"③干部应该放下身段，下到基层，实事求是地去考察调研，了解群众最真实的状况，坚持从群众中来到群众中去。要饮水思源，树立正确群众观，弘扬为民务实的优良作风。坚持问需于民、问计于民、问政于民、问绩于民，着力解决人民群众关心的社会保障、就业、住房、教育等热点问题，才能真正赢得人民群众的信任、拥护和支持。要划红线反"四风"，坚决肃清"四风"问题，提高干部队伍的作风水平和形象。三是弘扬艰苦奋斗、勤俭节约的优良传统。相较于老一辈党员干部那些艰苦卓绝的革命岁月，现在的干部少了艰苦的磨砺，但不能丢掉革命先辈艰苦奋斗、勤俭节约的传统精神。习近平总书记明确指出："抓改进工作作风，各项工作都很重要，但最根本的是要坚持和发扬艰苦奋斗精

---

① 习近平：《之江新语》，浙江人民出版社 2007 年版，第 34 页。
② 《习近平谈治国理政》第三卷，外文出版社 2020 年版，第 73 页。
③ 《习近平谈治国理政》，外文出版社 2014 年版，第 156 页。

神。"①党的十八大以来，坚决反对享乐主义和奢靡之风，严格执行八项规定成为有效改进干部工作作风的重要内容。

领导作风上，一是要积极开展批评与自我批评。批评与自我批评是中国共产党三大作风之一，也是党内一直保持的优良传统。"批评和自我批评是解决党内矛盾的有力武器"②。然而，有的地方干部为了应付上级检查，走过场，敷衍了事，或碍于同事关系，与他人之间不能坦诚相见；或碍于面子，自我批评没有深刻反思，仅停留在表面，都没有真正达到干部队伍素质提高的目的。批评与自我批评要求党员干部做到，对他人的批评，要坦诚和诚实，不顾及身份和地位；对自我的批评要深挖原因、直指痛处，做到自省和自警。党员干部应摒弃私心杂念，不被个人情感和私人利益所困扰、诱惑，做到实事求是，不怕得罪人，这样才能切实改正自身的不足和错误，真正提高干部队伍的作风。二是要自觉接受人民监督，不以权谋私。习近平总书记在党的十九大报告中指出："要加强对权力运行的制约和监督，让人民监督权力，让权力在阳光下运行，把权力关进制度的笼子。"③干部在法律允许的范围内，正确行使权力，把握好用权的尺度，不能逾越权力底线，坚决反对以权谋私的行为。权力的运行需要监督，干部应该自觉接受人民群众的监督，让权力在阳光下运行，这样才能提升公信力与威望。

生活作风上，应该慎独慎初慎微，注重道德修养。干部的生活作风是党风的重要体现，关系党的形象，因此，生活作风建设是干部作风建设的关键。慎独要求干部在独处时也应保持谨慎的心态，习近平总书记强调："做到台上台下一个样，人前人后一个样，尤其是在私底下、无

---

① 《习近平关于党风廉政建设和反腐败斗争论述摘编》，中国方正出版社 2015 年版，第 69—70 页。

② 中共中央文献研究室：《习近平总书记重要讲话文章选编》，中央文献出版社、党建读物出版社 2016 年版，第 85 页。

③ 《中国共产党第十九次全国代表大会文件汇编》，人民出版社 2017 年版，第 54 页。

人时、细微处，更要如履薄冰、如临深渊，始终不放纵、不越轨、不逾矩。"①干部保持慎独，就需保持高度自律，时刻自重、自省、自警。慎初是指保持纯洁的初心，不被各种诱惑所左右、迷惑。牢记全心全意为人民服务的宗旨，坚定以人民为中心的执政理念，"时刻保持清醒与警惕，系好第一颗纽扣、把好第一个关口、守住第一道防线。"②古语云："天下大事，必作于细。"慎微要求干部在平时生活中要重视小事、注重细节。细节决定成败，细节往往是事务发展的关键，但常常被人们所忽略，掉以轻心。所以干部应在细微之处多留意，"不以善小而不为，不以恶小而为之。"见微知著，拒毫末之错于千里之外。干部除了要约束自己的语言和行为，还应该保持高度的拒绝诱惑的警惕性。孔子说："行己有耻、有耻且格。"党员干部要坚持讲良知，守信用，严和实的中华民族传统美德，拒绝诱惑，追求健康的生活方式，筑牢拒腐防变的思想道德防线，耐得住寂寞，受得住清贫，引领良好社会风尚，当好旗帜和标杆，发挥模范作用。

（三）新时代干部作风建设的意义

持续推进干部队伍作风建设是提高干部素质和能力的重要抓手，"三严三实"作为新时代干部作风建设的新要求，从修身、用权、律己，谋事、创业、做人等多个方面为各级党员干部自我提高提供了行为标尺。

习近平总书记强调："严和实是一件一件事情、一点一点修为积累起来的，不严不实也往往不是一下了就造成的。"③践行"三严三实"，要立根固本，挺起精神脊梁；必须要落细落小，注重细节小事，自觉改

---

① 习近平：《之江新语》，浙江人民出版社 2007 年版，第 272 页。

② 邹林：《党员干部要慎独慎微慎欲》，《青海日报》2018 年 8 月 20 日。

③ 中共中央文献研究室：《习近平关于全面从严治党论述摘编》，中央文献出版社 2016 年版，第 166 页。

☆杨善洲带着伤痛继续上山工作

造提高，多积尺寸之功，经常防微杜渐；要把习近平新时代中国特色社会主义思想内化于心、外化于行，实现学、知、行的统一，增强党性修养，提高履职能力和参政本领；要准确把握新时代、新思想、新矛盾、新目标提出的新要求，带头转变作风，带头履职尽责，带头担当作为，在讲政治、敢担当、善作为、重实干上发挥引领带动作用。

在新的时代条件下，只有将严和实贯穿于党员干部的作风与行为之中，才能更好地将党的优良作风延续和发扬，形成一支优秀的干部队伍，坚持理论联系实际、求真务实，积极走进群众，敢于批评与自我批评。这样才能使干部作风建设朝着制度化、常态化、长效化的方向稳定发展。

二、杨善洲精神体现了党的作风要求

党的优良作风，内蕴于共产党员的精神世界，丰孕于共产党员的生命历程，体现在共产党员主体的思想与行为作风中。注重和加强作风建设，是党的建设的重要内容，直接反映着干部队伍的综合素质和工作能力，是推进党的各项建设的重要保证，是中国共产党的重要优势之一。杨善洲用他的一生书写了淡泊名利、无私为公的高尚篇章，是共产党人初心使命的时代彰显，也是一位共产党人坚守理想信念，自觉自愿对国家、民族和人民的使命意识和责任担当。从他身上，我们看到了共产党人的浩然正气和精神风貌，学到了当代中国共产党人坚守的理想与信念。他是模范，是榜样，他的精神是新时期共产党员精神风貌和优良作风的典型体现，具有深刻的思想理论意义与丰富的政治实践价值。结合党的群众路线教育实践活动的要求，为更好地查找党员领导干部中存在的作风问题，党员干部应该深入挖掘、继承杨善洲精神，弘扬杨善洲优良的作风，对照杨善洲精神检查、反思自我，努力改进与提高自我。

（一）杨善洲是党的优良作风的模范实践者

杨善洲践行了党的思想作风。理论联系实际，是中国共产党的优良作风，也是对党员领导干部的基本素质要求。人的正确思想是从对实际问题的正确把握中得来的，是从对实践问题的正确认识中得来的。领导干部必须做理论联系实际的典范。作为一名共产党员，杨善洲坚持凡事都要躬行实践的理念，从书本中获取知识，在实践中获得真知，通过理论联系实际发现问题、思考问题、解决问题。杨善洲是个爱学习的人，他认真学习党的理论和政策，学习生产技术知识，学习与工作需要密切相关的理论知识。杨善洲一生养成了读书看报的习惯，把学习和阅读当作一种生活方式，他总是围绕解决实际问题的需要进行各种理论知识的学习。与此同时，杨善洲更善于向实践学习，在深入实际中，不但做到了"身"入实际，更做到了"心"入实际。杨善洲在深入实际中了解情况、发现问题。在深入实际中，发现和掌握那些难以通过下级的汇报材料了解和掌握的情况，发现和掌握很多干部不了解的情况；在深入实际中，杨善洲走遍了保山的山山水水，走进农村、厂矿、基层单位，了解和掌握了基层的第一手材料；在深入实际中，杨善洲了解人民群众对干部的看法和评价，从而发现了很多德才兼备、工作务实的优秀干部。通过杨善洲的事迹，可以发现党员领导干部的思想水平和认识能力不是天然存在的，而是在后天的学习和实践中不断提高的。把理论和实践联系起来，以对实际问题的解决为中心，注重对理论知识的实际运用，注重对实际问题的理论思考，注重以新的思想和认识推动新的问题的解决，这是党员领导干部应坚持的思想作风，也是杨善洲给予我们的重要启示。杨善洲在工作中注重学习理论，深入实际，掌握一线情况和第一手资料的工作风格，体现了党员领导干部良好的思想作风，从这个意义来说，杨善洲模范实践了我们党理论联系实际的优良作风。

杨善洲模范践行了党的工作作风。首先是密切联系群众的工作方式。党的工作要顺利开展并取得预期的成效，就必须紧紧依靠人民群众的支持和拥护，杨善洲践行了做任何事首先要赢得民心的工作作风，他的先进事迹告诉我们只有紧紧地与人民群众依靠在一起，走进群众中，倾听群众心声，积极为人民谋利，才能得到群众的拥护与支持。建设和谐稳定的干群关系，抓好作风建设，一切以人民群众的利益为重，这是党和人民群众的血肉联系在和谐社会中的具体表现。作为一名党员、一名干部，要在工作中高标准、严要求，树立群众利益无小事的观念，想群众之所想、急群众之所急、做群众之所盼、干群众之所需。从群众中来、到群众中去一直是杨善洲在工作中始终坚持的基本原则和工作信条。实干精神是共产党人的优秀品质，更是共产党人求真务实探索实践的价值旨归。大量的事实和许多鲜活的例子表明，杨善洲是我们党密切联系群众优良作风的模范实践者。其次是求真务实的工作态度。求真务实是我们党的重要优良作风。"求真"指的是认识事物的本质，把握事物的规律；"务实"则是指在这种规律的指导下，进行实践。不断创新

☆杨善洲与西南林业大学的老师调研森林病虫害

是将求真务实之风落到实处的智力支持和不竭动力。在工作期间，杨善洲大力弘扬求真务实的科学精神，不断创新工作方法。退休后，他主动放弃进省城安享晚年的机会，扎根大亮山，义务植树，积极探寻带领群众致富的新办法。他这一扎根就是22年之久，在他的带领下，5.6万亩的林场郁郁葱葱。实践是求真务实的出发点和重要途径。我们党之所以能够带领人民取得革命、建设和改革的胜利，都是在马克思主义理论指导下善于实践、大兴求真务实的结果。杨善洲是社会主义现代化建设的卓越实践者，干什么工作都喜欢亲力亲为，冲在第一线。党员干部尤其是各级领导干部学习杨善洲，就要像杨善洲那样，不断提高自身素质，善于实践，增强工作能力，永远保持蓬勃的朝气。各级领导干部要像杨善洲那样，发扬无私奉献的精神，永葆浩然正气。

杨善洲模范践行了党的领导作风。党的领导干部作风，深刻影响全党的干部作风，是党的作风建设的重要环节。杨善洲带头践行了党员领导干部的优良作风。杨善洲在日记中写道:"共产党人不是要做官,而是要为人民谋福祉。"这句话是他的心声,更是他为官几十载对自己权力观的最好注解。我们要学习杨善洲的领导作风,真正树立"为民"理念。要做到"权为民所用",在制定方针政策时,要以人民答应不答应、拥护不拥护、满意不满意为根本出发点和落脚点。要做到"情为民所系",必须克服当官做老爷的不良作风,始终同群众打成一片,成为群众的贴心人。要做到"利为民所谋",切实解决人民群众最关心、最直接、最现实的利益问题,坚持不懈地为人民办实事、解难事。作为领导干部,杨善洲在不同时期都严格遵守党的廉洁从政各项规定,自觉践行"讲党性、重品行、作表率"的要求,真正做到了为民、务实、清廉,形成了正确的权力观、政绩观和利益观。批评与自我批评是党的三大作风之一,也是保持队伍先进性和纯洁性的有效思想武器。在开展批评与自我批评方面,杨善洲为全体党员干部树立榜样,践行了党的优良作风,他认为,"开展批评(与)自我批评,这个武器它把压力变成动力"。① 能督促党员干部脚踏实地,真正为民服务。1952年底,杨善洲被调到席子乡当土改工作队分队长,错误地把一位中农错划成了地主,他就公开在大会上检讨工作中的错误。20世纪80年代,有人认为,杨善洲在推行家庭联产承包责任制的问题上没有及时跟上形势的变化,对此,他做了深刻的反思。在一份写于1985年9月12日的对照检查中,杨善洲深刻反省问题,勇于进行批评和自我批评。通过批评与自我批评,他的威信不是降低了,而是提高了,这是因为杨善洲始终坚持党的组织生活原则,在组织生活中认识不足、改正错误,从而赢得党员同志和人民群众的信赖和支持。从个人层面看,杨善洲在几十年的工作生活中,一心为民,从不乱用单位的东西,也不拿老百姓一针一线,他用实

---

① 中共云南省委、党的生活杂志社:《以杨善洲同志为镜子》,云南大学出版社2013年版,第84页。

际行动告诉我们，清正廉洁不仅是领导干部的个人品德，也是党和人民事业发展的根本保障。领导干部要树立正确的世界观、人生观、价值观，筑牢拒腐防变的思想道德防线。杨善洲是新时期党员优良作风的模范实践者，他一辈子服务人民，一辈子艰苦奋斗，一辈子无私奉献，一辈子严以律己，他用一生的全部行动，集中体现和模范实践了共产党人优秀的品质和优良的工作作风，诠释了共产党人的精气神，反映了共产党人的世界观、人生观和价值观，集中体现了共产党人的精神和信仰。我们学习杨善洲，就要学习他模范实践党的优良作风的精神品质和实践取向。

杨善洲模范践行了党的生活作风。在中华民族的传统美德中，勤俭节约和艰苦奋斗一直是重要内容。如今，在新形势下的作风建设中也成为一个重要方面。艰苦奋斗作为我们党一直以来的优良传统，为我们党密切联系人民提供了一个重要法宝。杨善洲一生勤俭节约，生活上质朴俭约，始终保持共产党人的优良传统。他在笔记中将"发扬党的优良作风"定义为"发扬艰苦奋斗的精神，廉洁奉公，领导机关和高级干部要带头"①。他从不奢侈浪费，生活简单，出行不讲排场和面子，以身作则，并且鼓励广大党员干部和群众延续艰苦奋斗的精神，为国家建设添砖加瓦。他认为虽然现在条件好了，生活水平提高了，但艰苦奋斗、勤俭节约的精神不能丢，并举例道："战争年代提倡节约每一个铜板支援战争。现在提倡节约一分钱、一两粮、一度电、一两油支援社会主义'四化'建设。"②在退休后，他回乡没有安享晚年，享受天伦之乐，而是履行诺言，将岁月奉献给了植树事业，以苦为乐，以苦为荣。每个党员都像杨善洲那样，要始终保持清醒的头脑，不为权力、金钱、美色所

---

① 中共云南省委、党的生活杂志社：《以杨善洲同志为镜子》，云南大学出版社2013年版，第133页。

② 中共云南省委、党的生活杂志社：《以杨善洲同志为镜子》，云南大学出版社2013年版，第158页。

诱惑，要带头发扬艰苦奋斗、勤俭节约的精神，带头反对铺张浪费。做到台上台下一个样、工作时间和业余时间一个样，有监督无监督一个样，在岗工作和退休生活一个样，永葆共产党员的政治本色，始终保持昂扬向上、百折不挠、艰苦奋斗、积极进取的精神，我们就能克服每个阶段和每个方面的困难。

（二）杨善洲精神与"三严三实"干部作风要求的契合

杨善洲一辈子忠于党的革命事业，全心全意为人民服务，用实际行动诠释了当代共产党员的优秀品质，书写了共产党人"我将无我，不负人民"的人民情怀。杨善洲精神是在继承和发扬中国共产党红色精神和中华民族精神的基础上，融入时代特色的当代共产党人的精神品质。习近平总书记系统解读和阐释了杨善洲的模范事迹和崇高精神，一方面是将杨善洲列为领导干部"为政、干事、做人"的榜样，"杨善洲同志的模范事迹和崇高精神，生动诠释了当代中国共产党人的先进和优秀，为党员干部特别是领导干部为政、干事、做人树立了一面光辉的旗帜"[①]。另一方面是从"立身、用权、干事、做人"四个方面对照杨善洲的模范事迹，认为杨善洲"以正确的世界观立身，以正确的权力观用权，以正确的事业观干事，以正确的群众观做人"。从中可以发现，杨善洲精神所聚焦的"为政、干事、做人"以及"立身、用权、干事、做人"四观，与"三严三实"中"修身、用权、谋事、做人"的作风要求十分契合，都是从个人修养、做人做事、谋事用权等方面为党员干部作风建设提出新的要求和经验借鉴。具体来讲主要体现在以下两个方面。

首先是二者在精神内涵上的相似。"三严三实"的思想内涵丰富，

---

① 习近平：《学习杨善洲精神做人民满意的好党员好干部》，《学习与研究》2011年第5期。

从党的历史传统中挖掘优秀思想资源凝练概括而成，分别从"严"和"实"两方面挖掘干部作风思想要求。"三严"，一是体现在修身。加强党性修养，把为人民服务内化为自己的灵魂；坚定理想信念，对中国特色社会主义真学真懂真信真用；提升道德境界，远离低级趣味，抵制歪风邪气的自觉性越高，能力就越强。二是体现在用权。权为民所用；用权不谋一己之私；依法依规依制度用权。三是体现在律己。敬畏群众、法纪、权力；慎独慎初慎微。这些内容与杨善洲精神中牢记宗旨、一心为民的精神，坚持原则、慎用权力的精神以及清正廉洁、自律自强的精神相契合。杨善洲担任领导职务30多年，始终把为人民谋利作为一切工作的出发点和立足点，他曾写道："作风建设的核心是保持党同人民群众的血肉联系，党和民族的伟大事业，如果失去了人民群众的拥护和支持，就一事无成。"① 他认为："在任何情况下与人民群众同呼吸共命运的立场不能变，全心全意为人民服务的宗旨不能忘。"②"三实"，一是体现在谋事上，要从实际出发，尊重客观规律，符合科学精神；二是体现在创业上，要真抓实干，敢于担当，直面矛盾，创造实绩；三是体现在做人上，言行一致、公道公派。综观杨善洲精神的基本内涵，杨善洲常说："能不能按客观规律办事，是我们各项工作成败的关键。实事求是，就是了解和掌握事物的客观规律，自觉地按客观规律办事。"③ 这种实事求是、求真务实的精神与"谋事要实"相互呼应。同样杨善洲精神中艰苦奋斗、勇于创业的精神也可用在"创业要实"的作风建设中，艰苦奋斗历来是共产党人的优良传统，这位被群众誉为"草鞋书记""赤脚书记""农民书记"的领导干部一直奉行"吃苦在前，享乐在后"的原则，"艰

---

① 中共云南省委、党的生活杂志社：《以杨善洲同志为镜子》，云南大学出版社2013年，第14页。

② 中共云南省委、党的生活杂志社：《以杨善洲同志为镜子》，云南大学出版社2013年，第7页。

③ 云南省社会科学院、云南省保山市社科联：《杨善洲精神研究》，云南人民出版社2011年版，第12页。

☆杨善洲向年轻人传授育林经验

苦奋斗的革命精神，它不只是勤俭节约、艰苦朴素的问题，还有更深远的含义，那就是为国家民族的根本利益和社会主义事业顽强战斗、不怕困难、不怕任何牺牲的奉献精神。"①此外，杨善洲遵守承诺、矢志不渝的精神是"做人要实"基本原则，由于杨善洲在党政机关工作，多年中没能照顾到家乡父老，为了信守退休后为乡亲做一两件实事的诺言，他用退休后的二十二载时光换来了苍翠的大亮山，不求回报，无怨无悔。

其次是二者的指导方法相似。"三严三实"中，"严"是价值取向，与权力观、利益观密切联系，指向主观世界改造；实是行为取向，与勇于创新、敢于担当相对应，指向客观世界改造，二者相互促进、严密统一，从精神支柱、价值追求、行为规范三个方面提出了党员干部修身养德的思想指导和干事创业的行动准则。而杨善洲没有理论性的著作来阐

---

① 云南省社会科学院、云南省保山市社科联：《杨善洲精神研究》，云南人民出版社2011年版，第14页。

述思想，其精神全部体现在他的事迹中，从一桩桩、一件件的大事小情中可以发现"严、实"的行动方法贯穿始终。实际上，"严、实"一直是指导优秀中华儿女认识世界、改造世界的思维方式和行动理念，二者在前人实践的经验中，结合时代特征，改良方法指导，使其更能适应时代发展和现实社会需要，"包含'严、实'的方法论，正是他们身上都烙有中华民族精神的印记、它们的血液里骨髓中都传承着中华民族的精神基因。"①

（三）杨善洲精神在新时代干部作风建设中的重要实践价值

杨善洲长期身居要职，为一方发展殚精竭虑，为群众利益鞠躬尽瘁，却从未放松过对自己的要求，对家人更是严格乃至苛刻。妻子一直是农民，女儿也没有沾他一点光，身后没有给家庭留下什么物质遗产，却将价值数亿元的林场交给了国家，他用一生的时间，用共产党人的伟大实践，书写了一曲修身明德的长歌，铸造了一座无私奉献的丰碑，成为人世的楷模。杨善洲是当代共产党员的优秀代表，是领导干部的楷模，是老干部的优秀典型，杨善洲为我们竖起了一面党的优良作风之旗。相比之下，当前，少数党员干部的作风存在着一些不符合党的性质和宗旨的问题，不能够适应新形势新任务要求。因此，弘扬杨善洲精神在新时代干部作风建设中有重要的实践价值。

首先是对党员干部有着积极的教育作用。党员干部要按照立党为公、执政为民的思路，将杨善洲精神视为自己工作、生活的对照准则，结合当前中央转变作风的"八项规定"，自觉地查找差距与不足。一是对照杨善洲坚定的政治信念，查找自身在理想信念上的差距；二是对照杨善洲一心为民的公仆精神，查找坚持党的群众观点、群众路线方面的

---

① 邓有凯：《杨善洲精神与"三严三实"》，《云南开放大学学报》2017 年第 1 期。

差距；三是对照杨善洲无私奉献的崇高境界，查找求真务实、真抓实干方面的差距；四是要对照杨善洲严格纪律的品质，查找廉洁自律方面的差距。

其次是激励党员干部实现人生价值和为人民服务的目标。杨善洲精神囊括了党员干部做人、做事的方方面面，是党员干部精神风貌的集中体现，是每一位干部必须践行的。针对当前干部作风和社会风气中仍旧存在的一些问题，用杨善洲精神鼓舞人、激励人，鼓励党员干部从小事做起，矫正自己的人生观、价值观，坚定信念，在努力实现自我价值的同时，达到全心全意为人民服务的宗旨。

最后是为广大人民群众监督党员干部的作风提供了科学依据。杨善洲以毕生的实践为党员干部作风的转变树立了一面明镜，人民群众可以根据杨善洲精神从思想作风、工作作风、领导作风、生活作风等方面评判党员干部的作风是否良好，使杨善洲精神在"三严三实"作风建设中起到标尺准则的作用，为人民群众提供可靠的评价标准。

三、践行杨善洲精神与新时代党的作风制度建设

杨善洲用一生的全部行动，诠释了共产党人的真正品质和优良作风。杨善洲精神蕴含着深刻的思想理论意义，呈现出丰富的政治实践价值，是新时期共产党员精神风貌和优良作风的典型体现。杨善洲精神为加强党的建设和党员领导干部队伍作风建设，树立了一面镜子。从党的群众路线教育实践活动的要求看，我们应该结合具体时代和实践要求，继承发扬杨善洲的精神与作风，积极落实全心全意为人民服务的根本宗旨，查找党员领导干部自身存在的各种作风问题，特别是贯彻中央关于作风转变和解决作风问题的政治要求和工作部署，更好地践行"三严三实"，推动干部作风的根本转变。

（一）对照杨善洲精神建立干部队伍作风问题解决机制

随着国家发展和经济实力不断增强，人民的生活水平日益提高，工作条件逐步改善。但与此同时，形式主义、官僚主义、享乐主义和奢靡之风等"四风"问题却在一些领导干部中悄然滋长。决策拍脑袋、落实走形式的情况屡见不鲜；要待遇、讲排场、比阔气的现象时有发生。这些现象如果不及时遏制，下力气、花功夫整治歪风邪气，就会使党员干部脱离群众、失去根基。所以，转变干部作风，探索把习近平新时代共产党员理想信念建设思想中对于马克思主义政党科学思想的继承性和对以人民为中心服务国家发展的时代担当性融入新时代党员干部队伍的素质提升和整体建设的实践路径尤为关键，任重道远。对照杨善洲精神，可以发现当前干部队伍作风方面存在的问题并加以解决，对肃清干部队伍具有重要意义。

一是着力解决干部队伍作风中存在的"假、大、空"问题。我们党历来主张和实行实事求是的思想路线。贯彻落实实事求是的思想路线，必须反对假、大、空的歪风。反对形式主义，也要集中解决干部工作作风上存在的假、大、空现象。"假"主要体现在一些干部弄虚作假，制造假情况、假数字、假典型，虚报工作业绩，工作总结、经验材料只讲成绩、回避问题，报喜不报忧，或者是阳奉阴违地应和上级的政策，实际上却只停留在表面，执行力较差。这种做表面文章、避重就轻的行为，是不敢担当、不坚持原则的漂浮作风；"大"主要指一些干部常年坐办公室，高高在上，很少下基层，很少接触群众，对下情若明若暗，接"地气"不够，在决策之前，没有调查和听取各方意见，相反，拍拍脑袋蛮干，导致与客观实际和群众意志不相符合，群众不买账，事倍功半；"空"就是指不依据客观规律办事，有的干部决策缺乏深入研究和论证，没有做到因地制宜，有的项目根本不具备条件也强行上马，以致骑虎难下、无法收场，有的干部缺乏干实事的责任心，一味地追求形式，热衷于铺摊子、上项目，追求短期效益，长时间下来却收效甚微。总体来看，体现为各种各样假大空的形式主义在工作中仍随处可见，文山会海依然存在、检查评比内容繁杂、各种花架子屡见不鲜、落实工作流于形式、了解情况道听途说。以假、大、空为特点的各种形式主义损害了党、政府、机关、单位的信誉，挫伤干部群众干事创业的积极性、创造性，又影响了下级和广大干部群众主体作用的发挥，影响了工作力的生成、巩固和提高。如任其发展，将严重影响社会主义各项事业的建设和发展，严重败坏党风、政风、行风。杨善洲精神与假、大、空的形式主义格格不入，践行杨善洲精神，就要实事求是办事，踏踏实实工作。

二是着力纠正干部队伍中在为官用权上的不良风气。领导干部在权力的行使上，必须克服官僚主义，克服官本位思想，克服贪恋特权、玩弄权术、跑官要官等不良行为。在党员干部队伍中，一部分领导干部的官僚主义已经相当严重。在为政方面，搞强迫命令误国误民、脱离实际发号施令、官气熏天颐指气使、一人得道鸡犬升天，等等。作风霸道、独断专行，认为自己高高在上、位高权重，不容许反对或不同意的声音出现，忘记了自己的权力是谁给的，把手中的权力看成是一种享受，丢弃了共产党人的使命和责任，严重背离"权为民所用"而搞权力私用。在谋事方面，一些领导干部不谋人民群众之事而谋个人之事，不谋长远之事而谋眼前之事，不谋实实在在之事而谋虚假空洞之事，不超前谋事而是应付了事。在用权方面，一些领导干部好讲规格、比待遇，稍不如意就发脾气、端架子；一些领导干部把"有权不用、过期作废"当座右铭，欺压群众、漠视民生。杨善洲是贯彻群众路线的典型代表，他给群众的感觉是没有"官架子"，没有特权思想，善于深入基层，发现问题，分析矛盾，提出受到群众认可和能够着力提高生产、改善生活的切实可行的措施，他和群众心心相印，打成一片，群众雅称他为"农民书记"。他为我们做出了好榜样，为新时期的"官"做出了好榜样。

三是着力破解干部工作和生活方式不健康和攀比之风严重的问题。

党中央在八项规定中指出，要厉行勤俭节约。习近平总书记在十八届中央纪委二次全会上指出："要坚持勤俭办一切事业，坚决反对讲排场比阔气，坚决抵制享乐主义和奢靡之风。要大力弘扬中华民族勤俭节约的优秀传统，大力宣传节约光荣、浪费可耻的思想观念，努力使厉行节约、反对浪费在全社会蔚然成风。"[1]但是，一些领导干部和党的机关忘记了"两个务必"的要求，没有严格遵照公务接待规定行事，接待费用严重超标，甚至组织一些地方特色的唱歌、劝酒等活动，影响恶劣；一些领导干部忘记自己的公仆身份，慷国家之慨而饱自己之私囊，一些领导干部终日忙于送往迎来、推杯换盏，成天忙于应酬；一些领导干部缺乏昂扬向上、百折不挠、艰苦奋斗、积极进取的精神。着力解决一些领导干部身上不同程度存在的享乐主义问题，是当前加强党的作风建设的重要方面。

四是着力解决干部队伍中存在的奢靡之风问题。党员领导干部要自觉带头树立良好的社会风尚。当前社会风气中确实存在一股奢靡之风，这种风气也在一些党员领导干部身上表现了出来。所谓"一顿饭一头牛、屁股下面一栋楼"就是对一些干部奢靡问题的集中反映。人民群众对部分干部的奢靡生活是极端不满的。当前一些领导干部犯了穿要金表华服，吃要珍馐佳酿，住要豪宅别墅，行要名车美人等奢靡"病症"；一些领导干部以职务之便为家人和身边工作人员谋取任何私利；一些领导干部吃不得苦、吃不得亏；一些领导干部在物质生活上毫无节制任意索取；一些领导干部一事当前只要好处、不问责任与担当；一些干部特权思想严重，高高在上，超标配车、配房，违反规定超标准修建楼堂馆所；一些干部贪图享乐，热衷于讲排场比阔气、讲享受比消费、讲条件比待遇，铺张浪费；一些干部生活奢靡，作风不检点，出入高档会所，甚至腐化堕落；一些领导干部和领导机关带头搞豪华办公室、办会

---

① 《习近平谈治国理政》，外文出版社 2014 年版，第 387 页。

第五章 杨善洲精神与新时代"三严三实"干部作风要求

奢靡。转变干部作风，就要使党的领导干部在思想作风、工作作风和生活作风等方面，着眼于自我净化、自我完善、自我革新、自我提高，在工作内外，都自觉从严解决任何奢靡之风。

五是着力解决干部在批评和自我批评作风建设上的问题。批评与自我批评是党的三大作风之一，用好这一武器和方法，对于推进干部作风转变具有十分重要的意义。当前，有的党员干部理想信念不坚定，党性不纯，世界观、人生观、价值观扎得不牢，脑子里党性原则太少，个人利害得失太多，党内生活原则性和实效性不高。主要表现在以下几个方面：一些领导干部在思想上没有充分认识到批评与自我批评在克服工作中的缺点和错误，形成优良的思想作风和工作作风的重要作用；一些领导干部在批评和自我批评时只讲人情关系，不讲党性原则；一些领导干部在批评和自我批评时只讲优点成绩，不讲缺点不足；一些领导干部自我批评泛泛而论，无关痛痒，没有重点；一些领导干部批评同志蜻蜓点水，不触及本质；有的同志惧怕开展批评与自我批评，不但自己喜欢文过饰非，只想听好话、奉承的话，不想听坏话、苦口良言。若让上述问题长期存在，党就会变得庸俗不堪，党风就会变坏。要本着"知无不言，言无不尽"，"言者无罪，闻者足戒"，"有则改之，无则加勉"的精神，教育引导党员干部在工作、生活中认真开展批评与自我批评，推进党的事业发展和个人健康成长，自觉以党和人民的事业为重，抛弃私心杂念，打消思想顾虑，克服心理障碍，用好批评与自我批评这一方法和武器。

六是着力纠正干部队伍纪律松弛和作风涣散的问题。严守党的组织纪律，是作风建设的重要内容，要着力解决干部队伍组织纪律松弛和作风涣散的问题。对照杨善洲精神，这些问题是必须加以认真解决的。

党员同志，特别是领导干部要认真学习和努力践行"三严三实"尤其是严以修身的要求，首先做到"崇德"，崇尚有德之人及有德之行，以有德为荣，以失德为耻，大力弘扬中华民族的优良传统和共产党人的优秀品德，使之成为全社会共同的价值理念和行为规范。进而做到"守德"，始终注重修身，一生坚守美德。使修身不仅是理念，更成为实践。因此，领导干部应当遵循习近平总书记提出的"三严三实"要求，成为崇德向善的时代模范。

（二）践行杨善洲精神健全干部队伍作风转变机制

党员干部深入学习杨善洲的先进事迹，大力宣传和弘扬他的崇高精神，通过对照杨善洲进行干部作风的检查分析，从而对照整改，逐渐形成以杨善洲精神促进干部作风转变的实践经验，并运用到实际工作中，促进干部队伍作风转变。

一是以杨善洲为镜鉴，通过查找干部不良作风，解决干部作风问题，带动干部作风向好发展。实践证明，抓作风转变，只有首先抓好领导干部的作风转变，才能带动全体干部作风的转变，而抓好领导干部作风转变，又要重点抓好一把手、主要领导、领导班子的作风转变。因此，各级党委须认真贯彻党的十八大精神和《十八届中央政治局关于改进工作作风、密切联系群众的规定》，结合地方实际和经验，从改进调查研究、解决民生难题、精减会议文件、简化接待工作、改进新闻报道、坚持廉洁从政等方面，为改进党员干部工作作风、密切联系群众出台相应的实施办法，对一把手履职、领导干部作风转变做出严格要求，使作风问题从根本上得到转变。

二是创新干部联系群众制度，推动干部和党政部门作风转变。为解决一些干部群众观念淡漠、工作作风不实、官僚主义和衙门作风严重等问题，党员干部应联系岗位职责和特点，锁定服务对象，精准发力，问需于民，着力解决实际问题，听民声、汇民意、纳民智，保证决策代表最广大群众的利益，不脱离群众办事。拓宽社情民意反映渠道，完善群众利益诉求程序，使群众依法行使自己的利益诉求表达权，为群众提供满意、优质的服务。还可以建立网上群众工作机制，运用网络技术，通过设立网络信箱、微博、微信等平台，向人民群众征求工作建议与意见，实时掌握群众的诉求。例如，云南省在创新干部联系群众的制度上颇有成效，通过建立领导蹲点联户、部门挂钩联户、干部结对联户、建卡经常联户的"四联户"工作制度，加强与群众之间的联系，有效推动各级机关和干部切实转变作风，实现了干部与群众直接接触交流，真正实现了深入群众、深入基层、深入实际。实践经验证实，只有直接联系和服务群众，才能得到群众的真心拥护；只有真正把干部与群众的联系活动制度化、常态化，把干部作风的转变与人民群众自身问题的解决具体地结合起来，把干部作风转变与群众利益的维护结合起来，干部作风转变才具有坚实基础和实质意义。

三是建立和完善随机调研制度，将作风建设落到实处。作为当前普遍推行的一种调研方法，随机调研制度能够切实转变工作作风，改进调查研究方法，推动工作落实。随机调研制度主要包括以下六个方面：其一，随机调研主题围绕各级党委、政府中心工作和各部门重点工作来确定。其二，随机调研要求尽可能少走指定线路，多走自选线路，多到困难多、情况复杂、矛盾尖锐和交通不便、平时干部去得少的地方。其三，随机调研目标要把发现问题、研究问题、解决问题作为首要任务，围绕工作有没有落实、为什么没落实、怎样来落实开展调研。其四，要把随机调研的真实情况，进行当面反馈，共同商量解决问题的办法。其五，省级领导干部每年深入基层开展随机调研不少于2次；厅级领导干部每年深入基层开展随机调研不少于4次；县处级领导干部应经常深入基层开展随机调研。其六，随机调研要严格遵守中央八项规定，轻车简从，过县不扰官，进村不扰民，不搞迎来送往，不接受宴请，不安排警车开道，不到旅游景点参观，一般不作新闻报道。自带行李，吃住尽在食堂、招待所或农户、村委会，据实交纳食宿费。随机调研制度的建立表明，只有把党的实事求是思想路线和密切联系群众的工作路线更好地结合起来，才能为干部作风转变提供制度刚性和基本遵循，只有不把调研当作既定程序、规定动作和政治作秀，调查研究才能真正体现干部的良好形象和良好作风。

四是把积极深入基层服务群众作为助推干部作风转变的重要途径。以杨善洲精神为引子，推行党员干部直接联系群众制度，推动各级党政机关和干部在基层一线创先进，在服务群众中争优秀，推动机关干部工作重心下移。深入基层服务群众，就是要像杨善洲学习，牢记党的宗旨、一心为民，对党忠诚，坚持献身党的事业、鞠躬尽瘁的革命精神，培养甘于奉献、勇于承担的高尚情操，艰苦朴素、勤俭节约的优良作风。新时代下的干部作风转变，要以实际行动落实相关要求，在干部队伍中形成"学先进、见行动，争优秀、比贡献"的浓厚氛围，通过向杨善洲学习活动的开展，使广大党员干部认清自身责任，做好表率。

五是进一步丰富了用典型事件和案例促干部作风转变的新经验。杨善洲是党员领导干部的先进典型。在职时，他尽心尽责，带领干部群众将落后贫穷的保山地区打造为全国闻名的"滇西粮仓"；退休后，他不忘初心，扛起锄头扎进家乡的大亮山，义务植树造林，22年间，将荒山变为绿林。杨善洲以廉洁奉公、执政为民的优秀品质成为人民心目中的好干部，成为优秀党员干部的典范。他的精神为党员干部践行马克思主义群众观和党的群众路线树立了学习的榜样。运用杨善洲的优秀事迹宣传教育，让党员干部不断总结在群众工作中获得的教训与经验，再用这些事件和案例来推动干部作风转变，就显得比较接地气，比较有针对性，效果也比较好。

杨善洲身上集中体现了一名共产党员的优良品质，深化向杨善洲学习，学习和践行杨善洲精神，是促进干部作风转变的重要抓手。但作风问题具有反复性和顽固性，以杨善洲精神来促进干部作风转变，除了一般地号召、倡导和要求外，关键是要形成、巩固和运用一些行之有效的方法和做法，使干部作风转变长效化、常态化，树立长期作战的思想，坚信作风建设永远在路上。

第六章
杨善洲精神与共产党人的家教家风建设

所谓家风是一个家的生活准则和价值追求，是一个家能够呈现出来的气质与品格。习近平总书记指出："不论时代发生多大变化，不论生活格局发生多大变化，我们都要重视家庭建设，注重家庭、注重家教、注重家风……使千千万万个家庭成为国家发展、民族进步、社会和谐的重要基点。"新时期党员干部家风是共产党人为家人、后世和社会留下的弥足珍贵的精神财富，是中国传统文化的继承、创新和发扬，是社会主义核心价值观的重要内核，具有丰富的内涵。然而在现实中，一些党的领导干部经受不住来自家庭内部的破坏，或主动或被动地走上了背叛入党誓词的不归路。无数反面典型案例告诉我们："少数党员干部的沉沦，后果十分严重：一失于己，从领导干部到身陷牢狱；二失于家，由于本人的堕落，导致家庭幸福的破灭，给亲人带来极大的痛苦；三失于党和人民，辜负了党和人民的培养和信任，败坏了党和政府的现象。"杨善洲正是重视了自己家庭的家教家风建设，才使自己一家人成为理想的捍卫者、社会的建设者、时代的先行者，成为党的理念的最具体的说明者。

2021年是中国共产党成立100周年，全党正在开展党史学习教育。习近平总书记在党史学习教育动员大会上强调："人无精神则不立，国无精神则不强。"他还指出："在一百年的非凡奋斗历程中，一代又一代中国共产党人顽强拼搏，不懈奋斗，涌现了一大批视死如归的革命烈士、一大批顽强奋斗的英雄人物、一大批忘我奉献的先进模范，形成了一系列伟大精神，构成了中国共产党人的精神谱系。"在云南西部边陲形成的杨善洲精神，正是习近平总书记总结的中国共产党人精神谱系的一个具体入微的范例。杨善洲不是慷慨赴死的革命烈士，他只是一个认真踏实努力前进的基层党员，但我们想起党史上毛泽东与黄炎培的"千秋窑洞论"，想起新中国成立前夕毛泽东带领中央机关进京"赶考"的焦急与纠结，所以在平凡中形成的杨善洲精神，从一定意义上来说，有绝对不平凡的意义，它是共产党员现实和理想完全融为一体的光辉范例，更应该是共产党员思想和行动交相辉映的毕生追求，特别是在开启全面建设社会主义现代化国家新征程中，继承和弘扬杨善洲精神，那是不忘初心、牢记使命的具体行动。

世界统一于物质，物质决定意识是唯物主义最基本的特征。唯物辩证法告诉我们，一种精神的形成，具有外在的因素，也有内在的原因。回头看去，杨善洲精神的形成，外在的因素有杨善洲自己对新、旧社会的对比认识，有共产党对他的教育和培养，有党纪国法的教育和要求，但更多的是内在因素的修炼与升华，如坚定的理想信念，还有坚持为人民服务的思想，在艰苦工作条件下自觉自愿的磨炼，以及彻底为人民服务的慎独、慎言、慎行等。这一切自然渗透在家风中，应该说，良好的家风，也是杨善洲精神养成和形成的又一重要体现。

杨善洲精神，是我们身边活生生的例子，并不是遥不可及的外来物。而学习杨善洲精神，首先就要从看得见摸得着的地方学起，从最基本的地方做起。那么，新时代的党员领导干部，可以从他和他的家庭中领悟到什么样的家教家风呢？

一、共产党人家教家风建设的意义

进入新时代，意味着中华民族的伟大复兴进入了关键时期，共产党人及其家属如果对党的目标、方向和中华民族的前途命运认识不清，必将对整个社会、对党的事业、对中华民族的奋斗产生消极影响。当前，各种思想矛盾冲突比较明显而且剧烈，特别是在自媒体时代，难免会对一部分人的心理和思想造成影响，会有人看不清方向，看不清前途，把当前一些错误和肤浅的认识当作追求目标。有一些思想矛盾冲突是正常的，但是不能因为方向模糊而产生随大流、听之任之的思想，并将这种矛盾冲突带入党内，也不能放任这些消极意识进入党的干部家庭。只有这方面的教育跟上了，共产党员的家庭才能在时代的洪流中把准方向，认清自我，坚定目标，才能不被纷乱的社会现象迷惑，有效制止堕落腐化的第一步。

（一）家庭和家教家风的形成

家庭是社会的最小结构单元，自家庭结构相对稳定以后，社会便从蒙昧时代进入了文明时代。而近现代的一夫一妻制确立后，因为家庭的稳固性，导致了社会的总体稳定，近现代社会得以迅速发展，社会文明的进程逐渐加快，世人享受的文明成果日益丰富，对生存、生活的理解就更加理性。

但家庭的起源和形成，毕竟带有一些原始社会的血缘。我们今天所认可的家庭，自然含有多重社会关系。一种是以婚姻为基础，由来自不同家庭的男女组合成的具有合约关系的新的、实际的小家庭；一种是小家庭与双方父母及子女所形成的具有一定血缘关系，但不一定在一起生活，日常生活中又联系紧密的虚化家庭；一种是父母与子女之间没有血缘关系，但有收养与被收养关系的家庭。而到了现代，则又出现了第四种模式，即既可能有血缘关系，也可能有收养关系，但只有一父或一母与一子或一女的单亲家庭。不管是哪种关系，一旦形成了事实上的家庭，它就是一种生活的真实存在，家庭中的每个人，都为家庭的存在和生活负有一定的责任，也相应获得一定感觉上的幸福。

和社会上的其他事物一样，家庭生命周期是一个家庭形成、发展甚至消亡的过程。家庭既然是社会结构的一部分，一方面会通过家庭成员与社会及其他人产生千丝万缕的联系，或作用于社会，或消解于社会，或反作用于社会；而另一方面，社会发生的变化，也会对家庭产生巨大的影响，或让一个家庭强大，或让一个家庭消亡。但不会影响社会的存在，因为新的家庭在不断产生，以情感为纽带的家庭还将继续存在下去。换句话说，只要社会存在一天，家庭就存在一天。当家庭不存在了，社会也就不存在了。

家庭结构看起来很简单，但实际上非常复杂。由若干家庭构成的、包括家庭所有特征的家族，在一定程度上就是一个小社会。在这个小社会内部，既有家庭成员的分工，也有社会关系的分工。家族越大，这种关系就越复杂。尤其是中国，同宗共祖的一个家族，已经分散到四面八方，只要是一个姓，一个字派，就总能找到家和社会的感觉。"五服"之后同姓可以开亲，那种"亲上加亲"的关系，既有可能打乱原有的亲属关系，也有可能形成宗族间难以接受的伦理叛逆。因此，为了巩固家庭和家族，中国古代的先辈们，早早就开始了对家庭的规范。这种规范，一是通过小社会的"法律"来进行，即族规、家规；二是通过教导、教训来进行，即长辈对下一辈或晚辈进行的语言、行为举止、礼仪礼貌、生活常识、社会常识等方面的教育。意在通过这些手段，形成一个家族或家庭基本的和特有的风格，以有别于其他家族或家庭，让本家族或家庭强大起来、繁盛起来，千秋万代永续下去。而这种规范与教导、教训，与社会的走向又是一致的，是社会规范和社会教育的有力补充。因此在一定意义上，家族和家庭的规范、教育，与社会的规范、教育难解难分。如《礼记》的第一篇《曲礼》中，开宗明义地说："道德仁义，非礼不成，教训正俗，非礼不备。分争辨讼，非礼不决。君臣上下父子兄弟，非礼不定。宦学事师，非礼不亲。班朝治军，莅官行法，非礼威严不行。祷祠祭祀，供给鬼神，非礼不诚不庄。"

这里的"礼"，既是社会规范，也是族规、家规。之所以凡事都要讲"礼"，是因为"礼"是区别人与兽的分水岭。"夫唯禽兽无礼，故父子聚麀。是故圣人作，为礼以教人。使人以有礼，知自别于禽兽。"

为了符合社会的"礼"，《礼记》中作了很多的规定。比如对于幼儿，则是这样说："幼子常视毋诳，童子不衣裘裳。立必正方。不倾听。长者与之提携，则两手奉长者之手。负剑辟咡诏之，则掩口而对。"

这些涉及家庭教育的内容，自然成为后来族规、家规及家教的重要内容。在"君君臣臣父父子子"大框架之下，"君使臣以礼，臣事君以忠"的"忠君"和"父慈子孝"的"孝悌"封建家教由此形成传统，在后世的族规、家规和家教中影响深远。中国古代的经典家教，莫不将"修身、齐家、治国、平天下"的远大政治理想与伦理道德糅合在一起，用来"整齐门内，提携子孙"。这方面的开山之作，当数"制礼作乐"的鼻祖周公旦，即世人尊称的周公在公元前 1100 年左右写给儿子的《诫伯禽书》。他要儿子到了自己的封地鲁之后，必须实施"德行宽裕守之以恭者，荣；土地广大守之以俭者，安；禄位尊盛守之以卑者，贵；人众兵强守之以畏者，胜；聪明睿智守之以愚者，哲；博闻强记守之以浅者，智"的六"谦德"，并且"慎之又慎"。

周公给儿子的教导，是从国家的长治久安来要求的。在这类家教作品中，比较出类拔萃的，是诸葛亮的《诫子书》。全书连标点符号在内，仅有 103 字，可谓是"字字珠玑"：

夫君子之行，静以修身，俭以养德。非淡泊无以明志，非宁静无以致远。夫学须静也，才须学也，非学无以广才，非志无以成学。淫慢则不能励精，险躁则不能治性。年与时驰，意与日去，遂成枯落，多不接世，悲守穷庐，将复何及！

与诸葛亮《诫子书》有异曲同工之妙的是宋代名臣包拯的家训。这是他晚年为儿子包珙定下的规矩，正文也只有 37 个字：

后世子孙仕宦，有犯赃滥者，不得放归本家；亡殁之后，不得葬于大茔之中。不从吾志，非吾子孙。

为了让儿子牢记这一训诫，包拯要儿子将训词刊刻在石碑上，立于"堂屋东壁，以诏后世。"

至于《颜氏家训》《朱子家训》等，内容多有扩大。但基本还是恪守儒家的信条，强调"仁、义、礼、智、信"的忠恕观念，这与当时的社会是合拍的，也是必需的。而树立了这些家教、家训的人，也是当代为官为宦或为人的典范，如诸葛亮、包拯等，真正做到了"鞠躬尽瘁、死而后已"，令人景仰。他们的训词，也成为社会流行语，在一定意义上超越了家教的范畴，是社会化教育的样板。

除了这些官宦人家的家教，当时的社会上，还存在另一种更为亲切、更有普惠价值的家教。它将正统的教育内容融入家庭教育中去，强调家庭和亲情的重要性，鼓励每个家庭"家和万事兴"，每个家庭成员都能享有天伦之乐，人人都能尊老爱幼，女性要当好贤妻良母，尽最大的能力相夫教子、勤俭持家。但这些要求，没有形成士大夫式的文本，而是散见于历朝历代的诗歌、谚语、俗语之中，随着社会的变化而变化，也随着场景的不同而灵活机动。虽然不是刻意的行为，但起到的效果却非常好。如唐代诗人孟郊的《游子吟》：

慈母手中线，游子身上衣。

临行密密缝，意恐迟迟归。

谁言寸草心，报得三春晖。

短短的6句话，却将家庭的重要、母亲与儿子的离情别绪生动地展示出来。让人深深地感受到，无论时代和社会发生多大的变化，但人不能忘记家庭，忘记家人；只有家庭和睦，家庭成员之间相亲相爱，这个社会才会变得更加美好，人与人之间的关系也就会越来越融洽。而人生的第一所学校——家庭实施的家教，会影响人的一生，所形成的良好家风，是维持一个家庭存在和健康成长的关键。

（二）共产党人家教家风的特征

共产党人的利益，与无产阶级的利益是一致的，因此他们的根本原则只有一条，即不提任何条件和任何要求，积极投身于无产阶级的革命运动。这种意识传到中国后，中国共产党人将马克思主义的原理与中国的具体革命实践相结合，产生了符合中国实际的共产主义路线。中国共产党的宗旨和共产党人的奋斗目标浓缩为一句话：为人民服务。因此，中国共产党与世界各国的共产党组织相比，更具有人民性，也更容易得到广大人民群众的支持，也因此更强大。有的国家的共产党组织，因为脱离了人民群众，背离了最初的革命路线，要么消亡，要么名存实亡，只有中国共产党在成立百年之后，仍然有强烈的向心力，能够发挥出共产主义运动的中坚力量。

中国共产党的这种强大的生命力，除了自身信念的坚定和党的教育外，还与共产党人的家庭教育有很大的关系。中国共产党人在强调革命性的同时，也强调家庭和家庭教育的重要性。与其他政党相比，中国共产党人的家庭既有中国传统家庭的美德，又创造出新型的与共产主义理想和事业相对应的家庭关系，因此通过家教所形成的家风，更有中国传统，也更有人性化。它与传统的家教、家风相比，具有明显的尊重精神、吃苦耐劳精神、牺牲精神、利民精神、严谨精神、改过纠偏精神。

尊重精神。对长辈的尊重，不是盲目的，而是分清是非、对错分明。以中国共产党的主要创始人之一陈独秀的家庭为例，他的儿子陈延年像父亲一样，积极追求进步，追求真理，投身到大革命洪流中，成为一名优秀的共产党人。对父亲所犯的错误，陈延年敢于直面批评，毫不妥协，但在家庭关系上，仍然尊认是父子关系。这一点，在中共第一代领导人身上表现得尤为突出，不仅尊重党内的老同志，同时也尊重非党的民主人士、普通的人民群众，体现了共产党员与人民大众的血肉联系。

吃苦耐劳精神。这是中国人民的传统精神之一，但在共产党员身上表现得空前绝后。辛亥革命之后参加大革命的人员，不少出身富裕人家，青少年时期都是衣来伸手、饭来张口的少爷、小姐，但参加革命之后，尤其是分别参加共产党和国民党之后，他们就各自走上了不同的道路。共产党人身上那种"爬雪山、过草地"的精神，是国民党人身上完全找不到的。因此在革命战争年代，共产党人将这种吃苦耐劳的精神发扬到极致。

牺牲精神。共产党人的牺牲精神是多方面的，既包括家庭、亲情、婚恋，也包括财富、地位甚至生命。不是说共产党人不看重这些，而是在没有选择之时必然的放弃。毛泽东一家牺牲了6位亲人，其中包括他的妻子、儿子。"为有牺牲多壮志，敢叫日月换新天"，就是共产党人牺牲精神的高度概括。

利民精神。共产党人在考虑得失之时，首先考虑的不是自己的利益，而是人民群众的利益。出台一项政策，最高标准只有一条：对人民有多大利益。延安时期，因为延安的党政军机关人员较多，对老百姓的征购任务较重，人民群众有怨言。一天下大雨，有群众说：为什么打雷不将毛泽东打死？毛泽东得知了原因，觉得群众的负担太重了，决定在边区开展大生产运动，提出了响亮的口号：自己动手，丰衣足食。他亲自参加，也要求家人都参加，终于成功地解决了这一重大矛盾。

严谨精神。在处理任何事务时公私分明，绝不假公济私，占公家的便宜。这样的例子很多，在许多共产党人身上都有。

改过纠偏精神。无论是处理公务还是处理家庭内务，都能够做到一旦发现错误，立即纠正错误。党内的批评与自我批评，也在家庭中得到反映：知错即改。从普通共产党员到党的高级干部，大多能够做到。

这些精神，在新中国成立前后的一件事表现得最为突出。杨开慧的哥哥杨开智给毛泽东写了一封信，希望能给他安排一份在北京的工作。

毛泽东回信说："希望你在湘听候中共湖南省委分配合乎你能力的工作，不要有任何奢望，不要来京。湖南省委派你什么工作就做什么工作，一切按正常规矩办理，不要使政府为难。"①

为了不让杨开智来京，毛泽东给时任湖南省军政委员会委员、长沙军管会副主任的王首道写了一封信："杨开智等不要来京，在湘按其能力分配适当工作，任何无理要求不应允许。其老母如有困难，可给若干帮助。"

按照普遍的认知，杨开智和妻子李崇德及杨开慧的母亲杨老太太，是革命有功人员，又是烈士家属，完全有资格来北京工作，毛泽东深知裙带之门万不可开，越是自己的至亲，越要严格要求。杨开智打消了去北京的念头，却又萌生了在长沙谋一个"厅长方面职位"的想法，便托在京工作的表弟向三立给毛岸英写了一封信。毛泽东曾跟毛岸英交代过，对待亲友的总原则，就是不能因为他的关系为他们谋取私利。10月24日，毛岸英给表舅向三立写了一封长信，信中写道："我非常替他（指舅舅杨开智）惭愧。新的时代，这种一步登高的'做官'思想已是极端落后了，而尤以通过我父亲即能'上任'，更是要不得的想法。新中国之所以不同于旧中国，共产党之所以不同于国民党，毛泽东之所以不同于蒋介石，毛泽东的子女妻舅之所以不同于蒋介石的子女妻舅，除了其他更基本的原因之外，正在于此。皇亲贵戚仗势发财，少数人统治多数人的时代已经一去不复返了。"

拒绝安排工作，但亲情不受影响。1950年4月，毛泽东委托毛岸英带着珍贵礼物回湘探望80大寿的杨老太太，并致信杨开智、李崇德夫妇："小儿岸英回湘为老太太上寿，并为他母亲扫墓，同时看望你们，请你们给他以指教为荷。"

"济亲，但不以公济私"和"恋亲不为亲徇私、念旧不为旧谋利、

---

① 《毛泽东书信选集》，中央文献出版社 2003 年版，第 316 页。

济亲不为亲撑腰"的"三不"原则，就是共产党人家风、家教的千秋佳话。①

（三）共产党人家教家风建设在新时代的现实意义

共产党人家庭是社会家庭的一部分，与社会风气的建设息息相关。共产党人的家庭、家教、家风，在新的历史时期同样具有引领、示范和指导意义，传承和发展这一优良传统，是每个共产党人家庭在新时代应该具备的基本条件。习近平总书记对此十分重视，他说："家庭是人生的第一个课堂，父母是孩子的第一任老师。孩子们从牙牙学语起就开始接受家教，有什么样的家教，就有什么样的人。家庭教育涉及很多方面，但最重要的是品德教育，是如何做人的教育。也就是古人说的'爱子，教之以义方'，'爱之不以道，适所以害之也'。"②

"教之以方，爱之以道"，这是新时代共产党人家风、家教的总要求，是与社会公德、职业道德、家庭美德、个人品德建设相适应的。

关于教之以方，习近平总书记这样说："作为父母和家长，应该把美好的道德观念从小就传递给孩子，引导他们有做人的气节和骨气，帮助他们形成美好心灵，促使他们健康成长，长大后成为对国家和人民有用的人。"③

习近平总书记在2013年10月31日同全国妇联新一届领导班子成员集体谈话时说："要注重发挥妇女在社会生活和家庭生活中的独特作用，发挥妇女在弘扬中华民族家庭美德、树立良好家风方面的独特作用。中国人一直赞美贤妻良母、相夫教子、勤俭持家，这些是中华民族

---

① 杨胜群：《老一辈革命家在香山》，北京人民出版社2019年版，第152页。

② 习近平：《在会见第一届全国文明家庭代表时的讲话》，人民出版社2016年版，第4页。

③ 习近平：《在会见第一届全国文明家庭代表时的讲话》，人民出版社2016年版，第4—5页。

传统优秀文化的重要组成部分。……广大妇女要自觉肩负起尊老爱幼、教育子女的责任，在家庭美德建设中发挥作用，帮助孩子形成美好心灵，促使他们健康成长，长大后成为对国家和人民有用的人。"

家庭教育的重点是言传身教。习近平总书记说："广大家庭都要重言传、重身教，教知识、育品德，身体力行、耳濡目染，帮助孩子扣好人生的第一粒扣子，迈好人生的第一个台阶。"①

关于爱之以道，习近平总书记指出："家长要时时处处给孩子做榜样，用正确行动、正确思想、正确方法教育引导孩子。要善于从点滴小事中教会孩子欣赏真善美、远离假丑恶。要注意观察孩子的思想动态和行为变化，随时做好教育引导工作。"只有"从小做起，就是要从自己做起、从身边做起、从小事做起，一点一滴积累，养成好思想、好品德。'少壮不努力，老大徒伤悲。'千里之行，始于足下。每个人的生活都是由一件件小事组成的，养小德才能成大德。……不要嫌父母说得多，不要嫌老师管得严，不要嫌同学们管得宽，首先要想想说得管得对不对、是不是为自己好，对了就要听。……良药苦口利于病，忠言逆耳利于行。我们要养成严格要求自己、虚心接受批评帮助的习惯"②。

习近平总书记关于家教、家风的论述，不仅是共产党人家庭教育的理论指导，也是全国广大普通家庭教育的指针，对建设社会主义现代化强国，对树立保家卫国、民族团结的家国情怀具有十分强大的现实意义。没有稳定的家庭，就没有社会的安宁；没有先进向上的家庭教育和良好的家风，就没有国家的强大与进步。2015年4月28日在给放牧守边的西藏牧民回信时，习近平总书记指出："家是玉麦，国是中国，放牧守边是职责，你们这些话说得真好。有国才能有家，没有

① 《习近平谈治国理政》第二卷，外文出版社2017年版，第355页。
② 《习近平谈治国理政》，外文出版社2014年版，第148、183—184页。

国境的安宁，就没有万家的平安。祖国疆域上的一草一木，我们都要看好守好。希望你们继续传承爱国守边的精神，带动更多牧民群众像格桑花一样扎根在雪域边陲，做神圣国土的守护者、幸福家园的建设者。"①

现在有一种误区，强调家风、家教，就将一些具有封建糟粕的内容全盘托出，如讲家庭环境时大讲特讲《孟母三迁》，将普通经营者视为不良环境；另一方面在宣传共产党人家教、家风时，又将中华民族的一些优秀传统排斥在外。习近平总书记是这样来看待的："尊老爱幼、妻贤夫安，母慈子孝、兄友弟恭，耕读传家、勤俭持家，知书达礼、遵纪守法，家和万事兴等中华民族传统家庭美德，铭记在中国人的心灵中，融入中国人的血脉中，是支撑中华民族生生不息、薪火相传的重要精神力量，是家庭文明建设的宝贵精神财富。……家长特别是父母对子女的影响很大，往往可以影响一个人的一生。……各级领导干部特别是高级干部要继承和弘扬中华优秀传统文化，继承和弘扬革命前辈的红色家风，向焦裕禄、谷文昌、杨善洲等同志学习，做家风建设的表率，把修身、齐家落到实处。"②这就将中华民族的优良传统与社会主义精神文明建设很好地融合在一起，既要爱小家，也要爱大（国）家；既要爱国爱家，有家国情怀，又要相亲相爱，家庭和谐；还要具备向上向善的家庭美德，以及共进共荣的家庭追求，充分体现现代社会党员家庭关系的和睦美满、相亲相爱和下一代人茁壮成长、老年人老有所养，也有邻里、同志、同事、同胞及中外朋友之间的互信、互敬，这样就能构建一个平等、安宁、友善的社会生态环境。

① 习近平：《给西藏隆子县玉麦乡牧民卓嘎、央宗姐妹的回信》，《人民日报》2017年10月30日。

② 习近平：《在会见第一届全国文明家庭代表时的讲话》，人民出版社2016年版，第4—6页。

二、杨善洲精神蕴含的共产党人家教家风

家是最小国，国是千万家。家风不只是个人和家庭的事情，也是党和国家的事情。健康的家庭生活，可以滋养身心，鼓励领导干部专心致志工作。反过来，领导干部的思想境界和一言一行，又直接影响着家庭其他成员，在很大程度上决定着自己的家风家教。

（一）杨善洲家教家风的普通性

杨善洲的家风家教，既传承了中国优秀传统文化，又与现代社会发展有效融合。在本质上，与普通家庭的家风家教相同，但杨善洲是中共党员，后来还是党的中高级干部，在一定意义上，其家风家教又有一个共产党员家庭的烙印。但总的说来，它是普通的，具有普遍意义的。这可以从它的来源得到印证。

1.杨善洲家风家教的来源

主要包含以下几个方面：一是家族的传承。杨善洲的家庭是当时社会中的最底层，是"一无土地，二无房屋，三无族别"的"三无户"。根据相关情况判断，大概在杨善洲的爷爷那辈之前，应该是当地少数民族之一的布朗族。在新中国成立之前，少数民族都是"不受待见"的，除非是聚集而居的大族才有一席之地，人口较多的家族可以保留自己的民族特性，一般弱小的家族，在迁徙的过程中，或者是战争等较大的变故后，往往隐族埋姓，以保全家人。连续几代之后，就与原来的民族脱离了关系。这种例子在云南比较常见。杨善洲的爷爷就以这种方式，举家来到大亮山一侧，为当地的一刘姓地主看守山场和放牲口，就是当地人说的"押山户"。"押山户"的地位不如佃农，自己在山上搭一个茅草窝棚为房，吃住都在山上，与附近村子的村民少有来往，也很少下山，

实际上处于孤立隔绝的状态。直到新中国成立后土地改革，因为地主刘家填报的是汉族，为其看守山场的杨家也填报为汉族，这才最终解决了"三无"问题。无论是什么民族，但凡有了家族和家庭，就有相应的家风家教，少数民族也不例外。而在这个家庭中，可能有一般家庭所没有的"远见卓识"。"三无"的爷爷和父亲，竟然想方设法要让孙子、儿子去上学。在那个艰难困苦的年代，就有了"知识改变命运"的意识，是非常难能可贵的。尽管费尽了"移山心力"，杨善洲两次读书都没有读到当时的初小毕业，但初识的那些文字，却为后来努力学习并成为一名优秀的党员干部奠定了基础。杨善洲一生爱学习，爱动脑筋，爱科学技术，跟这两次没有读成的书有直接的关联。因此，这个家庭的"尊老爱幼"是有特殊意义的。长辈对后辈的爱护不是生活上单纯的"爱"，而是长远学习的"爱"。尽管这个家庭很贫穷，但家庭成员之间的爱，却是很深厚的。

二是外界的影响。杨善洲少年学石匠手艺，这在当时是一个没有多少人愿意干的苦活、累活、脏活，但为了摆脱"三无"押山户的困境，父母对杨善洲寄予了很大的期望。两次学艺，拜了两个师父。两个师父各有所长，都把自己掌握的手艺尽量教给徒弟。三年出师，带杨善洲远走夷方，实际锻炼，多挣一点钱，让杨善洲帮补家用。正是通过这样的锻炼，杨善洲尽快掌握了师父的技巧，成为师父所有徒弟中难得一见的"二师傅"，可以自立门户。尤其难能可贵的是，带他出门的师父很守信用，出门前说好的"工钱"，师父都想方设法按时按量发到徒弟的手中。杨善洲有了这些收入，家里才盖起简陋的房子，才结了婚。可以说，这些不经意的举动，告诉杨善洲一个简单的道理：人在社会，必须诚实守信，否则就难立足。

外界的影响，越是特殊时期，影响可能越大。20 世纪 40 年代发生在滇西的抗战，保山人民遭受了内乱、外乱之苦。日军飞机轰炸保山城，让一座城市受到了重创；敌人的飞机刚飞走，驻守保山的国民党军趁火打劫，更让保山人民雪上加霜。但在当时，抗战是天大的事，十五六岁的杨善洲也被召集去参加运输队，上去时运送弹药，下来时运送伤员和战死士兵的尸体。留贵看他还年小，处处护着他，上坡让他走在前，下坡让他走在后，但凡扛炮弹之类的重物，便将重量往自己这边移动。有这个人的照顾，杨善洲从前线下来毫发无损。回到家，母亲听儿子说了以后，从家里找出当时可能仅有，也是最值钱的东西——一只老母鸡，拉儿子一起去那家人登门致谢。这种经历，人生可能只有一次，但正是这一次，让杨善洲领悟到生命的可贵，但需要众人的帮助。这些来自街坊邻里的优良品质，后来都成为这个家庭家风家教的重要内容。

三是社会变革的影响。这里说的社会变革，是指社会发展过程中根本性的变化。比如新中国成立之初的土地改革，就之前还是"三无"户的杨善洲家庭来说，只能用"倒转乾坤"来形容。一开始，当上民兵的杨善洲并不相信是真的，一位领导同志在会上讲，他举手提问说："共产党说话算数吗？"那位领导斩钉截铁地说："共产党说话历来都是算数的！"杨善洲说："那好！只要有了自己的土地，那我就从今天起跟你们一起干，一直干到脚直眼闭！"果然是真的，土改结束，一直喊了千百年的"耕者有其田"的梦想变成了现实，杨家分到一亩五分水田，十多亩山地，发了盖有人民政府大印的土地证，当时的心情可想而知。这样的变革，只有共产党才能做到，也只有共产党才能做得这样公平、公正。县农会成立要召开大会，杨善洲被推选为代表，和其他代表到保山开会，半路上遇到土匪武装的袭击，负责护送的干部和解放军战士拼命还击，击退了土匪武装，保证所有的代表无一人受伤。杨善洲第一次看到，共产党当官的人与众不同，为了保护这些普通的百姓，可以不惜自己的生命。这样的人，才是这个世间最值得敬佩的人。当然，让杨善洲完全改变观念的还有一件事，即新中国成立初期对贪污腐败分子的处理。刘青山、张子善都是共产党的高级干部，也是革命的有功之臣，但进了城就开始贪污腐化，罪行暴露后，有许多人为两个人求情，但毛泽东为了整肃党纪国法，亲自批准将二人处决。刚参加工作的杨善洲从中领会到中国共产党的伟大、公正和大公无私，处处以国家和人民的利益为重，谁危害了国家和人民的利益，谁就会受到应得的处置，不管你地位有多高，资格有多老。这一连串的事件，都发生在新中国成立之后的前三年，正是从这些事件中，杨善洲从不自觉转为自觉，从被动转为主动，投身于这场伟大的变革中去，恪尽职守，不越雷池一步，公私分明，直至生命的终结。他告诫家人和朋友，要想做一个好儿子、好丈夫、好父亲，那就是保全一个儿子、丈夫和父亲的清白，身前身后不被人指责，自己和家人都不会成为社会的罪人。

不理解这一点，就不能理解杨善洲数十年遵循的准则，也不能理解他的一言一行所包含的真正内涵。正是这种看似很普通的家风家教，才成就了他的伟大。而这种能够从家传、友邻和社会变革中传承的家风家教，才与其他共产党人的家风家教既有相同之处，又有自身特色。

（二）杨善洲家教家风的原则性

杨善洲家风家教虽然普通，但不平常。它不是随遇而安的，也不是左右摇摆的，而是具有很强的原则性。这个原则，小到普通的忠孝节义，大到党和国家的政策，只要与原则发生冲突，或者是与原则背离，都会被及时制止。尤其是在亲情和原则之间，杨善洲首先是坚持原则，一点都不动摇，但又能在确保原则不被改变的前提下，尽一切可能给予家人闲静的温暖。

在党的中高级干部中，尤其是像杨善洲那样担任地委书记多年，家属却一直在农村的，当属凤毛麟角。杨善洲为何不带妻子儿女进城？究其原因，最根本的还是一个"孝"字，即孝敬母亲。父亲早逝，杨善洲是母亲一手拉扯大的，用"恩重如山"都不能够完全概括。他出来参加工作，明知道这一出去，就只能把自己主要的精力放在工作上，以回报党恩国恩，照料母亲的机会就少了。一边是父母之恩，一边是党恩国恩，都需要报答，在这个选择面前，杨善洲首先选择了报党恩国恩，但没有因此而忽视父母之恩。为了让母亲在老家过得好，妻子当然也只能留在农村，一方面代替他照顾母亲，另一方面抚养儿女。这样一来，杨善洲个人心目中的原则没有违背，因为有妻子无微不至的照看，对母亲的孝也体现了，对党和国家的恩也报了，可以说是一举三得。至于后来的农转非，是80年代的事情，此时母亲已经去世，妻子已经年迈，农转非只是将农业户口转为非农业户口，并不包括安排工作。也有的进了城后安排了简单的工作，但至少有两个前提条件，一是年纪不大，二是多少有一点文化。杨善洲考虑的是，妻子年纪不小了，又没有文化，进了城，肯定有人会忙着安排工作，但那必然会触犯他的原则底线，他坚决不答应。没有工作，妻子在城里也待不住，不如就留在老家，因为之

☆ 1994 年 2 月杨善洲的家庭照

☆杨善洲妻子张玉珍，在山区农村生活了一辈子却无怨无悔

前为了让妻子照顾母亲有一个帮手，他已经将大女儿留在家里帮助母亲。现在大女儿也当了母亲，妻子可以帮着照看一下孙男孙女，享受一下天伦之乐，自己也不会因此而违反原则。但将母亲和妻子留在农村，并不是说杨善洲就放弃了自己的责任。母亲想念儿子，就让村干部带信告诉儿子，她想要一点什么东西。杨善洲也心领神会，马上将母亲要的东西准备好，那时干部经常下乡，杨善洲借下乡的机会，到了姚关，让驾驶员和秘书在姚关住一夜，顺便搞一下调查研究，他便徒步十多公里回家。在家住一晚，与母亲和妻儿说说话，第二天一大早徒步回到姚关，与驾驶员和秘书会合，继续下乡。多少年都是如此，要尽孝，自己步行回去，绝不动用公家的车子。

　　许多当了干部的人，抛妻别子的不在少数。杨善洲的妻子是一个典型的乡村妇女，又不识字，用许多人的标准来说是"下得了厨房，上不了厅堂"，但他与妻子真正叫"相濡以沫"，在一定程度上也是"相敬如宾"，几十年不离不弃，就足以看出杨善洲对妻子的"高尚"的爱。虽然两人聚少离多，但并没有因此出现不可逆转的裂隙，一家人之间的那种真挚纯洁的感情，比那些天天将"爱"挂在嘴上，实际上冷若冰霜、同床异梦的家庭要强很多。

杨善洲与三个女儿和女婿的关系，在很多人看来是冷淡或不近人情，其实同样体现的是大爱无言之下不可动摇的原则。让大女儿留在家陪伴帮助母亲并陪伴奶奶，在当时是没有办法的办法，包括后来大女儿招亲在家，也是为了帮助母亲支撑起这个家。在一定程度上，杨善洲觉得对大女儿最为"亏欠"。正因为这样，一个父亲作出的"弥补"之策，却是许多父亲根本做不到，或者说是根本不会长远考虑的。三女儿还在保山读书时，杨善洲就把大女儿的儿子带到保山读书，并一直供到大学毕业。到了找工作时，爷爷完全还有能力为孙子谋一个在别人看来很好的职位，但杨善洲还是那样，进入社会就是你们自己的事，只有让你们自己去闯、去干，以后你们才能在社会上站住脚跟。之后，专门给大女儿种核桃、种茶叶，都是想帮助大女儿，为大女儿留下一份长远的产业。可能正是这份"弥补"之情太过于沉重，以至于到了晚年，大女儿杀年猪，将两个妹子、妹婿全家叫回来，吃了还要分一份带走，

☆ 1994 年 2 月杨善洲回家与妻子张玉珍的合影

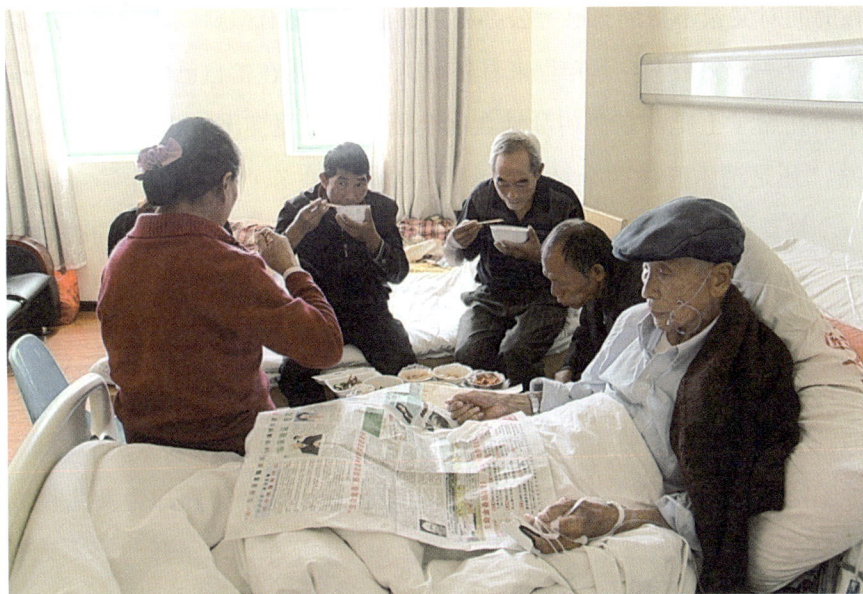
☆一家人在医院病床边用餐

老人便有些生气，说："以后不要再叫她们回来，像这样做，还不把你吃穷了！"在他看来，这也是一种原则。对于二女儿、三女儿，则稍稍不同，就像爷爷、父亲拼了命也要让自己上学一样，杨善洲将两个女儿接到保山读书，一方面可以减轻妻子和大女儿的负担，另一方面自己也承担一些责任。两个女儿吃在机关食堂，每个月固定给 6 元的早餐费，加上其他开支，杨善洲一个月工资，大半就不见了。这里边，既有原则，但也有自由。因为当时保山城的早点，大多是一角钱，吃早点剩下的，就等于是女儿的零用钱。这种"制度性"安排，其实是在培养女儿独立生活和节俭过日子的能力。但在女儿工作的问题上，杨善洲一律不开"绿灯"，不触犯任何政策条文。因此，二女儿是靠自学考取公办教师的，三女儿是职高财会专业毕业后复烤厂招工进入工厂做财务工的，都没有靠父亲这棵大树。正因为这样，女儿、女婿的工作，才不为时人"诟病"，才在以后的生活中坦荡如砥，挺直腰杆做人。

杨善洲的原则性，有时简直运用到了无与伦比的地步。二女儿有一段时间对父亲不帮助自己考公办教师有意见，便有些赌气。没想到生了孩子，一天父亲下乡，专程来看外孙，看到女儿在忙自己的工作，将孩子放在席子上爬，东西胡乱堆在一个纸箱里，便掏出100元钱给女儿，说："还是请木匠做两个箱子装东西，将孩子的东西放好，干净一些。"一个举动一句话，化解了女儿心中的隔阂。三女儿与父亲相处的时间最长，有时也觉得父亲的原则实在难以接受。一次学校放假，她要回老家看望母亲和奶奶，刚好听秘书说父亲下乡要经过姚关，便高兴地对父亲说"我跟你一起走"。不是派专车，不过是搭顺风车，这并不是什么原则问题。但杨善洲却对女儿说："不行，这是公家派给我做工作的车，你不能坐。"如果只是坚持原则，那不算什么，而杨善洲却为女儿收拾好东西，送她到汽车站，买了车票，看女儿上了车，车子开动，才又步行回地委大院乘车下乡。如果只做到这一步，也不算什么。杨善洲到了

☆ 2009 年在刚刚建起的新家拍的全家福

施甸县城，通往姚关的班车很拥挤，又为女儿买好了车票，等女儿来换乘好，才又继续下乡。

坚持原则，任何时候都不让步，但又在保证原则性的同时，让一个儿子、一个丈夫、一位父亲的情和义表现得淋漓尽致，这就是杨善洲的不同寻常之处。

（三）杨善洲家教家风的传承性

普通性和普遍性的家风家教，既有原则性但又充满深情的家风家教，它不是那么高不可攀，也不是那么盛气凌人、枯燥乏味，因此它的传承性更强。杨善洲的家风家教，我们可以明显地看到这条清晰的传承线，一直到今天还很有生命力。

爷爷、父亲对杨善洲的教育，即使因为时代的限制，一个"三无家庭"要完成最普通的初级小学教育，那比登天还难，因此第二次上学，因学费还差五角钱，就像压垮骆驼的最后一根稻草，杨善洲再也不能上学，但爷爷和父亲的这种教育为本的做法，让杨善洲在后来的年代里得以继承发扬下来，因此他的下一代，除老大因为要帮助母亲只读完了小学，老二读完了初中、老三读完了高中，在那时算得上是受过"高等教育"的。到了孙子，却是读完了大学的。再到下一辈，基本上都接受了大学教育。虽然读书的目的在杨善洲看来不是"学而优则仕"，但社会需要有文化的人才，自家也需要有文化的劳动者，这个目的不能改变。

邻里对少年杨善洲的照顾帮助，母亲想方设法也要拿一点东西表示感谢，这是告诉杨善洲，做人必须"知恩图报"。放大到社会效果上，杨善洲的一生都在报这个恩，即邻里的救命之恩，党和国家的翻身之恩。到了女儿、女婿这一代，虽然在父亲生前没有得到世俗社会认为的"利益"，父亲去世后名扬全国，她们也没有因此而利用这个名望为自己争取多少名利，比如，他的三女儿的孩子也就是杨善洲最小的一个孙子

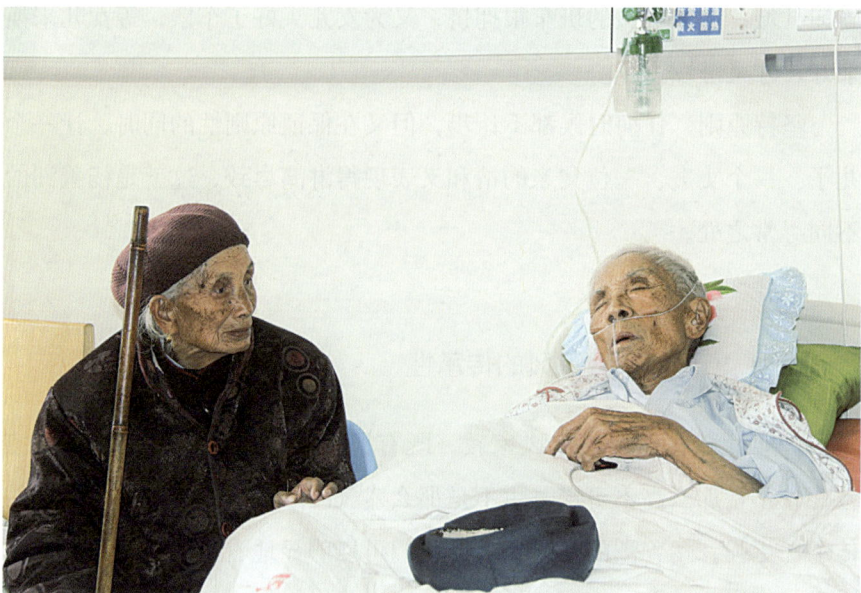

☆杨善洲和张玉珍夫妻俩最后一次相见

大学毕业没有就业，他母亲对他说：孩子，你已经长大了，一切都要靠自己，我们也没有什么能力帮助你，今后的路就靠你自己走了……子女们都不愿意因此辱没了父亲的名誉。因此，她们淡泊生活，相反还要承担更多的公益性责任，这也是在一定意义上对父亲道德品质的一种传承。

杨善洲的父亲母亲对爷爷的孝敬，是一种贫穷人家中没有任何利益的、纯净的、发自内心的孝敬。到了杨善洲这一代，他自己虽然没能像普通人一样守在母亲身边尽孝，在自古忠孝不能两全的情况下，他唯一能做的选择就是将妻子和大女儿留在家里，让母亲能够过上安生的日子。而杨善洲的妻子深明大义，跟婆婆相处得像亲生的母女一样，数十年与婆婆睡在一间房子里，在这个时代，在这样一个高级干部的家庭中，绝对是少见的。1989年89岁的母亲席有娣得了重病，妻子要将婆婆转到县城或保山治疗，杨善洲第一次"违反"原则，亲自打电话让姚关卫生院院长到家中为母亲看病，得知母亲的病很严重，杨善洲按照农村"高寿老人不离家"的习俗，劝慰妻子不转院，就在家里治疗，然后

"破天荒"地请了假，回家陪护在母亲床前九天九夜，一直到母亲靠在他的胸前溘然长逝。这种平时尽心尽力，特殊之时特殊处理的方式，只有杨善洲才能做到尽善尽美，无人挑剔。包括为母亲编花圈，在母亲的墓碑上刻上"九十高龄"字样，也是十分符合传统文化的。这样，逝者无憾，生者无忧，那便是最好的"孝敬"。即便是生命的最后一刻，杨善洲的遗嘱是将自己的骨灰分为三份，一份在祖茔陪伴父母，一份在大亮山陪伴他牵挂的森林，一份守望他崇敬的安边稳民的将军，其实也充分考虑了他人的感受，尤其是妻子身后的归宿。这些安排，都是精心考虑的结果，没有谁不会同意。

杨善洲的这些大爱大义、大忠大孝之举，没有多少说教，而是通过无声的行为，教育和感染了下一代。留在家的大女儿、女婿，对母亲的关照，和母亲对奶奶的关照一样无可挑剔。在施甸县乡镇山区教书的二女儿、女婿和远在保山的三女儿、女婿，周末都会找机会回家陪伴母亲。母亲去世后，也从没有间断经常回去陪大姐，三姐妹之间的情感，至今仍然亲密无间。

传承的方式和过程，必须是自然的、发自内心的，而不是生硬的、僵化的。杨善洲初上大亮山，想为林场的发展谋求一条"以知养长"和"自给自足"的道路，就想到了种植果园、茶园。但发展这些"额外"的产业，都不是当时工程造林的范围，是没有预算支出的，要做只能自己投资。但林场初创，钱从何来？杨善洲决定自己育苗，自己嫁接，走自力更生的道路。他到街上拣人们吃完果子后扔下的果核，在当时成为一桩笑谈。试想，一位曾经的地委书记，像叫花子一样在街道上拣果核，是有些伤人雅，让人太没有面子。但在杨善洲的三女儿看来，这没有什么掉面子的事。问清了父亲拣果核的用意，年轻人不用到大街上拣，而是买了一些果子来，请她的朋友们来家里吃果子，大大方方地说："今天吃剩下的果核，一个都不能丢，都要留下来，给我爸爸带到山上育果树苗。也请你们今后买果子回家吃，都把果核留下来，交给我，我一并拿给我爸爸带上山。"

这样的承继，既入情入理，又不遮遮掩掩，当然能够得到朋友的支持，还有一些创新。因此，从杨善洲的家风家教的传承性来看，任何优良的传统，如果不能更好地继续和传承，都是没有价值的。

（四）杨善洲家教家风的适应性

杨善洲的家风家教之所以能够很好地传承下来，是因为它有一种天然的、良好的适应性。即适应这个社会，适应它周围的环境。

适应社会，是说当前的社会是一个经历大改革、大动荡和大分化的现代社会。它与其他现代社会还有一个本质的区别，即社会的性质是社会主义、人民当家作主的，不仅在追求公平、公正，还要充分体现人民性。因此，不能完全套用其他现代社会的模式，也不能套用已经过去的社会模式。但又必须看到，中国的现代社会，毕竟是从中国的古代社会发展变革而来的，它又带着浓厚的传统气息，甚至还有一些封建文化的糟粕以假乱真。家风家教也一样，必须要去适应，在适应中不是全盘接受，而是要与时俱进，消化吸收。

适应环境，是说每一个地域都有各自的文化特点和人群，这些文化和人群构成了这个地域的氛围，任何个人既不能对抗这个氛围，又不能完全落于世俗之中，要在相融相交的过程中凸显自己的刚性和柔性。

杨善洲的家风家教，在社会性方面，是社会先进性的代表，是与时俱进的。讲忠孝，它不是愚忠愚孝，无原则地"恪守"，而是通过这个社会的一些准则来衡量，凡是与社会发展相容的，有激励作用的，就尽力去继承发扬；凡是与社会发展相背离的、阻碍社会进步的，就坚决革除，这是毫不含糊的。因此，杨善洲的家风家教，都是以原则性为准绳，将普通性和普遍性的家风家教置于这个准绳之内，所以就能够在不违反原则的基础上彰显人性、人情的大美。比如，为国、为党尽忠，但不等于对一些错误政策和言行给予纵容，即使个人不能改变大趋势，也要在执行过程"变通"或"另辟蹊径"，达到纠正或改变的目的。比如在困难年代大力发展多种经营，让农民增加收入，以支持外贸发展的名义，大力发展茶叶产业等。对母亲尽孝，请假回来守候在母亲病床前九天九夜，让母亲靠着自己的胸脯含笑而逝，但在母亲去世后，丧事却按当代社会"厚养薄葬"的准则从简，并亲自扎花圈送葬表示哀思。既不与社会格格不入，但又扬清去浊，树立新的社会风尚。

在杨善洲看来，社会也好，大环境也好，有时是需要"入乡随俗"的，但有时也需要标新立异。有些世俗行为不改革，不剔除，就有可能污染甚至败坏这个社会和环境。杨善洲之所以对家人怀有那种无可替代的大爱，是希望不能像前朝前代一样，一人得道，鸡犬升天，裙带关系盛行，让人嗤之以鼻。可能对家人来说，当时心里会想不通，但当自己退下去甚至去世后，他们却能够清清白白地做人，不至于像有些贪官那样家破人亡。这才是真正的爱，长远的爱。因此，杨善洲要做的是，培养女儿们独立自主的能力、自强不息的人格。有了这种能力和人格，就能够经受住任何社会变革的考验。这一点，既与世俗社会落后的观念水火不容，但又与"子孙不成器，万贯家财有何用？子孙能成器，何必要万贯家财？"一脉相承。在女儿的婚姻问题上，尽管杨善洲与妻子张玉珍是通过传统的"媒妁之言"建立的，是那个时代别无选择的选择，杨善洲没有因为这是封建的婚姻，在成为领导干部之后轻易否定，而是尽力巩固它，完善它，让它与社会和时代共进步，同发展，但也没有因为这个婚姻在后来变得完美，变得举轻若重就轻易肯定它，认为它是合理的，是可以倡导的，就要求子女必须按照父母的要求来选择对象。三个女儿的婚姻，杨善洲强调的是社会的主流：自主选择，自由恋爱，父母一律不加干预。但在这个前提下，必须遵守以下三点：从简办事，不请客，不收礼。要请的话，顶多就是男女双方家长在一起吃顿饭而已。相反，他的秘书结婚，在按照他的要求简朴办事时，他却中断地委常委会，和地委一班人去参加婚礼，然后再回来开会。在一定程度上，要求秘书和女儿一样从简办婚事，是不给秘书一家人"面子"，但率常委一班人参加婚礼，则是对新风尚的肯定和鼓励，是给足了面子。

从根本上说，杨善洲的家风家教是与社会和大环境相适应的，也是对社会和大环境的优化和提升。

（五）杨善洲家教家风的珍贵性

杨善洲的家风家教特点突出，在当前和今后相当长的时间内，都会显得十分珍贵。它的珍贵性体现在以下几个方面：

一是学习容易。杨善洲家风家教因为普通、普遍和鲜明的原则，不仅可以复制，而且可以普及。它不像有些名人的家风家教，看起来很高大上，但却不可重复，唯一性太强。杨善洲的家风家教，来源于普通的家庭，来源于普通的生活，虽然看上去不是那么轰轰烈烈、可歌可泣，但却是普通百姓和一般党员干部耳熟能详的事例，听起来十分亲切，闲谈起来也十分亲近，没有丝毫的生疏感、生硬感、距离感，就像身边你我他之间的事，要学的话并不费力。比如他对子女的教育，身教重于言教，不高谈阔论，也不空洞无物，有时一句话，一个举动，甚至一个眼神，就把自己的意思表达清楚了。因此，子女也好，同志也好，最能记住杨善洲这些打动人的小事，也最能从这些小事中悟出大道理，甚至找到人生的坐标。

二是便于传承。越是普通和普遍的东西，越容易被牢记，而只有被牢记的东西，才有可能流传、继承下去。杨善洲的家风、家教，表面上看起来很严格，但实际上很温情。在家里，杨善洲从不随便肯定和否定什么，总是以温和的口气说出自己的意见，直到让对方接受。即使一时接受不了，他也不会强求，而是让时间来检验。比如，曾经跟他上大亮山造林的孙子，一开始觉得有爷爷"罩着"，一定会有"前途"，不料到

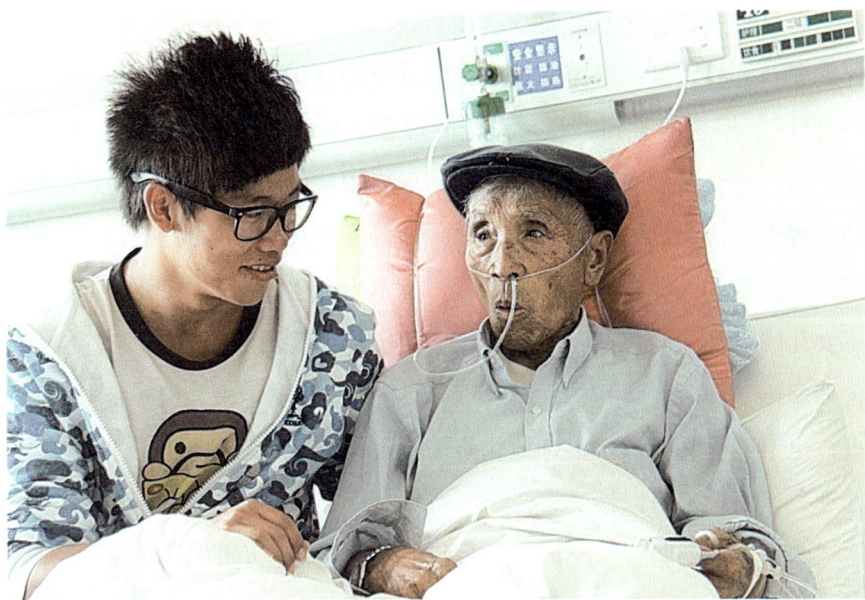
☆病危时仍不忘教育后代

了山上，只是和一般人一样干活，看不出有什么出路，在听了别人的鼓动之后，就离开大亮山。爷爷在得知孙子离开的消息后，不是为孙子"掩盖"，而是要求孙子，既然已经与林场签订了合同，就得按照合同的要求，偿还违约费。孙子没有钱，先向林场打欠条，便从他工资里扣除，以后外出挣到了钱，再还他。孙子不理解爷爷的用心，一怒之下借钱偿还了林场。但若干年之后，才知道爷爷要他遵守的合约精神，是在社会上立足的根本。到了后来，这个要求就被自然而然地继承下来。

　　三是有强大的生命力。杨善洲家风家教的生命力，在于它的与时俱进，在于它的不屈不挠。与时俱进，是要求不落后于时代，不至于被时代抛弃。比如他对母亲的孝敬，就包含了新时代的内容，既没有让母亲因为儿子的"发迹"成为一方"呼风唤雨"的老太太，也没有受到亲情的冷落，虽然在生活上吃了很多苦，受了很多累，但儿媳和孙女无微不至的照料，让她享受到了一个老年人的天伦之乐。因此，在孝敬的问题上，杨善洲处理得非常到位，妻子和儿女们也处理得非常认真，与那种不问青红皂白，一味只满足物质和金钱的需要的愚孝有天壤之别。而这样的孝，才是保证一个家庭、一个家族能够繁衍下去并繁荣兴旺的"定海神针"。但也要看到，越是先进的理念，与现实的冲突越多，要么同流合污，要么激烈对抗，结果都是不理想的。而杨善洲家风家教在传承的过程中，恰当地解决了这一问题。即杨善洲凡是认可的东西，就必须坚持，如母亲的葬礼、女儿的婚礼，决不为世俗落后的东西所改变。如三女儿的婚礼，时代已经发展了，变化了，那就得随着有一些改变。杨善洲拿出 1000 元钱给女儿女婿，可以将亲戚朋友请来，但不能超过 10 桌，也不能收礼。这就很好地化解了原则与人情世故的矛盾。能够这样处理，任何人都可以接受。

四是可长期坚持。家风家教是每一个家庭都应有的内涵，既没有高下、贵贱之分，也没有党派、阶级、阶层之分，它是长期存在的，也是需要长期继承的。但杨善洲的家风家教，因为形成于地方党的高级干部家庭中，是这个家庭的精神支柱，尤其是杨善洲走上地委领导工作岗位之后身体力行，因此就多了一些普通百姓家庭所没有的内容。不能因此说，这是共产党人的家风家教，更不能说只能由共产党人来学习来继承，只能说，这样符合时代要求、代表时代先进性的家风家教，不仅要鼓励共产党员干部家庭来学习和传承，也要倡导和激励普通百姓家庭来学习和传承，在社会上营造出一种时代文明的新风尚。因为大国有小家，小家共大国，能将杨善洲的家国情怀发扬光大并长期坚持下去，文明国家、文明社会就不难建成。

三、践行杨善洲精神，加强领导干部家庭家教家风建设

在漫长的斗争中，共产党人一代一代地成长起来，一代一代地继续战斗，共产党人的精神和风格代代相传，一直到现在。党夺取一个又一

个胜利的原因是党有"三大法宝",其中一个法宝就是党的建设。党员尤其是领导干部的家教家风建设,也是党的建设中的重要一环,其意义不言而喻,加强共产党人家庭家教家风建设,可以更好地使党的精神传承下去。在这方面,普通农民出身的共产党员杨善洲的家庭,给了我们很大的启示。

(一)从杨善洲的家教家风看不同时期的党员家庭家教家风建设

共产党员的家教家风问题,在不同历史时期,遇到的挑战也不一样,根据不同时期党员家庭家教家风的环境发展变化,大体可以分为三个阶段。

第一阶段是革命战争年代,在这个时期,党组织在力所能及的情况下,尽一切可能集中保障革命者后代并进行培养,有力支持了党员个人的家教家风建设,可以说这个时期是党在代替父母对革命的后代进行教育。在长达28年的革命征程中,无数党员家庭为社会为民族做出了巨大牺牲,因为受到敌人的迫害,党员的家属孩子流亡、失踪和丧生是常见的现象。彻底改造社会固然成为广大党员继续战斗的动力,但是惨烈的牺牲毕竟是整个党的痛楚,如何保护和培养红色种子,使革命的后代茁壮成长并且接上前辈的班,是一个回避不了的问题。然而土地革命战争前的早期党组织基本上处于零散秘密的状态,没有可能为照顾党员的孩子创设制度和条件,只有土地革命战争中党领导红军开始进行根据地建设,才有可能收拢一部分烈士的子女进行保护和培养,但是数量也相对较少,培育的方向也比较单一,基本上这些孩子只能成为革命战争的后备干部;到了延安时期,条件稍微好了一些,邓颖超等开始创设保育院来管理护理年纪较小的孩子,年纪大一点的孩子则选送苏联学习科技或者进入党自办的各类学校,最后走上民族解放和建设的各条战线,这样的举措既解除了革命者的后顾之忧,又为党培育了大量有力后备军,成为战争年代革命后代的重要的教育培养方式。比如，毛泽东的几个孩子，毛岸英、毛岸青、毛岸龙在党组织被破坏后只能在上海街头流浪，最后毛岸龙失踪。延安时期毛岸英、毛岸青被找回，送到苏联学习，后来成为社会主义建设需要的人才，李敏、李讷顺利成长。这都是党教育培养的结果。同样地，还有李硕勋烈士的遗孤李鹏，也是因为党组织的照顾才能在抗战爆发后从国统区到达解放区接受党的教育，并送往苏联留学，最终成为一位国家领导人。这样的例子不胜枚举。

在这个时期，从党的怀抱走出的革命者及其后代，都接受过党的直接照顾和关怀，他们又把为党的事业奋斗终生作为家风传承下去，所以这样的家风基本上是纯洁的、自觉的、坚定的，基本上做到了听党的话、为人民奋斗、绝不向敌人屈服。

第二阶段是新中国成立后，响应国家号召，服从组织需要，在社会主义建设大潮中展现自己，普遍成为党员干部家风的标准。新中国成立之初，国家走上正常发展轨道，党员家庭建设也走上正常轨道，党组织集中照管党员干部孩子的方式逐渐消失，家庭教育成为培养革命者后代的主要方式。这个时期广大党员家庭还是紧紧跟随党和国家的步伐，自觉自愿把自己和国家民族的前途融为一体，以响应党的号召、投身祖国建设事业为荣，并没有过多考虑自己家庭的利害得失。在国防工程历次重大会战、支援老少边穷地区社会主义建设、边疆民族地区发展、上山下乡和三线建设以及历次重大军事行动中，党员家庭都冲锋在前，不计名利，不惧生死，为社会主义社会各项建设的长足发展做出了应有贡献。老一辈无产阶级革命家的子女们都受到过这种洗礼，毛泽东的长子毛岸英在战争年代参加过苏联红军冲锋陷阵，回国后直接下到基层参与土地改革，解放初期进入钢厂担任基层干部，最后参加中国人民志愿军抗美援朝，在朝鲜壮烈牺牲；习仲勋的七个子女经历了新中国成立以来各项建设运动，在习仲勋的教育下，从来都以艰苦奋斗为荣，以忘记初心为耻，在火热的社会主义建设大潮中继承和发扬了先辈的家风。

新中国成立之后的社会主义革命和建设时期，党的领导干部家教普遍表现为绝对相信共产主义，绝对忠于党和人民；家风则普遍是迎难而上、克服自我、谦虚朴素、坚强拼搏、献身社会。这样的家教家风是长期的革命奋斗和家庭内部的坚定信仰共同作用的结果。

第三个阶段是改革开放以来的新时期，个人奋斗方向和理想急剧增加，自由发展之路空前广阔，由此也带来了新的问题。改革开放极大解放了中国社会蕴藏的生产潜力，40多年持续稳定的发展造就了一个欣欣向荣的新型社会主义发展模式，它既继承和发展了社会主义，又合理引入市场有效配置资源的概念，同时在经济、法律、人文诸多方面都进行了有益尝试，创造性地发展了马列主义、毛泽东思想，使社会主义内涵得到大力扩展，使中国几十年社会主义建设成就开花结果。在这个时期，由于尊重了经济规律、市场规律，我国在综合国力上飞速提升并极大缩短了与最发达国家的差距，2010年达到GDP世界第二的位置。

中国现行的模式，虽然取得了显著的成效，但还不成熟、不完善，经济不断发展，政治体制的改革也在摸索中进行，不可预测的因素日益增多，不确定性明显增强，一些必须解决但又一时半会儿不能解决的问题使人们在生活方式、思维方式、思想观念等方面表现出更多困惑，呈现出信念缺失、精神空虚、价值虚无、享乐拜金等一系列问题。信息化、网络化的普及，既给人们便捷借鉴和吸收人类优秀文化成果提供机遇，也给各种不良文化的渗透提供渠道，使我国不可避免地受到腐朽、有害、不良文化的挑战，受到不良精神导向的挑战。也正是在这样的新时期，各种思想剧烈碰撞、解构和重建，使党员领导干部家庭内部出现了一定的迷茫和迷失，部分家属和子女在个人奋斗的方向上出现偏差，甚至忘记了自己的先辈为之奋斗的理想，多种多样的问题浮上表面。新时期经济体制的不成熟，则给了这部分家属很多操作空间，他们朋比为党、滥用权力、贪污受贿、以权谋私、腐化堕落、违法乱纪，成为战斗堡垒内部的蛀虫，给党的建设造成了巨大破坏。如何彻底扭转这样的不良影响，就成了新时期家教家风建设的重要课题。

杨善洲的家庭，可以说横跨了上述这三个时期。当然，在解放之初他还是个普通的、在党影响下的农民干部，还说不上对党员家教家风建设问题有多少认识。但是当他踏上为人民服务的道路第一天，毅然决然实践党的方针起，他的家庭家教家风就自然契合了党的执政理念。他对自己的家教家风建设并未做过理论化的提升，也没有发过一句惊人之语，他的家风建设只是遵循了一个党员干部的内心世界，既简单，又清晰，我们在研究党员干部的家庭家教家风的时候，实际上只要看看杨善洲的家庭，就不难看出什么叫作不忘初心。这也就是说，无论进行什么制度建设，都不及党性建设重要，党员有党性并且严格遵循原则，才谈得上家教家风建设。

（二）新时期对党员家教家风的挑战

党章告诉我们：我国现处于社会主义初级阶段，因为在原本经济文化落后的中国进行社会主义现代化建设，社会主义初级阶段就成了不可逾越的历史阶段；我国要建设社会主义，必须从实际国情出发，走出一条适合中国特色的社会主义道路来。在现阶段，我国社会的主要矛盾不再是阶级矛盾，虽然由于国内的因素和国际的影响，阶级斗争还在一定范围内长期存在，在某种条件下还有可能激化，但已经不是主要矛盾。现在要解决的是人民日益增长的美好生活需要和不平衡不充分的发展之间的矛盾，因此我国社会主义建设的根本任务，是进一步解放生产力，发展生产力，逐步实现社会主义现代化，并且为此而改革生产关系和上层建筑中不适应生产力发展的方面和环节。我国坚持和完善公有制为主体、多种所有制经济共同发展的基本经济制度，坚持和完善按劳分配为主体、多种分配方式并存的分配制度，鼓励一部分地区和一部分人先富起来，先富带动后富，一步一步消除贫困，最终达到共同富裕。全力发展生产力，增进社会财富，不断满足人民日益增长的美好生活需要，促进人的全面发展。

这就意味着，对我们党来说，在这个比较长的新时期，存在着非常巨大和复杂的挑战，习近平总书记提出"不忘初心、牢记使命"的号召，从严治党，是具有历史意义的一件事，对净化党的细胞（个人）、肌体（家庭）、器官（组织）都有着决定性的影响。

习近平总书记发出的号召不是没有原因的，从新中国成立到"文化大革命"，再到改革开放新时期，在广大党员兢兢业业勤勤恳恳为党和人民事业奋斗的同时，部分党员家庭家教家风却出现了很多问题，这些问题如果出在领导干部家庭，其不良影响就会被持续放大，给党带来难以估量的损失。所以在改革开放新时期，找出这些现象出现的原因，并加以消除，是党的领导干部家庭家教家风建设的一个必要过程。

新时期，党员家教家风建设面临的严峻挑战主要来自以下方面：

第一，全球化的急遽发展，给我们带来了巨大文化冲突。全球化是一种客观历史进程，能够给参与国带来巨大的经济政治利益，但同时各种文化在交流和传播中隐含着意识形态斗争，全球化的参与国都在这一巨大的历史浪潮中全力争取话语权、主导权。在中国还不够强大的时候，我们的文化经受了全方位、多层次、多角度的冲击，首当其冲的就是我国主流意识形态。全球化目前还处于西方发达国家的主导之下，在这种情况下，西方各种思想文化思潮四处出击，纷至沓来，不可避免地渗透和冲击着人们的思想，致使我们的社会主流意识形态面临前所未有的重大挑战。党的领导干部家属由于生活环境、政治生态的原因，能够接触到一些比较广泛的信息，假如没有一定高度的理论基础，没有坚定的信念，就很难不被海量信息淹没，失去判断力和分析能力，以致发生信仰危机。

第二，社会文化生活的冲击与西方错误思潮和理论的挑战。在新中国经济快速发展的新时期，社会生活内容空前丰富，但是"糖衣炮弹"

到处都有，只要没有足够警惕就会深受其害。比如西方鼓吹的新自由主义，这种思潮 20 世纪 70 年代兴起于美国和英国，是西方社会赖以瓦解无产阶级、小资产阶级联盟的手段之一，因其可以以非常隐蔽的方法掩盖住西方社会巨大的阶级鸿沟，所以深受资本主义集团的推崇，也就成了目前西方资本主义国家的主流意识形态。近年来，以美国为首的西方国家，为了实现它们"将和平演变进行到底"的险恶用心，向我国大肆"贩卖"新自由主义，以达到麻醉、毒害我国人民的精神世界，为西方的文化入侵开道的目的。这种思潮在本质上是否定社会主义公有制、否定马克思主义，并且以推销个人毫无节制的享受、所谓绝对的自由的方式摧毁我们真正民主的社会主义制度，如果任由其在我国泛滥，导致党的领导干部家庭也深陷其中，后果将极其严重。再比如消费主义，这个概念主要是指以美国为代表，在西方资本主义国家普遍存在的一种文化态度、价值观念或生活方式。消费主义对我国主流意识形态的负面影响主要是通过影响人们日常生活方式，进而将人们的观念从自我分否扭转为依赖大资产阶级集团的恩典，改变人们思想意识和价值观念来实现的，这种"悄悄地进村，打枪的不要"的腐化党员家庭的方式非常隐蔽，但是毒害作用令人防不胜防。

第三，专注经济发展带来的意识混乱。在新时期，我国最重要的任务是发展，只有发展才能保证国强民富。而长期以来我们把发展片面理解为经济第一，政治思想意识形态建设相对滞后，对社会大众造成了一定的不良影响。这种影响逐渐深入到党员领导干部的家庭后，又加重了更加严峻的局面。思想懈怠、"佛系"执政、投机取巧、官僚主义、本位主义、脱离群众等不思进取的意识必然带来违法乱纪为非作歹，使党的领导干部和他们的家人落入陷阱，损害甚至动摇党的执政基础。

在这样的形势下，杨善洲的家庭就显得有些"不食人间烟火"，一个地委书记，家教却那么严，家风那么正，家人那么"穷"，在经济大潮中好像非常不合情理。其实像杨善洲这样的党的领导干部，是真正做到了公而忘私、大公无私，坚守了党的纪律和自己的初衷，所以很多年来外人的质疑声音不断。但就是这样的干部，维护了党的执政理念，使群众从他的家庭身上看到了希望，看到了理想，其示范作用是极其珍贵的，这种家风是重新塑造党内家教风气的"金钥匙"。

近年来，党的风气在以习近平同志为核心的党中央的集中统一领导、坚决纠偏下，正在好转，党员杨善洲的家风像金子那样重新焕发出光芒。习近平总书记强调，各级领导干部特别是高级干部，要"向焦裕禄、谷文昌、杨善洲等同志学习，做家风建设的表率，把修身、齐家落到实处"①。这是对杨善洲家风最好的褒奖。

（三）关于新时期党的领导干部家庭家教家风建设的探讨

一名合格党员，应该把好家风建立在对父母孝敬、对亲人呵护、对家教家风常抓不懈上。我们党崇尚的是人民至上，而不是像有些人所谓的"集体至上"，杨善洲的家教家风就是一个很好的注解，过去有人说他因为个人利益服从集体利益，于是就有了"要集体就不能要家庭"的传言，这是在恶意曲解我们党的价值观。把家庭和集体变成对立的矛盾，杨善洲是从来都没有这样做过的。而且正好相反，作为一名真正的共产党员，他身体力行遵循了中华民族的优良传统美德，鞠躬尽瘁地积极弘扬了社会主义核心价值观。在习近平总书记的讲话中，在各级党委的文件中，在党对于每一个党员的一贯要求中，共产党员应具备的良好家风都熠熠生辉。党员要发挥先锋模范作用，首先就应该具有社会主义核心价值理念的引领能力，中国传统文化强调"修身，齐家，治国，平天下"，对父母的孝、对亲人的爱、对身边人的严，不但是中华美德所要求的齐家，也是共产党员对社会负责的起码要求，所以认真理解杨善

---

① 习近平：《在会见第一届全国文明家庭代表时的讲话》，人民出版社2016年版，第6页。

洲的家庭就能发现，他的家风至纯至刚，他的后代一直遵循他的教诲，不骄不纵，不卑不亢，努力奋进，自尊自爱，凭自己的本事走出山区，开创事业，杨家人并未像有些人想象的那样冥顽愚昧，反而是在自强不息的劳作中渐渐实现了自我突破，这些都是杨善洲从每一个细节严格要求自己家人的结果。如具体到行动上，他跪膝为给母亲洗脚、步行几十公里给母亲送糖、教育孩子不能贪小便宜……这些细节无一不体现杨善洲的家风。共产党员的先进性从这些最细微的事情上表现出来，更能让群众接受。

1.从杨善洲家教家风看党的家教家风制度建设新发展

进入新时期，中央更加重视日益突出的党的领导干部家教家风建设问题。

党的十八大以来，领导干部的家风建设被提到前所未有的高度，因而一系列配套规章、措施接踵出台，从上海、北京、广东等经济文化潮头地区开始，进行"规范领导干部配偶、子女及其配偶经商办企业管理工作"的试点之后，其经验开始在全国推广。

2015年10月，中共中央印发《中国共产党廉洁自律准则》，首次以党内纪律的形式，把廉洁齐家列为党员领导干部廉洁自律规范的重要内容之一。该准则要求领导干部先管好自己，同时还要管好自己的家庭。这既是自己的责任，也是组织的要求，因为领导干部的家风"是领导干部作风的重要表现"。

2016年10月，《中国共产党问责条例》通过，充分说明党已经重新重视党的领导干部家庭家教家风建设问题。《问责条例》的出台标志着领导干部有了新标杆和约束自身行为、为民服务的标准。人生而有责，党员干部的责任除了家庭以外，更重要的是对国家建设的责任和对于群众利益的责任，每个党员自愿加入党组织之后，面对鲜红的党旗宣誓时，就应该明白自己和群众的区别，不仅仅只对小家负责，更要传承党的热血与赤诚，对祖国这个大家承担应有的责任。反过来说，党的领导干部家庭不应成为破坏党纪国法徇私舞弊的突破口，所以一定要明确党员特别是领导干部的家教家风建设也属于党建范围。同月通过的《关于新形势下党内政治生活的若干准则》指出："领导干部特别是高级干部必须注重家庭、家教、家风，教育管理好亲属和身边工作人员""禁止利用职权或影响力为家属亲友谋求特殊照顾"。①

2018 年 10 月 1 日起，新修订的《中国共产党纪律处分条例》更进一步将"廉洁齐家，自觉带头树立良好家风"首次写入党的纪律中，明确针对家风败坏的新型违纪行为，在生活纪律部分明确规定：党员领导干部不重视家风建设，对配偶、子女及其配偶失管失教，造成不良影响或者严重后果的，给予警告或者严重警告处分；情节严重的，给予撤销党内职务处分。可见，党中央已经决心花大力气杜绝不正当的家风给党带来的危害。

习近平总书记多次提到党员家风的问题，他说："不论时代发生多大变化，不论生活格局发生多大变化，我们都要重视家庭建设，注重家庭、注重家教、注重家风……使千千万万个家庭成为国家发展、民族进步、社会和谐的重要基点。"②"千千万万个家庭的家风好，子女教育得好，社会风气好才有基础。"习近平总书记的要求很明确，他强调："要把家风建设摆在重要位置，廉洁修身、廉洁齐家。"③

领导干部拥有良好家风非常重要。党的十八大以来落马的那些"老虎""苍蝇"，正在以反面典型现身说法，一再证明着好家风的珍贵性。一名合格的党员必然拥有好家风，领导干部践行"三严三实"，良好家风则是必要条件。作为一名领导，位置越是重要，就越是要时刻保持警觉意识，"后院起火"的严重性不言而喻，苦心建设的廉政防线从身边

① 《十八大以来重要文献选编》，中央文献出版社 2018 年版，第 438 页。
② 《习近平关于社会主义文化建设论述摘编》，中央文献出版社 2017 年版，第 126 页。
③ 《在第十八届中央纪律检查委员会第六次全体会议上的讲话》，人民出版社 2016 年版，第 12 页。

人开始被攻破的例子比比皆是。从严治党，确实是"紧箍咒"，但是好家风却正是紧箍咒"紧"出来的，身为领导干部，不仅要时刻避免家人或亲友滥用自己的影响力，更要做到随时陶冶性格品德，在家庭成员中培育大公无私、自觉自愿、廉洁自律的土壤和情操。

2. 向杨善洲学习，推进党员领导干部家庭家教家风建设

第一，从领导干部本身开始加强政治学习，坚定对党的事业的信心。对于加强党员领导干部家庭家教家风建设，最核心的是领导干部本人的思想意识，只要他是一名共产党员，只要他对党的信仰、信念、信心没有动摇，他必定愈挫愈奋、愈战愈勇。信仰、信念、信心，是共产党员至关重要的情操。小到每一个个人、每一个集体，大到一个执政党、一个民族、一个国家，只要有信仰、信念、信心，必定会愈挫愈奋、愈战愈勇，决不能不战自败、不打自垮。习近平总书记指出："无论过去、现在还是将来，对马克思主义的信仰，对中国特色社会主义的信念，对实现中华民族伟大复兴中国梦的信心，都是指引和支撑中国人民站起来、富起来、强起来的强大精神力量。"①形成良好家风，首要条件就是领导干部本人，是否能够做到加强政治学习，坚定对党的事业的信心，确实以实际行动重温了入党誓词。

焦裕禄给子女留下了必须"带头艰苦，不搞特殊""工作上向先进看齐，生活条件跟差的比"的家训。多年以来，他的儿女们一直严守他留下来的家训，并将之作为诚心秉持的人生信条，在今天还得到了习近平总书记的衷心称赞。2013 年 3 月，习近平总书记调研指导党的群众路线教育实践活动，到了焦裕禄鞠躬尽瘁的地方——河南省兰考县，他指出，"要组织党员、干部把焦裕禄精神作为一面镜子，从里到外、从上到下反复照一照自己……努力做焦裕禄式的好党员、好干部"。

---

① 习近平：《在庆祝改革开放 40 周年大会上的讲话》，人民出版社 2018 年版，第 42—43 页。

在主持召开中央全面深化改革领导小组第十次会议时，习近平总书记强调，"领导干部的家风，不是个人小事、家庭私事，而是领导干部作风的重要表现。"杨善洲任县委书记时，没有动过给家人办理"农转非"的主意，也没有动过给任何一个女儿端上"铁饭碗"的脑筋，女儿们结婚时杨善洲都要求从简办事，既不请客也不收礼。在追忆父亲时，杨善洲的二女儿杨惠兰谈起："我的家庭不是名门书香世家，我家的家风家训也没有铭刻成书，但是爸爸用他自己的言行举止给我们留下了终生受用的精神财富。"这就是共产党员以身作则严守信念的生动事例。

第二，把艰苦奋斗的理念变成家庭追求。艰苦奋斗是共产党人的传家之宝，是我们党带领人民群众排除万难、克敌制胜的利剑，这种红色基因传承的是中国共产党的政治本色。百年来我们党之所以能够由小到大，由弱变强，归根结底是一代又一代共产党人薪火相传艰苦奋斗的结果。历史表明，艰苦奋斗是我们党一路走来、发展壮大的重要保证，也将是我们党继往开来、再创辉煌的重要保证。是否坚守艰苦奋斗精神，是关系到党和人民事业兴衰成败的大事。艰苦奋斗不仅是一种工作作风和精神理念，更是共产党人强大的精神动力，始终激励着党员干部在风云变幻的历史中净化灵魂、磨砺意志、坚定信念，激励着我们党在曲折复杂的斗争中百折不挠、锐意进取，不断从胜利走向胜利。

杨善洲精神的养成其实是有氛围的，新中国第一代领导集体就是杨善洲的"老师"，那一代领导人的身体力行和坚持不懈，塑造了全党艰苦奋斗的传统，杨善洲从中汲取了艰苦奋斗的精神力量。

老革命家陈云，在新中国成立后担任中央财委主任，其夫人于若木当时也在中财委机关工作。当时没有成文规定，所以于若木是有上下班时搭乘陈云汽车的便利条件的，但她到机关去上班，一直坚持自己骑自行车，一次"顺风车"也没搭过。后来，于若木骑车时出事故导致脚面骨折，再不能骑车。这辆半旧的自行车被二女儿陈伟华"征用"。陈伟华又骑了十几年，这辆老掉牙的自行车到处出故障，实在骑不了终于

"退休"。

谷文昌的儿子谷豫东回忆父亲在福建工作时谈道："我们家里非常朴素，朴素到甚至没有一张饭桌，全家人吃饭就在县政府大院宿舍前面一张露天的石桌上，如果下雨天，只能端着碗转移到屋檐下继续。"一直到今天，谷文昌"清白持家、简朴本分、为民奉献"的家风仍在当地干部群众中传颂。谷文昌、焦裕禄、杨善洲的家风内涵丰富，体现的是那一代共产党员艰苦奋斗、朴素清白、奉献到底的优良传统，这是我们党的建设宝贵的精神财富，现在我们全面从严治党，应当把这些优良传统继承好、发扬好，让这些好家风成为我们党永不褪色的"传家宝"。[①]

习近平总书记指出："不论我们国家发展到什么水平，不论人民生活改善到什么地步，艰苦奋斗、勤俭节约的思想永远不能丢。"杨善洲家人践行"艰苦奋斗、自力更生"的原则，他们的这种家风是发自内心的、纯粹的、洁净的、自觉的，是我们这个时代需要的党的领导干部家庭家风的典型形象。

第三，坚持原则不放松，更不放纵。一名官员的为官之道如何，会决定其家人的价值走向，而家人的态度和影响，往往也会反作用于官员本身。"千古一相"范仲淹，为官后注重家声，虽官居要职，却始终严于律己，不仅自己粗茶淡饭，更要求家人安贫乐道。在父亲的言传身教下，范纯仁不辱家风，为官有为，治州有策，也成为一代名相。同是北宋朝的蔡京，其所作所为以及其对子孙后代的管教，和范仲淹截然相反，为后世留下了一本反面教材。这就是"正人先正己，治国先治家"的道理所在，涵养好家风，是每一名党员干部的必修课。杨善洲给家人留下的正是先贤们的这种坚持原则不放松、不放纵的精神。

家风是改良社会风气的出发点，也是落脚点，习近平总书记在会

---

① 郑良：《谷文昌的家风：清白持家简朴本分为民奉献》，《人民日报》2015年5月20日。

见第一届全国文明家庭代表时指出："广大家庭都要弘扬优良家风，以千千万万家庭的好家风支撑起全社会的好风气。"家稳社会就稳，家风好社会风气就好。党员干部应该管好亲属，管好身边人，决不允许他们擅权干政，更不得默许他们利用有利的身份条件非法牟取利益。

加强廉洁自律，杜绝"枕边风""裙带风"这些不正之风，党员干部就要真正做到管好亲属、管好身边人。倘若被亲属左右言行，被身边人束缚住手脚，以致逐渐丧失原则，最终就会走上腐败的不归路。要避免被不正之风引向深渊，就要以自身的好作风影响亲属和身边人。

习近平总书记曾在给他的父亲习仲勋的一封拜寿信中详细列举：一是学父亲做人；二是学父亲做事；三是学父亲对信仰的执著追求；四是学父亲的赤子情怀；五是学父亲的俭朴生活。习近平总书记坦言，"从父亲这里继承和吸取的高尚品质很多"。

第四，让家人接近群众，广泛接触生活。杨善洲家的每一个人都是生产活动的参与者、实践者，包括他本人一辈子没有脱离群众和生产。不脱离群众，不脱离实践可以说是杨善洲与人民心连心的有力保障，学习杨善洲，需要让领导干部的家人保持本色和初心，不至于演变为脱离群众、与群众有隔阂的"真空人"；让家人实际参与到为人民服务的实践活动中去，不至于演变为轻视劳动、惧怕实践的"高衙内"。

马克思主义认为："人类的生产活动是最基本的实践活动，是决定其他一切活动的东西。人的认识，主要地依赖于物质的生产活动，逐渐地了解自然的现象、自然的性质、自然的规律性、人和自然的关系；而且经过生产活动，也在各种不同程度上逐渐地认识了人和人的一定的相互关系。一切这些知识，离开生产活动是不能得到的。"[1]这是人的认识发展的基本来源。

作为马克思主义者，脱离群众是最大的痛苦，党的领导干部是从群

---

[1] 《毛泽东选集》第一卷，人民出版社 1991 年版，第 282—283 页。

众中诞生、为群众服务的，他的家庭成员也是群众的一部分，这就注定其家庭必须与人民同呼吸共命运，任何时候也不要忘本。人民立场是中国共产党的根本政治立场，是马克思主义政党区别于其他政党的显著标志。党与人民风雨同舟、生死与共，始终保持血肉联系，是党战胜一切困难和风险的根本保证，有了更多以杨善洲为代表的有优良家教、家风的家庭，党的事业就能够顺利推进，建设社会主义现代化国家这个目标就一定能够实现。时代在发展，时代的家教、家风也要发展，杨善洲精神中所蕴含的家教、家风，就是最鲜活生动的教材，是可学习、可借鉴、可推而广之的榜样和典型。在践行杨善洲精神时，要把新时代的家教、家风作为一项重要的内容，树立正确的家国情怀，完成历史赋予的伟大使命。

（四）新时期党员家教家风建设的要求和衡量

1.保持家庭的完整稳固

无论社会怎样发展，每一个共产党人和每一个党的干部，都必须要有一个完整而稳固的家庭。完整的标准，即小家庭有配偶、子女，除特殊原因外，不鼓励单身或丁克家庭；稳固的标准，虽然不强求"从一而终"，但也不鼓励朝三暮四。虽然法律上没有硬性规定，但作为党员，作为干部，是要求作风正派，正确对待婚姻，一旦结婚后，就要经营好家庭。经营家庭不是积累财富，尽管通过正当渠道积累财富是无可厚非的，但这不是经营家庭的主要目的。经营家庭的重点是感情，通过不断增进感情，家庭成员之间你中有我、我中有你，夫妻、子女之间的关系越亲密，家庭就越稳固。而一个完整、稳固的家庭，往往就是一个共产党人和党的干部最坚强的靠山，能给予最无私、最强大的支持和动力。如果双方都是共产党人，都是党的干部，那就更容易理解和支持对方，既把单位上的工作做好，又能把家务事处理好。从这个意义上讲，保持每个共产党人家庭的完整和稳固，是新时代共产党人家风、家教建设的重中之重。

2. 保持家人的纯洁善良

从历史和现实的经验看，家风正派的家庭，尤其是家人纯洁善良的家庭，就是共产党人和党的干部拒腐防变的第一道关口。许多走上犯罪道路的干部，首先是家庭失守，然后导致整个战线的失守。因此新时期共产党人家风、家教的核心内容，就是要通过学习教育，让共产党人和党的干部家庭的每一个成员，都能够自觉遵纪守法，知道什么可以做，什么不可以做。当家里其他人出现与党的纪律相违背的事，能够立即指明并予以纠正，不护短，不盲从，有错即改，那是对家人最好的支持。当家人在工作中遇到了难题，思想出现了波动，能够及时宽慰，当好他们的坚强后盾，他们就能在最短时间内走出困境。但家人也要明白事理，安慰、支持但不能干预领导干部工作上的事。总之，家人越纯洁善良，对这个家庭和家庭中的党员或领导干部的工作越有利。

3. 保持共产党人和领导干部的斗志

共产党人和党的干部，随着年龄的增长，也随着工作中的经验教训较多，到了一定的时候，便会出现懈怠、懒散甚至倒退。一旦出现这样的状况，仅靠单位和同事的劝导难以解决问题，而通过良好家教形成良好家风的家庭，其成员就能够在此时发挥作用。懈怠、懒散甚至倒退的结果，是与完整稳固的家庭、纯洁善良的家人格格不入的，还有可能损害这个家庭正常存在，损害下一代人的健康成长。家人在此时晓之以理，明之以害，就会让家人重新焕发活力和斗志，至少不会犯糊涂，办错事。对家庭、对单位、对党员的形象都是有利的。

4. 保证党的事业顺利推进

党组织是由若干共产党人构成的整体，社会是由若干家庭构成的整体，如果共产党人的家庭成为社会的主流和样板，这些家庭的家教、家风就越好，就越能得到社会的信任。共产党人和党的干部家庭完整稳固，家人纯洁善良，本身就是一大品牌，很有社会影响力。这样的家庭走出来的党员或干部，形象就会很好，就能得到广大人民群众的敬仰，他在前台就不受累，工作中就能行得端、站得正，办事就能公平公正，为实现"两个一百年"奋斗目标提供强大正能量。

第七章
杨善洲精神与新时代共产党人精神家园建设

人贵为人，在于人有精神，有精神家园。"人，本质上就是文化的人，而不是'物化'的人；是能动的、全面的人，而不是僵化的、'单向度'的人。"① 人在精神上的追求是由文化认同所引发的精神上的归属感、思想上的一致性和思维上的一贯性。家园是人的身心放逐和灵魂安放之地。精神家园是人的心理依赖、精神寄托和心灵归宿之所，是人生永远的根基。共产党是先进阶级的组织，党的先进性和纯洁性内在包含着每一个个体的共产党人应该具有有别于其他政党组织和一般人群的精神追求和精神风貌。共产党人的精神家园是共产党人在革命、建设和改革的长期奋斗过程中形成的心理、情感、精神的有机统一，是世界观、人生观、价值观的体现，是共产党人的精气神的源泉，是共产党人朝气、活力的生长剂和孵化器，已然是共产党人的精神支柱和共产党不断前进、不断强大的"文化基因"。习近平总书记强调："《共产党宣言》揭示的人类社会最终走向共产主义的必然趋势，奠定了共产党人坚定理想信念、坚守精神家园的理论基础。我们要把共产主义远大理想同中国特色社会主义共同理想统一起来、同我们正在做的事情统一起来，坚定道路自信、理论自信、制度自信、文化自信，不为任何风险所惧，不为任何干扰所惑，始终坚守共产党人的理想信念，不负共产党人的光荣称号。"② 杨善洲做到了从政为民六十年如一日的

---

① 习近平：《之江新语》，浙江人民出版社 2015 年版，第 150 页。
② 习近平：《在中共中央政治局第五次集体学习时强调：深刻感悟和把握马克思主义真理力量，谱写新时代中国特色社会主义新篇章》，《人民日报》2018 年 4 月 25 日。

坚守，"一辈子忠于党的事业，一辈子全心全意为群众谋利益"，艰苦创业，廉洁奉公，鞠躬尽瘁、死而后已，正是他的精神家园之所在，是一名优秀共产党员的精神家园之所现，是新时期共产党人坚守精神家园的典范，赓续、传承和弘扬杨善洲精神是新时代共产党人精神家园建设的重要内容。

一、新时代共产党人精神家园建设的要求

共产党人精神家园的形成和铸就是一个过程，蕴含于党的诞生、发展、壮大和执政的整个过程中，是一代又一代共产党人在革命、建设和改革中展现出的精神风貌和精神力量的凝聚，是由一系列精神所构成的精神谱系，是党传承传统、凝结力量、推动党和国家事业发展的宝贵精神财富，是激励一代代共产党人奋勇前进的精神动力。新时代、新特点、新矛盾、新问题、新挑战、新使命、新目标，经受任何艰难困苦、赢得人民群众信任、获得人民群众拥戴、夯实执政根基、提升执政能力，需要共产党人坚守精神家园，才能继续在新征程中无往而不胜，不断为党和人民作出新的贡献。

（一）共产党人精神家园建设是坚守理想信念的根本要求

坚强的党性是共产党人精神家园建设的基础。党性是党的理想信念、奋斗目标、宗旨性质等固有本性在党员身上的体现，是党员干部立身、立业、立言、立德的基石。无产阶级政党的根本属性包含了政治立场、价值取向、组织原则、实现路径等内涵。

坚持马克思主义指导是共产党人精神家园建设的思想根基。习近平总书记指出："要炼就'金刚不坏之身'，必须用科学理论武装头脑，不

断培植我们的精神家园。"①马克思主义是指导世界无产阶级革命和全人类彻底解放的科学学说和系统完整的理论体系，在世界无产阶级革命运动实践中不断丰富、发展和完善，始终为人类实践和思想发展提供了强大理论指南。马克思主义不谋求任何私利，不是某个利益集团的代表，不抱有任何偏见，而是把人的全面发展和全人类解放作为最高价值追求，是科学真理性和道义至上性的辩证统一。马克思主义诞生以来，不仅深刻改变了世界，也深刻改变了中国。中国共产党自1921年成立伊始，一直高举马克思主义旗帜，随时随地坚持以马克思主义为指导，紧密结合中国革命、建设和改革的实践，推进马克思主义中国化，产生了一系列理论成果，使马克思主义在指导中华民族实现民族独立、社会主义中国实现国家富强和中国人民实现幸福生活的伟大实践中，探索出马克思主义中国化的实际路子。不仅实现了马克思主义在每个不同的阶段丰富发展，更彰显了马克思主义科学真理的伟大力量和强大生命力。理论上清醒，政治上才能坚定。习近平总书记多次强调领导干部要把马克思主义理论作为必修课，要念好马克思主义"真经"，深刻感悟和把握马克思主义真理力量，坚定马克思主义信仰，始终把共产党人的看家本领——马克思主义，学习好、掌握好、运用好。

坚定理想信念是共产党人精神家园建设的支柱。实现共产主义理想，笃定马克思主义信仰，始终坚定为人民服务的宗旨意识。"对马克思主义的信仰，对社会主义和共产主义的信念，是共产党人的政治灵魂，是共产党人经受住任何考验的精神支柱。现实生活中，一些党员、干部出这样那样的问题，说到底是信仰迷茫、精神迷失。"②中国共产党自成立伊始，一直以来坚持马克思主义指导，以实现共产主义远大理想为奋斗目标，一代又一代共产党人在共产主义理想的激励和引导下，前

① 《习近平总书记系列重要讲话读本（2016年版）》，学习出版社、人民出版社2016年版，第108页。

② 《习近平谈治国理政》，外文出版社2014年版，第15页。

赴后继而不断前行，披荆斩棘而信念不变。理想信念体现了共产党立党为公、执政为民的价值追求，坚定理想信念是共产党的一大政治优势。我们共产党人正是在坚定马克思主义信仰和崇高共产主义理想的方向指引和巨大激励鞭策下，不畏艰难险阻，不怕流血牺牲，前仆后继，艰苦奋斗，带领全国人民迎来了站起来、富起来、强起来的伟大飞跃。习近平总书记明确指出："理想信念动摇是最危险的动摇，理想信念滑坡是最危险的滑坡。一个政党的衰落，往往从理想信念的丧失或缺失开始。"坚定的理想信念已经熔铸成为共产党人的政治灵魂，成为共产党人安身立命的根本，成为破浪前行的指明灯。理想信念犹如共产党人的精神之"钙"，没有理想信念，理想信念不坚定，精神上就会"缺钙"，就会得"软骨病"，与"软骨病"相伴生的就是党的领导干部在政治上变质蜕化，在经济上贪婪敛财，在道德上堕落无底线，在生活上腐化奢靡。"有了坚定的理想信念，站位高了，眼界宽了，心胸开阔了，就能坚持正确政治方向，在胜利和顺境时不骄傲不急躁，在困难和逆境时不消沉不动摇，经受住各种风险和困难考验，自觉抵制各种腐朽思想的侵蚀"，① 就能筑牢共产党人的精神家园。

（二）共产党人精神家园建设是提升道德修养的内在要求

共产党人精神家园建设要不断增强党性修养。人性是党性的基础，党性是人性中真善美的政党表达；党性丰富了人性，是人性的自我超越。因为共产党始终不忘为中国人民谋幸福、为中华民族谋复兴的初心坚守和使命担当，共产党才能成为中国工人阶级、中国人民和中华民族的先锋队。共产党人之所以能成为广大人民群众的主心骨、得到广大人

---

① 孙柳：《共产党人理想信念新的时代内涵和标准》，《江南大学学报（人文社会科学版）》2020 年第 2 期。

民群众的认可，是因为共产党人有坚定、虔诚而执着的理想信念，有高尚的道德情操这样一种重要的精神内驱力量。党性修养是共产党人修身的基石。共产党员的党龄工龄会随着年龄的增长而增长，而共产党员的党性修养、道德水平与党龄工龄、职务职级不一定是正相关关系。党性修养必须在严格的党内生活锻炼中不断增强，必须强化自我修炼、自我约束、自我改造。年轻干部要筑牢道德修养基石，系好人生第一粒扣子。"要教育引导干部加强党性修养、筑牢信仰之基，加强政德修养、打牢从政之基，严守纪律规矩、夯实廉政之基，健全基本知识体系、强化能力之基。"①《党章》是立党、管党、治党的总章程和根本准则，是共产党人加强党性修养的根本标准。入党誓词是党员个体党性的表现形式，也是党员个体党性的实现方式。共产党人要严格遵守《党章》，时常重温入党誓词，永远牢记于心，按照党章要求加强党性修养，做到在思想上强化自觉，在实践上从严要求，在坚守上矢志不渝，始终保持思想的先进性和纯洁性。

共产党人精神家园建设要不断提高道德修养。道德情操围绕"人是什么、怎么做人、做什么样的人"的问题展开。中国共产党的性质和宗旨，决定了全体党员，特别是领导干部必须具有崇高精神境界和追求高尚道德情操。习近平总书记提出："道德之于个人、之于社会，都具有基础性意义，做人做事第一位的是崇德修身。"② 共产党人的道德情操，是党员个人明大德、守公德、严私德的严以修身。共产党人务必在思想和行为中求真、求善、求美，体现出共产党人追求美好生活的良好心理状态和行为特征，才能自觉反对假、丑、恶，抵制思想颓废、破除精神空虚、清扫意志消沉、拒绝低俗情趣，始终高扬理想之翼、绷紧信念之弦、永葆进取之心。共产党人务必加强思想道德建设，积极践行社会主义核心价值观，才能弘扬共同理想、凝聚精神力量、建设道德风尚，保持高尚道德情操追求，高扬道德影响力，彰显人格感召力，在固本培元中增强发展凝聚力。共产党人务必自觉学习和传承优秀传统文化，求真知、讲文明、扬道德、树廉耻，才能丰富生活、陶冶情操，远离媚俗低贱、抵制歪风邪气，耐得住寂寞，守得住清贫，经得住诱惑，成为真善美的化身。

共产党人精神家园建设要不断推进自我革命。共产党人要注重身心修为，提高道德修养；党员领导干部更要注重常修为政之德、以德服众，常思贪欲之祸、清正廉洁，常怀律己之心、身正品高，要时常检视自己是否做到心中有党、心中有民、心中有责、心中有戒。"做到不忘初心、牢记使命，必须有强烈的自我革命精神。要在自我净化上下功夫，要在自我完善上下功夫，要在自我革新上求突破，要在自我提高上下功夫，党的自我革命任重而道远，决不能有停一停、歇一歇的想法。"①自我净化、自我完善、自我革新、自我提高是共产党人精神家园建设从共产党人个体层面的自觉、自查与自省，是正心修身过程中有破又有立，是既有施药动刀的治病之法又有固本培元的强身之举，更是党组织层面永葆旺盛生命力和强大战斗力的内生动力，永葆先进性和纯洁性的内在要求。

（三）共产党人精神家园建设是永葆政治本色的时代要求

忠于党、忠于国家、忠于人民是共产党人精神家园建设的第一要义。忠诚于党组织，这是党组织属性的必然要求。对党忠诚老实、光明磊落、说老实话、办老实事、做老实人是对党的各级组织和全体党员的要求，是共产党人的品质特征，更是党组织的凝聚力、战斗力、执行力

---

① 习近平：《牢记初心使命，推进自我革命》，《求是》2019 年第 15 期。

的根本，是中国共产党取得革命、建设和改革伟大胜利的重要法宝。忠诚于党组织，不仅是每位共产党人的政治要求，而且是政治品质的体现，更是检验每位共产党人政治立场、政治方向、政治原则的试金石。习近平总书记指出："对党绝对忠诚要害在'绝对'两个字，就是唯一的、彻底的、无条件的、不掺任何杂质的、没有任何水分的忠诚。"①中国共产党是最坚定的爱国政治组织，最具有深厚的爱国情怀，高举爱国主义的旗帜，积极践行和弘扬爱国主义精神，始终从中华民族独立、国家富强与民族伟大复兴作为自己的崇高使命和神圣职责而努力奋斗。共产党人时刻胸怀祖国，以身许国、以身报国，忠于国家利益，以国家利益为重，始终捍卫国家主权，维护国家尊严，珍惜国家荣誉。人民群众创造历史，人民群众是历史的主体。中国共产党来自于人民，为人民而生，因人民而兴，为人民而干，人民是我们党从一个胜利走向另一个胜利的力量源泉。"人民至上"是马克思主义的根本立场和根本路线的集中体现。中国共产党始终站稳人民立场，始终把为人民服务作为根本宗旨。中国共产党始终不变和赓续传承的是为中国人民谋幸福、为中华民族谋复兴的初心与使命。中国共产党坚持以人民为中心的发展思想，始终把实现人民对美好生活的向往作为奋斗目标和前进动力，就是要克己奉公、敢担敢为、兢兢业业地提升人民的物质生活和精神生活水平，增进人民福祉，不断提升人民群众的幸福感、获得感与安全感。

坚定的信仰信念是共产党人精神家园建设的精神内核。信仰是作为政治组织的政党的最显著的特征，是政党间相互区别的显著标志。中国共产党以马克思主义为信仰，以共产主义为奋斗目标，是马克思主义信仰的觉悟者和共产主义信念的自觉践行者。正是因为中国共产党以坚定的理想信念为精神支撑和动力源泉，共产党才能带领全国人民在中国革命、建设、改革中无往而不胜，创造辉煌的业绩和永载史册的成就，而

① 《习近平关于严明党的纪律和规矩论述摘编》，中央文献出版社2016年版，第24页。

这种历之弥坚的信仰信念早已涵化凝结为共产党人精神家园建设的精神内核。今天，我们在面对具有许多新的历史特点的伟大斗争新征程中，能否经受住执政考验、改革开放考验、市场经济考验、外部环境考验这"四大考验"，能否始终克服精神懈怠危险、能力不足危险、脱离群众危险、消极腐败危险这"四大危险"，坚定的信仰信念锻造出共产党员特别是领导干部经受"四大考验"的试金石，是克服"四大危险"的隔离剂、护身服和强大精神支撑。习近平总书记明确指出："对马克思主义的信仰，对社会主义和共产主义的信念，是共产党人的政治灵魂，是共产党人经受住任何考验的精神支柱。"①共产党人精神家园建设，必须始终以马克思主义为指导，必须始终坚定马克思主义信仰，必须始终坚定共产主义信念，树立为共产主义奋斗终身的远大理想。

敢于担当、甘于奉献是共产党人精神家园建设的本质特征。"苟利国家生死以，岂因祸福避趋之"是共产党人担当争取民族独立、人民解放和实现国家富强、人民富裕的生动诠释和真实写照。正是中国共产党的勇于担当、敢于担当和善于担当，带领中国人民解决了落后挨打，中国人民站起来了；正是中国共产党的勇于担当、敢于担当和善于担当，带领中国人民解决了贫穷挨饿，中国人民富起来了；正是中国共产党的勇于担当、敢于担当和善于担当，带领中国人民解决了失语挨骂，中国人民强起来了。一代人有一代人的长征之路，一代人有一代人的奋斗历程，一个时代有一个时代的担当作为。敢于担当的政治本色和优秀品质已经成为共产党人的基因传承和血液流淌。党的十八大以来，以习近平同志为核心的党中央，以深层的使命忧患意识和舍我其谁的历史担当精神，团结带领全党全国人民砥砺奋进、攻坚克难，以"我将无我，不负人民"的气魄，追求"功成不必在我"的精神境界和"舍我其谁"的历史担当，不断创造了一个又一个奇迹，开启了中国特色社会主义新时

---

① 《习近平谈治国理政》，外文出版社 2014 年版，第 15 页。

代，艰苦奋斗再创业，敢叫日月换新天，书写了共产党人勇于担当、敢于担当和善于担当的历史新华章。习近平总书记"我将无我，不负人民"的共产党人最高人生境界是勇于担当、敢于担当和善于担当的生动写照。因为担当，所以奉献；因为奉献，所以成就伟大事业。一代代、一批批甘于奉献、乐于奉献的共产党人，为了党、国家和人民的利益，舍小家顾大家，奉献青春奉献子孙，把个人利益坚决服从和服务于党的利益、国家利益和人民利益，随时准备为党和人民牺牲一切，吃苦在前，享受在后，克己奉公，不计个人得失，不计名利，以甘于奉献和乐于奉献的品质和精神展现了共产党人精神家园。

二、杨善洲精神蕴含丰富的共产党人精神养分

"农民书记"杨善洲，"草帽书记"杨善洲，"草鞋书记"杨善洲，"粮食书记"杨善洲，"种树书记"杨善洲……，一个个别名与称谓鲜活展现了杨善洲在人民群众心中的亲切与亲近形象和新时期党员领导干部的光辉形象。杨善洲一辈子的不忘初心与无私奉献，60 年如一日，奋斗一辈子、奉献一辈子、坚守一辈子，始终坚守共产党人的精神家园，践行共产党人的初心和使命，用自己的行动树立一名中国共产党人、一名领导干部一辈子情为民所系、权为民所用、利为民所谋的先锋和楷模，是新时期党员同志，特别是领导干部为人为官、干事创业的光辉典范。杨善洲精神蕴含丰富的共产党人精神养分，集中体现为"坚定信念，对党忠诚的政治品格，牢记宗旨、一心为民的公仆情怀，勤政务实、敢于担当的崇高境界，大公无私、淡泊名利、廉洁奉公的奉献精神"①。

---

① 省委理论学习中心组：《加强党性修养践行初心使命做党和人民满意的好党员好干部》，《云南日报》2019 年 6 月 14 日。

（一）坚定信念、对党忠诚的政治品格

坚定信念是强大的精神力量。信仰是人的精神层面的追求与皈依，马克思主义是共产党人坚贞不渝的信仰。信念是对信仰坚信不疑的认同，并为实现信仰砥砺前行甚至至死不渝的努力。"坚定理想信念，坚守共产党人精神追求，始终是共产党人安身立命的根本。对马克思主义的信仰，对社会主义和共产主义的信念，是共产党人的政治灵魂，是共产党人经受住任何考验的精神支柱。"①"信仰、信念、信心，任何时候都至关重要。小到一个人、一个集体，大到一个政党、一个民族、一个国家，只要有信仰、信念、信心，就会愈挫愈奋、愈战愈勇，否则就会不战自败、不打自垮。无论过去、现在还是将来，对马克思主义的信仰，对中国特色社会主义的信念，对实现中华民族伟大复兴中国梦的信心，都指引和支撑中国人民站起来、富起来、强起来的强大精神力量。"②杨善洲始终不渝地忠诚于党的事业，咬定目标不放松，踏踏实实干好自己的本职工作，始终坚守自己的人生信条和高尚的理想信念。杨善洲坚定信念、对党忠诚的崇高政治品格不是一朝一夕就形成的，而是在党的关怀下，通过自己60年高标准严要求的不懈努力才锤炼形成的。任何一个正常的社会都是需要优秀的政治品质传递正能量，杨善洲的政治品质有如一缕清风涤荡着人们的灵魂，使人们看到了朴素、见识了高尚、感受到了品格的力量。

坚守信念是杨善洲政治品格的鲜明特征。著名作家丁玲说过："人，只要有一种信念，有所追求，什么艰苦都能忍受，什么环境都能适应。"杨善洲60年如一日，始终对共产主义理想是如此坚定，始终对中国特色社会主义信念是如此坚定，一生都把一名共产党人、一名共产党的领

---

① 《习近平谈治国理政》，外文出版社2014年版，第15页。
② 习近平：《在庆祝改革开放40周年大会上的讲话》，《人民日报》2018年12月19日。

导干部对共产主义理想和中国特色社会主义信念的执着坚守体现在自己一生全心全意、无怨无悔地为党、为国家、为人民的利益，一生鞠躬尽瘁死而后已为人民群众服务的实际工作中。杨善洲经常提醒自己也教育广大党员领导干部，"不要总想着人民、党对不起自己，多想一想我们的工作做得怎么样，有没有对不起党和人民的地方。"这是一名共产党人发自肺腑的心灵之言，杨善洲这样说也一辈子这样做，用一辈子的行动践行和证明了"共产党员身份永不退休"的誓言和价值追求。在担任县委书记、地委书记时是这样做，在退位退休时依然如此。他毅然放弃到省城安享晚年的机会，带领一群人走进满目荒芜的大亮山"自讨苦吃"，从自己动手搭建四处透风的窝棚，到街上捡种子，栽下一棵棵幼苗，长成枝叶繁茂的大树，到绿了一片山林，成就 5.6 万亩、价值 3 亿多元的国家林场。"栽下一棵树，山就会绿一小块，栽下几棵树就会绿一片。我不相信这山绿不起来。"[1] 这是杨善洲坚定信念的执着。艰苦创

① 　王丽：《学习杨善洲精神　加强高校校园文化建设》，《作家天地》2019 年第 12 期。

业、服务人民、奉献国家，杨善洲正是在坚定信念的支撑下产生的不竭动力。时代在变、环境在变、职位晋升、诱惑增多，杨善洲的理想从来没有一丝改变，信念没有一丝动摇，灵魂没有一丝浮躁，本色没有一丝蜕变，一辈子始终坚守共产党人的人生信条和崇高理想信念，随时随地为自己补足理想信念的"精神之钙"，始终坚守共产党人初心和勇担使命。杨善洲曾说："艰苦奋斗的革命精神，来源于远大的理想和坚定的信念，理想和信念是革命者的支柱，有了这个精神支柱，就会产生勇敢和毅力，就能克服一切艰难险阻，就能经得起生死的考验。"纵观杨善洲的一生，他始终有坚定信念，始终牢记全心全意为人民服务的宗旨意识，总能把党和人民的利益放在第一位，在遇到任何问题、矛盾、困难和压力时，总是在坚定信念的支撑下排解、克服、战胜。习近平总书记这样评价杨善洲："做人民满意的好党员好干部，就要像杨善洲同志那样以正确的世界观立身，始终坚定理想信念、忠于党忠于人民。"

对党忠诚是杨善洲政治品格的本质特征。一是杨善洲一生对党无限崇敬和深深感激。在刚参加工作不久就光荣加入中国共产党，并在党的关怀下一步步成长，由一个做过9年石匠的农民，到县委书记，到最后担任地委书记。"我出来工作，就是抱着对共产党的感激之情出来的，共产党的远大目标，就是要使我们的整个民族都富裕起来。""不要总想着人民、党对不起自己，多想一想我们的工作，做得怎么样，有没有对不起党和人民的地方。""现在我们工作、生活有这么好的条件，都是老家革命者们用鲜血、生命换来的，这一点千万不能忘记，还要世世代代传下去，中国发展巩固才有希望。"杨善洲在担任县、地委主要领导期间，始终把党的先进性运用到实际工作中去，带头率领广大人民开展生产和经济建设，运用科学技术打造出了"滇西粮仓"。忠诚是共产党人的第一品质、第一誓言。可以说，是党培养了杨善洲，是在干事创业的实践中铸就了杨善洲的政治品质，是时代造就了杨善洲精神。二是时刻践行党的宗旨。"我就是一个农民，我出来就是为人民做点事情。""我只是在尽一名党员的职责，只要活着，我就有义务和责任帮群众办实事。"这是杨善洲经常挂在嘴边的话。他心中始终装着百姓，经常深入田间地头调研，指导百姓掌握生产技术，甚至亲自做示范；旱灾肆虐保山时，百姓口里渴着，心里苦着，在开会时杨善洲不让与会人员喝水，让党员干部切实感受百姓疾苦，同时停止了地委大楼建设项目，把工程款用于抗旱救灾；退休后，主动放弃到省城养老的机会，选择到大亮山植树造林，造福百姓，他不图名、不图利，图的是老百姓说他没白吃国家公粮。三是自觉维护党和国家的形象。作为一名党的领导干部，杨善洲非常注重维护党和国家的形象，他一生遵纪守法、坚持原则、清正廉洁、不徇私情。"捞油水的机会还是有的，但是我没有捞，共产党员拿着工资为人民服务，再要钱那怎么成？"在担任地委书记期间，他拒绝为女儿转学到条件好的保山市读书，他这样说："山里娃都就近读书，为什么地委书记的子女就要到保山来读？如果我不是地委书记，这件事该怎么办？"用林场的车子只接送了妻子一次，他却主动交了公车使用费，他这样说："我的家属子女乘坐林场配给我的车要付车费，为什么呢？购买车子是办公用的，不是接送家属子女的。不在领导岗位了，原则仍要坚持。"他的这些原则，在今天看来，觉得有些苛刻，或者说没这个必要；而当时杨善洲却把这些小细节、大原则看得很重。他之所以能一辈子坚持原则，正是因为他对党无限忠诚，时时刻刻注意树立和维护党和国家的形象。

（二）牢记宗旨、一心为民的公仆情怀

杨善洲一生都在践行全心全意为人民服务的宗旨。党的宗旨是全心全意为人民服务。"我们干工作，不是做给上级看的，而是为了人民群众的幸福。""有义务和责任帮群众办实事。"这是杨善洲最朴实真诚的话语，也是他一生的座右铭。共产党人所努力奋斗的一切就是为了让人

民过上好日子，让人民群众有更多幸福感、获得感、安全感。"人民群众创造历史，人民群众始终是我们党的力量之源、生存之本、胜利之基。"①共产党人不是人民的官老爷，而是人民的勤务员，这就要求党员领导干部无论是革命战争时期、社会主义建设时期，还是改革开放时期和新时代，时刻不能忘记和必须永远践行"一切为了群众，一切依靠群众，从群众中来，到群众中去"的群众路线，让人民群众的力量成为支持我们事业的坚强后盾，党才能赢得民心，赢得群众的拥护和支持，才能不当"李自成"，才能长期执政。习近平总书记 2015 年 6 月 30 日会见全国优秀县委书记时强调："要做群众的贴心人……坚持全心全意为人民服务的根本宗旨，自觉贯彻党的群众路线，心系群众、为民造福……心中始终装着老百姓，先天下之忧而忧，后天下之乐而乐，真正做到心系群众、热爱群众、服务群众。"②杨善洲时刻把人民群众装在心中，永远保持对人民的赤子之心，"我们是党的干部，如果老百姓饿肚子，我们就失职了！共产党人什么困难也不怕，就怕伤群众的心。"杨善洲一生真诚地做人民公仆，一心为民，做忠诚于民、服务于民的表率，"草帽书记""草鞋书记"是老百姓对他的最亲切、最朴实的崇高评价。杨善洲同志一生都永远把人民群众装在心中，始终把人民群众的利益放在第一位，恪守为民之责，做到民有所呼我有所应，民有所困我有所帮，民有所难我有所解，与人民群众心连心、手牵手，急群众之所急，想群众之所想，尽心尽力、尽职尽责为人民谋福祉。

杨善洲一生都有为人民谋利益的明确目标。党章明确规定："中国共产党代表最广大人民的根本利益。"毛泽东在《为人民服务》中强调："我们这个队伍完全是为着解放人民的，是彻底地为人民的利益工作的。"③中国共产党的利益与人民利益具有内在的统一性，"党除了最

---

① 胡忠玲：《突破廉政建设的"权责利"瓶颈》，《领导科学》2012 年第 4 期。
② 习近平：《做焦裕禄式的县委书记》，中央文献出版社 2015 年版，第 67—68 页。
③ 《毛泽东选集》第三卷，人民出版社 1991 年版，第 1004 页。

广大人民群众的利益之外，没有自己的特殊利益。党在任何时候都要把群众利益放在第一位，"① 始终把人民放在心中最高位置，奉行"人民利益至上"的利益原则。人民的利益高于一切，党员个人利益服从整体利益，共产党人要全心全意为人民谋利益，这是共产党人始终坚持和践行的利益观的集中体现。各级党员领导干部如何对待自身的利益问题，如何把实现好、维护好、发展好最广大人民的根本利益摆在首位，是检验各级党员领导干部是否称职、是否真正为人民服务、是否站稳人民立场的最根本标准。杨善洲说过，"共产党人不是要做官，而是要为人民谋福祉。""我们党的根本宗旨是全心全意为人民服务，彻底地为人民利益工作，每一个党员干部，不论在哪里工作，也不论时间多长，都要有一种为人民谋利益的明确目标。这是每一个共产党员应有的觉悟，也是我们党和其他党不同的根本标志。"② 杨善洲的一生，无论是担任领导干部，还是退休离岗之后，始终坚持群众利益无小事，永远把人民群众利益置于个人利益之前。他舍小家为大家，时刻惦记着乡亲、惦记着群众，对家乡和人民无比热爱，始终把人民群众的利益放在第一位，尽心竭力、诚心诚意地为人民群众干实事、办好事。作为父母官，杨善洲始终把为人民群众改善生活、为人民谋福祉作为其工作的出发点和落脚点，一直以来真心实意地围绕人民群众最关心、最直接、最现实的利益问题开展工作，不断加强以改善民生为重点的社会建设，促进社会和谐稳定，把整个身心都献给了家乡和人民，以自己的行动忠实地履行了共产党人"只要生命不结束，服务人民不停止"的全心全意为人民服务的宗旨意识。

杨善洲一生都始终保持公仆本色。"做人民满意的好党员好干部，就要像杨善洲同志那样以正确的群众观做人，始终保持公仆本色"，这

---

① 崔婷婷：《基于传统优秀文化资源的共产党员党性修养研究》，东北石油大学硕士学位论文，2019 年。

② 张玉明：《像杨善洲那样情系"三农"和关注民生》，《创造》2011 年第 5 期。

是习近平总书记对杨善洲的评价。杨善洲写下这句座右铭："放下官架子，甘当普通人，不做救世主，甘为铺路石。""帮家乡办点实事"是他的口头禅。"放不下架子，是干部太把自己当回事；吃着公家饭，就要为群众服务""老百姓饭碗比我们干部脸面重要"是他随时对自己的自省和警醒。"要有艰苦奋斗的实干精神，不怕流汗亲自动手干，只动口不动手，当观察员是永远学不到真才实学的"是他扎实工作的真实模样。"共产党员不要躲在机关里做盆景，要到人民群众中去当雪松"是他身体力行、与群众打成一片的真实场景。"我就要俯首甘为孺子牛！"杨善洲在思想上尊重群众，做老百姓的代言人；在感情上贴近群众，做老百姓的好朋友；在工作上依靠群众，做老百姓的办事员。杨善洲永葆公仆本色，彰显一心为民的公仆情怀，心甘情愿、无怨无悔做到了"一个人

☆杨善洲最后一次看望林场和乡亲们

做点好事并不难，难的是一辈子做好事；共产党员一时为群众谋利益并不难，难的是一辈子为群众谋利益"。无论在哪一个岗位上，杨善洲始终坚持群众利益高于一切，日夜操劳，忘我工作，从打造"滇西粮仓"、贫困山区能通电通路、贫困山区早日脱贫致富的大事，到嫁接果木、替困难群众买粮食、购良种、送衣被等小事，他事事操劳，无时无刻把群众的利益放在第一位，呕心沥血、殚精竭虑地为群众办事，为群众谋利益。

（三）勤政务实、敢于担当的崇高境界

杨善洲是勤政干事的好干部。"政如农功，不勤无以成事。"共产党人是人民群众的勤务员，为人民群众勤勤恳恳工作，全心全意为人民服务，这是党的宗旨要求和行动体现。全心全意为人民服务，内在包含着必须以人民群众的利益、人民群众的幸福为党的工作的出发点和归宿，内在要求党员领导干部必须不负人民重托，夙夜在公、勤勉工作、鞠躬尽瘁，努力向人民交出一份满意的答卷，这是党员领导干部从政履职的本职要求和重要准则。习近平总书记指出："干部就是干事的，干部要以干出活，靠干立身。"党员领导干部要干在前，身体力行、身先士卒、率先垂范，当好勤政务实干事的头雁和领头羊，才能对人民群众、对下级下属产生示范引领作用，才能增强号召力、凝聚力和影响力，也才能体现党员领导干部的责任担当。"信念坚定、为民服务、勤政务实、敢于担当、清正廉洁"是习近平总书记提出的好干部标准。勤政务实、敢于担当，就是要求党员领导干部干事应坚持以勤政干事为先，"在岗一分钟，敬业六十秒"，脚踏实地、勤勉工作、担当作为；就是要树立"怠政无为是最大的腐败"意识，坚决克服"平平安安占位子，忙忙碌碌装样子，疲疲沓沓混日子，年年都是老样子"的"慵懒散推拖"不良作风和习气。唯此，党员领导干部才能以自己的勤政与辛劳来推动党和国家事业的发展、人民美好生活的实现和中华民族伟大复兴的中国梦。"唯

有踏实、勤奋,才能立足社会,才能做一个有用的人。""干革命要干到脚直眼闭。""我真正退休就是我死的那天。"杨善洲对自己是这样要求的,也一辈子这样做的,无怨无悔。

杨善洲是务实成事的好干部。杨善洲一辈子勤政务实、以干事为责、以干事为荣、以干事为乐,一心一意扑在工作上,鞠躬尽瘁,真干事、干实事、办实事、求实效,深入研究、全面部署当地经济社会发展的重大问题,真抓实干、着力解决人民群众生产生活中的紧迫问题。担任干部期间,杨善洲带领干部群众推广"三岔九垄"式插秧的科学种田方法,实施"坡地改梯田"改造,开展多种经营、兴修水利设施,把保山建成了"滇西粮仓"。退休后,杨善洲提出"国社合作"的大亮山林场建场方案,积极努力、多次做工作,取得了大亮山社的大力支持,多次到省、市相关部门争取项目资金,开辟了龙眼水果基地、茶叶生产基地,建起茶叶精制厂,号召林场职工开拓新的生产经营领域,大大提高了林场的经济效益,使往日的荒山变成了一片绿洲,也极大改善了当地群众的生产和生活条件,大大提升了当地的经济效益、社会效益、生态效益。无论是他担任保山地委书记期间,还是退休后植树造林二十多年,杨善洲始终坚持做到不图虚名、不务虚功、不急功近利,

☆画家为杨善洲作的画

踏踏实实带领干部群众谋发展，为推动当地经济社会发展作出了重要贡献，靠自己的勤政与务实、实干与实绩赢得了民心、树立了榜样。

杨善洲是敢于担当的好干部。敢于担当是领导干部一种自觉、一种修养、一种境界，更是职责和使命所在。习近平总书记指出："担当大小，体现着干部的胸怀、勇气、格调，有多大担当才能干多大事业"。干部就要干事，为官就要尽责，领导就要担当。党员领导干部要干事、要尽责、要担当，把责任记在心中、扛在肩上、落实在工作中、体现在行动上，这是职责所在，职责所然，为官干事是正道，掌权担责是常态，出力出彩显担当。党员领导干部有担当，要自觉把手中的权力与承担的责任紧密联系起来，"平常时候看得出来、关键时刻站得出来、危急关头豁得出来"，①才能在履职尽责中显担当干成事业、干出成就。空谈误国误事失时机，唯有实干方能兴邦成事。改革开放之初，杨善洲积极推行农村家庭联产承包责任制，推广农业新技术，水稻亩产提高400斤，单产全省排名第一，使原来缺粮的保山成为"滇西粮仓"，他被称为"粮书记"。他率先探索和推进小城镇建设，发展多种经营，培育非公有制经济，建成一大批以农副产品加工为主的地方工业企业和特色鲜明、经济活跃的小集镇。他从地委书记卸任后，卷起铺盖扎进大亮山植树造林22年，把5.6万亩荒山变成绿洲，并将价值3亿元的林场经营管理权无偿移交国家。杨善洲一辈子以正确的事业观干事，始终保持求真务实、敢于担当的优良作风，力戒官僚主义、形式主义，坚持一切从实际出发，心无旁骛地工作。"你一个地委书记，在大街上捡果核，多不光彩呀。"他说："我就这么弯弯腰，林场就有苗育了。等果了成熟了，我就光彩了！"②他心向群众、贴近群众、依靠群众，把主要的精力用在实际工作中，花在谋发展上，把最多的时间都花在为老百姓办实事干好

---

① 李小三：《领导干部之修炼》（下），《云岭先锋》2020年第2期。

② 张严平、杨跃萍、姜洁、宣宇才：《好大一棵树——一位共产党人的一辈子》，《实践：党的教育版》2011年第5期。

事上，扑下身子、苦干实干，百折不挠、斗志昂扬、激情澎湃，不玩虚招、不务虚功，不驰于空想、不骛于虚声，以务实的态度和作风，把握住了群众的愿望和需求，急群众之所急，想群众之所想，解群众之所难。他自始至终面对群众、解决问题，长期坚持深入基层一线，认真开展调查研究，与人民群众打成一片。看到农民插秧，他卷起裤腿下田一起干；看到农民播种，他挽起袖子亲手撒粪，一颗颗搓出胞衣种子，一丝一毫看不出是一个地委书记。这种务实担当的作风伴随杨善洲一辈子，不因时代的差异而放弃，不因工作岗位不同而改变，更不因担任的职务不一样而松懈，真正做到了身入基层、心入百姓，以实实在在的工作成效和工作实绩来回报党和人民的期待。

（四）大公无私、淡泊名利、廉洁奉公的奉献精神

杨善洲大公无私的权力观。立党为公、执政为民，大公无私是共产党人的先进性要求，是共产党人全心全意为人民服务宗旨的体现，是共产党人的高贵品质和优良传统，是领导干部履职从政的准则。习近平总书记强调，"作为党的干部，就是要讲大公无私、公私分明、先公后私、公而忘私，只有一心为公、事事出于公心，才能坦荡做人、谨慎用权，才能光明正大、堂堂正正。作风问题都与公私问题有联系，都与公款、公权有关系。公款姓公，一分一厘都不能乱花；公权为民，一丝一毫都不能私用。领导干部必须时刻清楚这一点，做到公私分明、克己奉公、严格自律。"① 作为一名党员领导干部，杨善洲始终做到公权公用、以公处事、公私分明、大公无私。他要求别人做到的自己首先做到，从不以职务之便为家人和身边人员谋取任何私利，一辈子以身作则正官风，一辈子清正廉洁不变质。"其身正，不令而行；其身不正，虽令不从。""我

---

① 《习近平谈治国理政》，人民出版社 2014 年版，第 394 页。

手中是有权，但它是党和人民的，它只能老老实实用来办公事，不能用来办私事。"① 对于上世纪 80 年代而言，通过"农转非"跳出农门，成为城里人是多少人、多少家庭求之不得的期盼和梦想。"滥用职权对党在群众心目中的形象伤害最大，最容易伤到老百姓的心"，② 这是杨善洲经常提醒和教育身边的工作人员和领导干部的话。杨善洲的爱人一直就是农民，大女儿、女婿也是农民，且长住乡下，在他担任施甸县委书记、保山地委书记期间，全家除大女儿杨惠菊外，都符合进城的政策和各项条件，当组织部门将他家"农转非"的报告打上去时，他坚决地要求撤销"农转非"报告。二女儿杨惠兰和三女儿杨惠琴，分别是普通的教师和职工，全靠自己考学出来的。公车不私用，从不占公家便宜，杨善洲一辈子公私分明、坚持到底。在保山上学的女儿想搭父亲的顺风车回家，杨善洲断然不同意，"无情"地对女儿说，"我是公家的人，办公家的事，坐公家的车。你是杨善洲的闺，凭啥坐车？""让外人搭车是为人民服务，让亲人搭车就是'滥用职权'"，就连自己送二女儿杨惠兰到保山一中读书时，父女俩坚持乘公共汽车回保山。在自己家里缺粮、极度困难之际，杨善洲毅然叫家人返回村干部送来的 30 斤救济大米和 30 斤粮票，并铿锵有力地告诉家人，"我是党的干部，我们不要占公家一点便宜，领导的家属决不能搞特殊！这大米和粮票要还给公家。"③ 杨善洲的女儿这样评价父亲，"对待权力，父亲大公无私、公而忘私。"杨善洲一生牢固树立正确的权力观，始终敬畏党和人民赋予他的权力，把党和人民赋予自己的权力用于党和人民的事业，公私分明、大公无私，舍小家为大家，真正做到了权为民所用，利为民所谋。

① 孙玉芬：《学习杨善洲的廉洁精神与做清正廉洁的好干部》，《中共云南省委党校学报》2011 年第 3 期。
② 孙玉芬：《学习杨善洲的廉洁精神与做清正廉洁的好干部》，《中共云南省委党校学报》2011 年第 3 期。
③ 杨惠兰：《父亲这棵树》，《创造》2012 年第 6 期。

杨善洲淡泊名利的高尚情操。"非淡泊无以明志，非宁静无以致远。"杨善洲坚持从小事做起，从自己做起，从身边做起，大公无私，舍小家为大家，永远把人民群众利益置于个人利益之前。杨善洲一辈子真心诚意为人民群众谋利益，艰苦朴素，严于律己，不图名、不图利，不计个人得失。"老老实实做人，踏踏实实做事。我不图名，不图利，图的是老百姓说没白给我公粮吃。"这是他作为一名党员领导干部的政治追求。"我只是种了个树，没有什么说场。"这是他面对记者采访时挂在嘴边的轻描淡写之言。对待事业，他艰苦奋斗、吃苦耐劳；对待家庭，他廉洁持家、甘于清贫。"过日子，吃处有个'窝'，睡处有个'窝'就行了。我们应该知足了。"这是他一生的生活要求。"在林场捞油水的机会还是有的，办林场这么多年，引进资金 300 多万元，按当时规定，引进资金可以提成 5%—10%，能得 30 万元，买幢房子不成问题。但我没有要。来造林是了却我的一桩心事，是我应尽的义务，我分文不取。我既不是林场场长，也不是支书，就是义务植树人。""共产党员拿着工资为人民服务再要钱，那怎么成？""对颁发给他个人的 20 万元特别贡献奖金，他仅留下 4 万元给让他愧疚一生的老伴，其余 16 万元捐赠给保山第一中学和大亮山林场。"① 就在杨善洲即将离世的前一年，他把 5.6 万亩林场的经营管理权，无偿转给了国家，而不是让孩子们受益。"杨善洲，杨善洲，老牛拉车不回头，当官一场手空空，退休又钻山沟沟；二十多年绿荒山，拼了老命建林场，创造资产几个亿，分文不取乐悠悠……"② 这是杨善洲淡泊名利的直白而生动诠释。杨善洲一生执着于党和人民的事业，一心一意为人民群众谋利益，一辈子淡泊名利与地位，甘于奉献，用一辈子的"小我"成就了新时期共产党人"无我"到

---

① 徐建平、冯岗勇、张林志：《践行共产党人的庄严承诺　恪守人民公仆的精神高地——如何深入学习杨善洲先进事迹和崇高精神》，《理论学习》2011 年第 5 期。

② 张严平、杨跃萍、姜洁、宣宇才：《好大一棵树——一位共产党人的一辈子》，《实践：党的教育版》2011 年第 5 期。

"大我"的高尚情操和博大人生。

杨善洲廉洁奉公的道德品质。"勿以善小而不为，勿以恶小而为之。"习近平总书记强调，"一个人能否廉洁自律，最大的诱惑是自己，最难战胜的敌人也是自己。我们共产党人更应该强化自我修炼、自我约束、自我塑造，在廉洁自律上作出表率。"① 党员领导干部手中的权力是用来为人民谋利益的，而不是为自己谋私利的，廉洁是共产党人纯洁性、先进性之体现，是各级领导干部的从政准则。"各级领导干部要常修为政之德，常怀律己之心，常思贪欲之害，清清白白做人，干干净净做事，守得住清贫，耐得住寂寞，经得起诱惑，当官就不要想发财，想发财就不要去做官。"② 杨善洲一生廉洁自律，为了党和人民的事业努力奋斗，真心诚意、无怨无悔奉献。他始终坚信大家比小家更重要，草帽比官帽更珍贵，奉献比索取更快乐。"我一定要好好学习，认真改造自己的世界观，严格要求自己，凡是违背党纪国法的事坚决不做；凡不是自己付出的劳动所得坚决不要；凡是损害劳动人民利益的事情坚决不干；要自己管好自己！"③ 这是杨善洲的铮铮誓言；"要把无私奉献当作共产党人的最大幸福！"这是杨善洲的人生追求。"绿了荒山，白了头发，他志在造福百姓；老骥伏枥，意气风发，他心向未来。清廉，自上任时起；奉献，直到最后一天。六十年里的一切作为，就是为了不辜负人民的期望。"④ 这个颁奖辞是杨善洲一辈子为党和人民事业奋斗、一辈子清廉守正、一辈子无私奉献的全面总结和高度概括，他为我们留下的是一片绿荫和一种精神！"一辈子的赤子之心，把生命最后的霞光，化为家乡大亮山上永恒的春天。"⑤

---

① 《习近平关于全面从严治党论述摘编》，中央文献出版社 2016 年版，第 181 页。

② 周强：《把无私奉献当作共产党人的最大幸福》，《新湘评论》2011 年第 5 期。

③ 杨惠兰：《父亲这棵树》，《创造》2012 年第 6 期。

④ 任晓红：《〈杨善洲〉：主旋律叙事的平民化视角》，《大众文艺》2012 年第 5 期。

⑤ 张严平、杨跃萍、姜洁、宣宇才：《好大一棵树——一位共产党人的一辈子》，《实践：党的教育版》2011 年第 5 期。

三、践行杨善洲精神与共产党人精神家园制度建设

制度是人类社会活动的规范体系，是上层建筑的重要组成部分，"是国家和一切社会生活赖以运行的基础，是国家定国安邦、长治久安的根本保障。"①"经国序民，正其制度。"制度建设在新时代中国特色社会主义发展进程中、在推进国家治理体系和治理能力现代化进程中具有重要地位，制度建设对共产党人精神家园的塑造、精神家园的坚守、精神家园的守望亦同样重要。在新时代赓续、传承、弘扬和践行杨善洲精神，是党的建设的永恒课题。是全体党员和领导干部的终身课题。推进制度建设不可或缺，这对将践行杨善洲精神形成常态化、制度化，发挥长效引领作用有制度机制的保障性作用，对党的思想建设、组织建设、作风建设、反腐倡廉建设具有补充和支撑作用。

（一）建立马克思主义理论滋养的学习制度

杨善洲是坚定的马克思主义信仰者，一辈子积极认真学习马克思主义，一辈子牢固树立共产主义远大理想，一辈子坚定中国特色社会主义信念，一辈子坚定用马克思主义立场、观点和方法指导工作、开展工作；一辈子忠诚践行马克思主义群众观，始终把党和人民的利益放在第一位，真诚为人民服务、真切为人民谋利，体现了真挚的人民情怀；一辈子求真务实、勇于创新、知行合一，在为人民群众谋利益中实现自己的人生价值，快乐奉献、不求索取。"杨善洲的一生诠释了马克思的人生价值理念：一个人的价值是在自己的工作、生活实践中实现的，既要

---

① 虞崇胜：《中国国家治理现代化中的"制""治"关系逻辑》，《东南学术》2020 年第 2 期。

体现自身的价值，还要体现自身对他人及社会的价值。"①

　　学习、弘扬和践行杨善洲精神，建立马克思主义理论滋养的学习制度，要把学习马克思主义基本理论作为共产党人的必修课，感悟马克思主义的真理和道义力量，念好马克思主义"真经"，坚定马克思主义信仰，用好马克思主义"宝典"。"《共产党宣言》揭示了人类社会最终走向共产主义的必然趋势，奠定了共产党人坚定理想信念、坚守精神家园的理论基础。"②要围绕马克思主义中国化成果这条主线，读原著、学原文、悟原理，全面系统学、静下心来学、深入思考学、联系实际学、带着问题学，学有所思、学有所悟，在学懂弄通做实上下功夫。紧密结合中国特色社会主义伟大实践，注重把抓好理论学习和积极贯彻实践习近平新时代中国特色社会主义思想作为干部学习培训、武装头脑的重中之重。通过学习思考、悟透原理、理解精神实质，唯此才能结合变化的形势和发展的实践指导工作，提升思想理论指导实践的能力和水平，才能有较高的理论政策水平、宏大的格局、宽广的视野、清晰的工作思路和务实的工作举措。建立马克思主义理论滋养的学习制度，要在党员个人自学、专题学习、组织培训、"三会一课"等基础上，建立考学制度，由上级党委组织部、宣传部会同相关部门不定期随机抽查，下级部门通报学习情况，形成相应的通报和提醒机制，并作为评议、考核、提拔、晋升的重要依据。对马克思主义理论学习缺失，学习形式化、走过场的，甚至出现错误倾向、产生恶劣影响的，要按照相关规定问责，达到以查促学、以查督学，激励先进、鞭策后进的效果。通过建立马克思主义理论滋养的学习制度和完善相关督查机制，变形式化学习为实质性学习，变被动性学习为主动性学习，变功利性学习为内生性学习，变阶段性学习为经常性学习，变碎片化学习为系统性学习，通过自觉积极主动

① 成园英：《杨善洲人生价值观及其思想精华》，《保山学院学报》2016 年第 6 期。

② 习近平：《学习马克思主义基本理论是共产党人的必修课》，《求是》2019 年第 22 期。

第七章　杨善洲精神与新时代共产党人精神家园建设

学习马克思主义理论，促进学习往心里走、往灵魂深处走，内化为指导我们行动的根本原则，达到学用结合、学以致用，有效指导工作实践，知行合一的目的。"要把研究和解决重大现实问题作为学习的根本出发点，使认认真真学习成为理论联系实际、学以致用，不断提高工作原则性、系统性、预见性和创造性的过程。"①

（二）健全为人民执政、靠人民执政各项制度

杨善洲一辈子践行全心全意为人民服务的宗旨贯穿在他从政履职和退休植树的努力奋斗之中，用自己一生的行动回答和诠释了党来自于人民群众、党的壮大发展依靠人民群众、党的力量来自于人民群众，党的执政依托于人民群众，党的执政地位巩固依赖于人民群众，人民是共和国的坚实根基，人民是我们执政的最大底气。

学习、弘扬和践行杨善洲精神，健全为人民执政、靠人民执政各项制度，要做到以下四个方面。一是进一步厚植党为人民执政、靠人民执政的群众基础。从党领导人民进行革命、建设、改革一路走来的历程得出的启示和经验是：党的根基在人民、血脉在人民、力量在人民。党的执政与执政优势的最大体现是党和人民水乳交融，党深入人民群众之中，密切联系人民群众，民心是党执政的最大资源，民心是党巩固执政地位的最强大支撑，我们必须更加把党深深植根于人民群众的沃土之中，才能获得更持久、更稳定、更强大的力量。二是要进一步完善制度保证人民在国家治理中的主体地位。脱离群众是中国共产党执政后面临的最大风险，为此，要坚定坚持和着力完善党的领导、人民当家作主、依法治国有机统一的人民代表大会制度这一根本政治制度，以建立和完善相关制度的方式从根本上防范党脱离群众的危险。三是进一步贯彻党

---

① 刘明军：《黄炎培家训给党员领导干部带来的启示》，《中国盐业》2019 年第 21 期。

的群众路线，不断"健全联系广泛、服务群众的群团工作体系，推动人民团体增强政治性、先进性、群众性，把各自联系的群众紧紧团结在党的周围"①。群团组织是党联系群众的桥梁和纽带，在革命、建设、改革中发挥着举足轻重的力量。实现中华民族伟大复兴的中国梦，必须充分调动人民群众的积极性、主动性和创造性，需要健全群团组织广泛联系群众、服务群众的工作体系，建设和完善群团组织这个方便人民群众利益表达、吸纳整合、民主协商的重要平台，才能把党的正确主张变为群众的自觉行动，把党和国家方针政策有效落实，才能汇聚磅礴的中国力量去开启新征程、开创新辉煌。

（三）建立健全作风建设的长效机制

杨善洲一辈子保持一名党员领导干部的优良作风：艰苦朴素、简单朴实的生活作风，求真务实、真抓实干的工作作风，亲民随和、敢于担当的领导作风，一心为民、清正廉洁的政风，勤俭持家、自律自强的家风，勤奋学习、积极上进的学风，言之有物、实事求是的文风。这些优良作风为党员领导干部树立了光辉榜样，是共产党人学习的楷模，为党的作风建设竖起一面旗帜。

学习、弘扬和践行杨善洲精神，建立健全作风建设的长效机制，要从以下四个方面努力。一是要深刻认识作风建设的重大意义。作风是马克思主义政党与其他政党相区别的外在表现和显著标志，是政党性质、宗旨的外在表现。中国共产党历来高度重视作风建设，作风建设是党的建设的生命线和永恒主题，任何时候都不能对作风问题掉以轻心。二是加强作风建设必须坚持马克思主义群众观点、贯彻党的群众路线。作风

---

① 《中共中央关于坚持和完善中国特色社会主义制度、推进国家治理体系和治理能力现代化若干重大问题的决定》，《人民日报》2019年11月6日。

建设出发点和落脚点归结到实现好、维护好、发展好最广大人民根本利益，要把转变工作作风和解决群众反映强烈的突出问题结合起来，让群众切实感受到党和政府的关怀和温暖，"把群众工作做实、做深、做细，确保群众安居乐业，增强人民群众获得感，确保社会和谐稳定。"①三是要深刻把握加强作风建设的核心是保持党同人民群众的血肉联系。人民是历史的创造者，是决定党和国家前途命运的根本力量。中国共产党产生于人民，密切联系群众是我们党的最大政治优势，脱离群众是党执政后面临的最大危险，失去人民拥护和支持，党就会失去根基。我们党永不变色，必须永远与人民群众同心同德、致力于改善民生福祉，始终坚持人民至上、以人民为中心，当好人民的勤务员和公仆。四是要全面落实党的作风建设靠教育、靠制度的"两手抓"同步推进。通过思想教育改造共产党人的世界观人生观价值观，保持和传承党的优良作风，通过制度为优良作风的促进与落实、巩固与提升提供保障。制度为作风建设从思想上定标、从行为上立规、从环境上造势。围绕党员领导干部身上存在的一切不良作风问题，狠抓作风建设，坚决反对形式主义和官僚主义，实现党员领导干部的为民务实清廉、忠诚干净担当，而且要着力建立教育、警示、防范、惩处的长效机制，从根本上坚决铲除不良作风和腐败现象滋生蔓延的温床和土壤。

（四）推进反腐倡廉、预防与惩治腐败的制度建设

杨善洲始终做到为政以德、为官清廉，把好权力观、掌权不谋私，公权公用、公私分明，不滥用职权、不搞特殊化、不以职务之便为家人和身边人员谋取任何私利；一辈子遵守党纪国法、坚持原则，一辈子以身作则正官风，一辈子清正廉洁不变质，一辈子一尘不染、两袖清风，

---

① 刘开法：《习近平中国特色社会主义思想研究》，《经济研究导刊》2013 年第 16 期。

一辈子物质贫乏而精神富足，形式主义、官僚主义、享乐主义、奢靡之风与他无缘，是清正廉洁、廉而生威的典型。

学习、弘扬和践行杨善洲精神，推进反腐倡廉、预防与惩治腐败的制度建设，要从以下四个方面努力。一是正确认识腐败的实质与危害。腐败是国家公职人员利用党、国家、人民赋予的公共权力谋取私利，公权私用，侵害人民利益，满足在政治上、经济上、生活上的无节操、无底线的私欲，给党、国家和人民造成巨大损失、极大危害和恶劣影响的行为，其实质是公共权力滥用、蜕化、变质。习近平总书记振聋发聩地强调，"腐败是社会毒瘤。如果任凭腐败问题愈演愈烈，最终必然亡党亡国。""我们党把党风廉政建设和反腐败斗争提到关系党和国家生死存亡的高度来认识"①。反腐是中国共产党人一场输不起的斗争，必须决战决胜。二是充分认识反腐倡廉的必要性重要性紧迫性。"来得很猛"的腐败歪风虽然被遏制，但是反腐败斗争形势的总体判断是"依然严峻复杂"，腐败现象蔓延势头尚未有效遏制，在一些领域还相当严重，而且犯罪分子的职务越来越高、数额越来越大、危害越来越严重，出现了令人发指的区域性腐败、系统性腐败、家族式腐败、塌方式腐败，呈现区域性腐败和领域性腐败交织，用人和用权的腐败联合、共存与渗透，体制外和体制内相互勾连勾结，权钱、权色、权权交易共同存在的明显特征，形成了利益关系错综复杂、盘根错节的"共腐关系圈"，如果任其发展，离"亡党亡国"就不远了。反腐倡廉是坚守党的宗旨意识、保持党的先进性和纯洁性，增强执政本领、提升执政能力、夯实执政基础的重大战略和营造、优化政治生态、社会生态和人文生态的重大举措。三是着力推进反腐倡廉、预防与惩治腐败的制度建设。建立健全教育、制度、监督并重的惩治和预防腐败体系，形成用制度规范从政行为、按制

---

① 《习近平关于党风廉政建设和反腐败斗争论述摘编》，中国方正出版社2015年版，第5页。

度办事、靠制度管人的有效机制，把权力关进制度的笼子里，改变"牛栏关不住猫"的现象，清除"稻草人"制度和消除"破窗效应"，最大限度地减少体制障碍和制度漏洞，完善防治腐败体制机制，提高反腐倡廉制度化、法治化水平，推动形成不敢腐、不能腐、不想腐的制度设计和运行机制。

第八章
杨善洲精神与新时代党员干部模范带头作用

纵观人类历史，在形成伟大思想、推进人类社会伟大进程中产生了无数英雄豪杰、典型人物。时势造英雄。中国的大人们常常会问小孩，"你长大了想成为什么样的人?"这是询问，是启蒙，亦是引导。有的孩子说："我想当诸葛亮"，有的孩子说："我想当鲁智深"，有的孩子说："我想当孙悟空"，还有的孩子说："我想成为杨利伟"，有的孩子说："我想成为姚明"，有的孩子说："我想成为钟南山"，等等。典型人物的教育意义巨大，榜样的力量影响广泛而深远。中华文明源远流长，不同时期、社会不同层面都出现了数不胜数的典型人物，有三皇五帝、秦皇汉武、唐宗宋祖等，有孔子、老子、庄子、孟子等，三国人物、水浒英雄以及近现代以来的民族英雄我们都耳熟能详。中国共产党领导中国人民干革命、搞建设、抓改革，创立和形成了毛泽东思想、邓小平理论、"三个代表"重要思想、科学发展观和习近平新时代中国特色社会主义思想，在波澜壮阔的中国社会变革和发展中产生了毛泽东、邓小平、江泽民、胡锦涛、习近平等杰出的领袖人物，涌现出了焦裕禄、孔繁森、谷文昌、杨善洲、张富清、高德荣、廖俊波、张桂梅等一批又一批优秀共产党员，不断构筑中国共产党人的精神谱系。在榜样力量的带动和伟人精神的感召下，亿万中国人民在中国共产党的领导下创造了世所罕见的"两大奇迹"，即经济快速发展奇迹和社会长期稳定奇迹，这是中国人民切身感受和深度认同的，也是全世界大多数国家和人民充分肯定和礼赞的。一百年来，中国社会发生了翻天覆地的伟大变革，在中国共产党的领导下，中华民族迎来了从站起来、富起来到强起来的伟大飞跃，这在人类发展史上都是罕见的。

不同的社会发展时期，总是伴随伟大社会实践产生出典型人物，这些典型人物影响更多的人甚至影响一个或多个时代，进而影响社会的变革和发展。自 1921 年中国共产党诞生以来，多少革命先贤、多少仁人志士，满怀理想、前赴后继、抛头颅、洒热血，为了中华民族伟大复兴进行了 28 年的英勇奋斗，完成新民主主义革命。1949 年 10 月，中华人民共和国的成立标志着中国社会从封建专制政治迈向了人民民主新的历史时代。不论是革命战争年代，还是和平建设、改革开放时期，我们党历来重视注意发现典型、凝练典型、发挥典型示范引领的作用，如农业学大寨、工业学大庆等，不断激励广大党员干部投身实践、对党忠诚、履职尽责、为民服务。党的十九大报告指出，经过长期努力，中国特色社会主义进入了新时代，这是我国发展新的历史方位。这个新时代，是中国各族人民团结奋斗、不断创造美好生活、逐步实现全体人民共同富裕的时代，是全体中华儿女勠力同心、奋力实现中华民族伟大复兴中国梦的时代。① 进入新时代，在新的历史条件下，仍需要数以千万计的党员干部发挥模范带头作用，团结带领亿万人民，为实现中华民族伟大复兴付出更为艰巨、更为艰苦的努力。杨善洲的一生，生动诠释了当代中国共产党人的先进性、纯洁性，为党员干部特别是领导干部为政、干事、做人树立了一面光辉旗帜。

一、新时代发挥党员干部模范带头作用的要求

坚持中国共产党的集中统一领导。党是领导和团结全国各族人民建

---

① 习近平：《决胜全面建成小康社会　夺取新时代中国特色社会主义伟大胜利——在中国共产党第十九次全国代表大会上的报告》，人民出版社 2017 年版，第 10—14 页。

设中国特色社会主义伟大事业的核心力量，各级党员领导干部是"关键少数"。群众看领导，党员看干部。领导带头、层层示范，是做好各项工作的重要方法。① 新时代建设中国特色社会主义务必要发挥党员干部模范带头作用。注意在广大党员干部中发现先进模范、凝练典型、宣传典型，发挥党员干部模范带头作用就是重要的工作机制和方法。杨善洲是在深入开展创先争优活动中在全国推出和集中宣传的先进典型，被中央组织部追授为"全国优秀共产党员"。2018 年 12 月 18 日，在庆祝改革开放 40 周年大会上，党中央、国务院授予杨善洲改革先锋称号，颁授改革先锋奖章，并获评不忘初心、奉献一生的退休干部楷模。杨善洲先进典型事迹和精神激励着千百万共产党员和干部群众干实事、求实效。

党的建设要求发挥党员干部模范带头作用。广大党员是先进分子、是先锋战士，要带头参加改革开放和中国特色社会主义现代化建设，带动广大人民群众为经济发展、社会进步和追求美好生活不懈奋斗，在不同履职岗位和生活、学习等各方面发挥先锋模范作用，要带头实践社会主义核心价值观。党的干部是先进分子中的先进，是党的事业的骨干，要坚持讲学习、讲政治、讲正气，要做出经得起实践、人民、历史检验的实绩，要卓有成效地开展工作，讲实话，办实事，求实效。② 在党和政府各个层级的管理中，在各行各业的有序有效运行中，党员干部唯有率先垂范、发挥模范带头作用，才不辜负组织的信任和重托，才能赢得群众的信赖和拥护。进入新时代，发挥党员干部模范带头作用的要求主要体现在坚定理想信念、坚信党的领导、坚持群众路线、坚决坦荡无私、坚守一生情怀五个方面。

---

① 《习近平关于"不忘初心、牢记使命"重要论述选编》，党建读物出版社、中央文献出版社 2019 年版，第 125 页。

② 《中国共产党章程》，中国法制出版社 2018 年版，第 23—26、47—49 页。

（一）坚定理想信念

革命理想高于天。思想建设是党的基础性建设，坚定理想信念是党的思想建设的首要任务。中国共产党有自己的理想信念，是一个有信仰的政党。中国共产党的理想信念是保持党的团结统一的思想基础。理想信念是中国共产党人的政治灵魂，全党同志要高度自觉，努力做马克思主义真理、共产主义远大理想和中国特色社会主义共同理想的坚定信仰者、忠实实践者。在漫天硝烟的革命战争年代，无数共产党人冲锋在前、流血牺牲，为的就是实现共产主义远大理想，谋求人民解放、民族独立。建设时期，无数共产党人冲锋在一线，"敢教日月换新天"，为的就是百姓幸福、国家富强。改革开放以来，无数共产党人锐意进取、开拓创新、奋力拼搏，为的就是全面建成小康社会、实现人民对美好生活的向往。实现中华民族伟大复兴的中国梦。任何一名在党旗下宣过誓的共产党员都必须铭记，为了理想信念，就应该去拼搏、去奋斗、去献出自己的全部精力乃至生命。[①] 每位党员宣誓时都庄严承诺为共产主义奋斗终身，愿意随时准备为党和人民牺牲一切，永不叛党。党员同志必须增强党的意识，时刻牢记自己第一身份是党员，时刻牢记自己入党时的誓言是对党和人民的庄严承诺，要始终坚守马克思主义真理信仰、共产主义远大理想和中国特色社会主义共同理想，坚守"两个一百年"奋斗目标，坚守党的基本理论、基本路线、基本方略。理想信念的滑坡是最危险的滑坡，比自然灾害中的山体滑坡还可怕。理想信念的动摇是最危险的动摇，理想信念动摇的是根本、是思想、是方向。理想信念的动摇和滑坡会使党员干部与为人民服务渐行渐远。自中国共产党成立以来，绝大多数共产党员、党员干部理想信念坚定、始终如一，甚至为了

[①] 中共中央宣传部：《习近平新时代中国特色社会主义思想学习纲要》，学习出版社、人民出版社 2019 年版，第 228 页。

信仰、为了真理而流血牺牲，但也有一些"软骨头"，为了金钱、美色、安逸的生活，甚至亲情的所迫等，具体表现有理想信念动摇、政治变质、经济腐败、道德堕落、生活腐化等，而且往往是多种问题叠加。有的理想信念"总开关"常年失修，对共产主义心存怀疑，不信马列信鬼神，世界观、人生观、价值观全面蜕变。① 大浪淘沙，任何理想信念动摇者尤其是走到了人民对立面者一定会为人民所不齿、为时代所唾弃、为历史所淘汰。

理想信念是可以坚定的。从各级党组织的角度讲，要采取有效举措持续加强党的思想政治建设。严格执行"三会一课"和主题党日、民主生活会、组织生活会、民主评议党员等制度，不断加强党性教育、开展主题教育、开展警示教育，特别是系统性的教育，帮助党员干部坚定理想信念。各级党组织要始终把坚定理想信念作为开展党内政治生活的首要任务不断强化。从个体的角度讲，一要加强学习。学习党史、新中国史、改革开放史、社会主义发展史，学习一切优秀的典型人物、典型事迹，最为重要的是要把马克思主义理论作为必修课全面系统深入学习，特别是要全面学习和准确理解把握习近平新时代中国特色社会主义思想。广大党员要坚持用党的创新理论武装头脑，把理想信念建立在对科学理论的正确认识和理性认同上，不断提高马克思主义思想觉悟和理论水平。理想信念的坚定还要建立在对历史规律的准确把握和实践遵循以及对世情、党情、国情、社情、民情的充分调研、了解把握上。二要加强锤炼。中国共产党人要不忘初心，以永不懈怠的精神状态和一往无前的奋斗姿态，切实把理想信念的坚定性体现在对党忠诚、积极工作中，自觉为推进中国特色社会主义事业脚踏实地、苦干实干，在胜利时和顺境中不骄傲不自满不邀功，在困难时和逆境中不消沉不动摇不放弃，能够经受住各种赞誉和诱惑考验，经受住各种风险和挑战考验，永葆共产

---

① 《习近平谈治国理政》第三卷，外文出版社 2020 年版，第 515 页。

党人政治本色。① 三要对党员干部多一些磨炼。干部成长无捷径可走，越是年轻干部、越是要提拔使用的干部、越是要担任重要岗位职责的干部，越要放到艰苦的地方、复杂的单位、问题较多的环境下历练，越要到重大斗争一线去真枪真刀磨砺，要从基层干起，要多岗位历练，经风雨、见世面，全方位锻炼和检验干部的心智、能力、信念、品德等，在"实战"中不断坚定理想信念。

（二）坚信党的领导

广大党员干部要坚信党的领导并以实际行动坚持好党的领导，要始终不渝地坚信党领导国家、社会和人民走向新的辉煌。坚信党的领导是具体的而不是抽象的，是对全党同志最基本的政治要求，是全体党员干部的安身立命之本。要始终坚持党对一切工作的领导，党是最高的政治领导力量，必须充分认识到党的领导地位不是自封的，是历史和人民选择的，也是党自身不断努力、不断斗争、不断完善的结果，是由党的性质决定的，是由我国宪法明文规定的。坚持党的领导是方向性问题，必须旗帜鲜明、立场坚定，绝不能羞羞答答、语焉不详，绝不能遮遮掩掩、搞自我麻痹。② 广大党员要深入学习了解中国近现代史、中国革命史，必须牢记和深刻把握中国共产党的领导是中国特色社会主义最本质的特征、是中国特色社会主义制度的最大优势。历史发展和社会实践以及广大人民群众告诉我们，没有共产党就没有新中国。学习改革开放史，理性观察这个国家、这个世界，我们也不难发现，没有共产党，就没有国家的繁荣富强和今天的国际地位。身为一名党员、一名中国人，我们要坚信中国共产党的领导，自觉维护党的领导。在坚持党的领导这

① 《中国共产党党内重要法规汇编》，党建读物出版社 2019 年版，第 42 页。
② 《习近平谈治国理政》第三卷，外文出版社 2020 年版，第 85 页。

个重大原则问题上，我们一定要站稳立场、政治坚定、头脑清醒，这没有讨价还价的余地，我们不能有任何杂念，不能有任何含糊和动摇。全体党员和党员干部决不能出现"端起碗来吃肉、放下碗来骂娘"的情形，这无异于叛变，理应受到严肃处理。

全面贯彻执行党在社会主义初级阶段的基本路线。要坚持以经济建设为中心，坚持四项基本原则，坚持改革开放，自力更生，艰苦创业，为把我国建设成为富强民主文明和谐美丽的社会主义现代化强国而奋斗。① 这是党对历史和人民的承诺，是党领导和团结全国各族人民奋斗的目标。全党同志和各级党员干部必须坚决捍卫党的基本路线，任何时候都不能有丝毫偏离和动摇，要坚定不移地贯彻执行。同时要勇于斗争，旗帜鲜明地反对和抵制一切违背、歪曲、否定党的基本路线的言行。各级党组织和党员干部要毫不动摇坚持以经济建设为中心，坚持发展是第一要务，坚持在发展中解决存在的问题。全面贯彻落实以人民为中心的发展思想，坚持创新、协调、绿色、开放、共享的发展理念，着力解决好农村、农业和农民问题，不断增强发展质量和发展效益，进一步用协调、充分的发展不断满足人民群众日益增长的美好生活需要。重视各级领导干部的选拔和领导班子的配备，以对党忠诚选忠诚于党的人，以事业为上选担当干事的人，以扎实作风选作风扎实的人，从组织上保证党的领导和党的各项政策得以有效贯彻落实。

坚持党的集中统一领导。各级党组织和广大党员都要坚定维护以习近平同志为核心的党中央权威和集中统一领导，不断增强"四个意识"，同党中央保持高度一致，这是政治要求，也是党员干部政治能力的体现。要正确认识维护党中央权威、向党中央看齐，核心只有党中央的核心，看齐只能向党中央看齐，任何组织和个人不能把这个逻辑层层推下去。正确的政治立场和政治观点是中国共产党人的根脉与灵魂。党员干

---

① 《中国共产党章程》，中国法制出版社 2018 年版，第 9 页。

部要不断提升政治判断力、政治领悟力、政治执行力，心中有党、心中有组织，做到党章规定的"四个服从"，全党各个组织和全体党员服从党的全国代表大会和中央委员会是其核心。严格对标党中央要求，对党忠诚、为党分忧、为党尽职、为民造福，任何党组织和个人都不准以个人喜好而选择性执行，要做到党中央提倡的坚决响应和落实，不能阳奉阴违；做到党中央决定的坚决遵守和执行，不能打折扣；做到党中央禁止的坚决不做，令行禁止。严守党的纪律，努力营造风清气正的良好政治生态。决不允许自行其是、各自为政，决不允许有令不行、有禁不止，决不允许搞上有政策、下有对策。① 各级党组织和广大党员要不断增强纪律意识，强化纪律执行，不能"任性"，也不能"随意"，严格地依纪依规办事，要习惯在受监督和约束的环境中工作生活。

（三）坚持群众路线

我们曾经用"小米加步枪"打败了"飞机加大炮"，靠的是什么？靠的是广大人民群众。中国共产党是人民的政党，党源于人民、成长于人民、为人民服务、为人民谋幸福，人民群众是党的力量源泉，党代表最广大人民群众的根本利益。习近平总书记在党的十九大报告中多次强调人民的思想、立场和观点，比如"坚持以人民为中心的发展思想，不断促进人的全面发展、全体人民共同富裕"，比如"人民群众反对什么、痛恨什么，我们就要坚决防范和纠正什么"，还比如"凡是群众反映强烈的问题都要严肃认真对待，凡是损害群众利益的行为都要坚决纠正"，比如"我们党来自人民、植根人民、服务人民，一旦脱离群众，就会失去生命力"，习近平总书记把人民放在心中最高的位置，强调"把党的

---

① 《中国共产党党内重要法规汇编》，党建读物出版社 2019 年版，第 45—47 页。

群众路线贯彻到治国理政全部活动之中，把人民对美好生活的向往作为奋斗目标，依靠人民创造历史伟业"①等。中国共产党最大的政治优势是密切联系群众，党在全国执政后最大危险是脱离群众。邓小平同志指出："群众是我们力量的源泉，群众路线和群众观点是我们的传家宝。党的组织、党员和党的干部，必须同群众打成一片，绝对不能同群众相对立。"②我们党坚持走群众路线，清楚地知道依靠谁、为了谁，始终坚持从群众中来，到群众中去。习近平总书记反复讲，小康不小康，关键看老乡。全面建成小康社会，一个也不能少；共同富裕道路上，一个也不能落下。只有全体人民的富裕才是真富裕。伟大的脱贫攻坚战，我们党坚持群众主体，扶贫扶志，激发人民群众的内生动力。巩固拓展脱贫攻坚成果、全面推进乡村振兴战略，我们党仍然要坚持人民至上，发挥党的政治优势，组织引导人民群众用自己的勤劳、汗水和智慧实现农业强、农村美、农民富。各级党组织要牢记人民对美好生活的向往就是我们的奋斗目标，精准施策补短板，坚决杜绝形式主义和"面子工程"，全力抓好保障和改善民生各项工作，不断增强人民的获得感、幸福感、安全感，不断推进全体人民共同富裕。③全体党员和党员干部在实际工作中应该始终落实以人民为中心的发展思想，坚决贯彻执行党的群众路线，时刻感受百姓冷暖，真心帮助百姓发展，努力把党的主张变为群众的自觉行动、生动实践。

群众路线是我们党始终坚持的根本工作方法。具体怎么做呢？正确方法是将群众意见集中起来形成正确的决策，又到群众中宣传解释，做好组织发动群众这篇大文章，将决策化为群众的行动，并在群众实践中

---

① 习近平：《决胜全面建成小康社会　夺取新时代中国特色社会主义伟大胜利——在中国共产党第十九次全国代表大会上的报告》，人民出版社 2017 年版，第 19、21、61、66 页。

② 《邓小平文选》第二卷，人民出版社 1994 年版，第 368 页。

③ 《习近平关于"不忘初心、牢记使命"重要论述选编》，党建读物出版社、中央文献出版社 2019 年版，第 291 页。

检验这些决策是否正确。① 每一位党员干部都要努力掌握群众工作方法，心里装着百姓，还要懂百姓所言、知百姓所需、行百姓所盼，还要能把百姓的好法子、"金点子"集中起来上升为党委政府的良法善治，还要能到百姓中宣传党的基本理论、基本路线、基本方略以及前瞻性、战略性的谋划部署，凝聚百姓的共识，赢得百姓的认同，动员百姓共同参与建设美好家园。要建立科学的调研机制，把群众工作的优良传统和新技术新手段结合起来，线上线下相结合，提高新时代做好群众工作的本领。领导干部要有"我将无我，不负人民"的赤子情怀，深入实际、深入基层、深入群众，拜人民为师、向人民学习，要多到条件艰苦、情况复杂、矛盾突出、短期内很难出成绩的地方解决问题、帮助发展，要千方百计为群众排忧解难、帮助群众过上好日子。

人民日益增长的美好生活需要和不平衡不充分的发展之间的矛盾是我国社会主要矛盾。各级党委、政府要充分认识到我国社会主要矛盾的转化，要从新的主要矛盾出发，坚持人民主体地位，不断实现好、维护好、发展好最广大人民根本利益，做到发展为了人民、发展依靠人民、发展成果由人民共享。② 老百姓是天、老百姓是地，天地之间百姓最大。当前群众工作重点是顺应人民群众对美好生活的向往，把"蛋糕"不断做大做好。发展是硬道理，发展是基础，唯有发展才能满足人民群众对美好生活的热切向往。各级党委、政府和广大党员干部要结合区域实际落实党的政策，实事求是，坚持新发展理念，不断深化供给侧结构性改革、大力实施乡村振兴战略、区域协调发展战略等，努力实现更高质量、更有效率的发展，注重发展的公平性、可持续性。要警惕伪群众路线的各种表现，各种伪群众路线其实质都是损害群众利益的。任何不发

---

① 中共中央宣传部：《习近平新时代中国特色社会主义思想学习纲要》，学习出版社、人民出版社 2019 年版，第 47 页。
② 《习近平关于"不忘初心、牢记使命"重要论述选编》，党建读物出版社、中央文献出版社 2019 年版，第 219 页。

266

展、乱发展都不是真正走群众路线。党员干部要牢记"金杯银杯不如老百姓的口碑",要有正确的政绩观、事业观、人民观,要知道老百姓才是我们工作的"试金石",老百姓说好才是真的好。

(四)坚决坦荡无私

党员干部第一职责是为党工作,除了党和人民的利益,没有自己的特殊利益。习近平总书记强调:"人格是一个人精神修养的集中体现。光明磊落、坦荡无私,是共产党人的光辉品格,也是干部应该锤炼的品质修养。"①党的干部是党的事业的骨干,是人民的公仆,要明大德、严公德、守私德,重品行、正操守、养心性,分清楚公与私的界限。只有过了"公私关",才能有正确的是非观、权力观、事业观,为官才能行稳致远。当官不要想发财,发财不要想当官,要坚决摒弃"当官是为发财"的错误观念,不能把权力当作私人敛财、实现欲望的工具,不能用公权力或公权力的影响为自己或特定关系人谋取任何私利,不能损公肥私、以权谋私、假公济私。党员干部要始终牢记空谈误国、实干兴邦,践行正确的政绩观,努力做到抓铁有痕、踏石留印,要有功成不必在我的精神境界、功成必定有我的历史担当,察实情、出实招、办实事、求实效。领导干部要有大境界,少考虑个人和"自己人""身边人"的得失,把公权力用于公共事务、用于为民服务,守土有责、守土尽责,敢于到情况复杂的地方去工作,勇于直面困境、直面矛盾、直面危险,不回避、不推诿、不逃跑,关键时候能够顶得住、干得成,能够迎难而上、解危扶困,出现失误时能够主动承担责任、及时纠偏改错。

清正廉洁是中国共产党的政治本色。我们党最鲜明的政治品格就是

---

① 《习近平关于"不忘初心、牢记使命"重要论述选编》,党建读物出版社、中央文献出版社 2019 年版,第 387 页。

勇于自我革命、从严管党治党。党的十八大以来，各级党组织严格执行中央八项规定精神，狠刹形式主义、官僚主义、享乐主义和奢靡之风，坚决反对特权思想和特权现象，坚定不移"打虎""拍蝇""猎狐"，党风廉政建设成效显著，反腐败斗争压倒性态势已经形成并巩固发展。要不断增强党自我净化、自我完善、自我革新、自我提高的意识和能力。行百里者半九十，要持之以恒正风肃纪，进一步严明党的纪律、强化党内监督、严肃问责严格惩处，全面净化党内政治生态，坚决纠正各种不正之风，坚持反腐败无禁区、全覆盖、零容忍，要多立"明规矩"，破"潜规则"，大开前门、堵死后门、不开侧门，传承优秀传统文化，全面发展积极健康的党内政治文化。把党的政治建设摆在首位，不断严明党的政治纪律和组织纪律，政治纪律是政治能力的重要体现，组织纪律是落实组织原则、服从组织领导的集中体现，要切实强化纪律的刚性和纪律的执行。通过严格落实政治纪律和组织纪律，来带动廉洁纪律、群众纪律、工作纪律和生活纪律的严格执行。谷文昌说过，"当领导的要先把自己的手洗干净，把自己的腰杆挺直"。[①] 谷文昌是这样说的，也是这样做的。"四大考验"是长期的、复杂的、严峻的，新时代党员干部要居安思危、廉洁自律、勇于进取；"四种危险"是普遍存在的客观事实，党员干部要勇于自我革命、自我磨炼、自我提升。新时代、新征程、新使命，党员干部要自觉增强抵御腐蚀的能力，不断提升廉洁力，勿以恶小而为之，勿以善小而不为，要知敬畏、存戒惧、守底线，要有政治站位、要有纪律意识、要有底线思维，要习惯"在阳光下"工作生活，清清白白做人、干干净净做事、坦坦荡荡为官。党员干部要注重家风建设，把家风建设摆在重要位置，廉洁修身、廉洁齐家，建设清廉之家。在管好自己的同时，管好配偶、子女和身边工作人员。自觉养成健

---

① 《"不忘初心、牢记使命"优秀共产党员先进事迹选编》，党建读物出版社2019年版，第72页。

康的生活情趣，不断净化朋友圈。

（五）坚守一生情怀

做一件好事不难，难的是一辈子做好事。老英雄张富清60多年深藏功名，一辈子坚守初心、不改本色。习近平总书记强调，入党誓词字数不多，记住并不难，难的是终身坚守。每个党员要牢记入党誓词，经常加以对照，坚定不移，终生不渝。①党员干部的先进典型理应具有坚守一辈子的情怀，一辈子的坚守方显英雄本色、人生底色，就像老英雄张富清一样。绝不能做了一点好事或一时有了成绩就邀功，邀功不成就生怨。为党的事业、为人民的幸福能够坚守一生、奋斗一生、付出一生，毫不利己、专门利人，这样的情怀彰显了对理想信念的执着、对共产主义事业奋斗终身的执着、为人民服务到老不歇的执着，做合格党员不是一时而是一世，不是半路歇歇脚而是甘于坚守，不是煊赫一时而是一生坚持。一生的坚守也许有清贫、也许有众人的不理解、也许失去很多利益，但收获的是共产党人的崇高精神境界，是共产主义事业的不断进步，是人民生活水平的提高和民族的振兴、国家的进步。

凡是过往，皆为序章。党员同志取得的成绩、成就甚至丰功伟业都不能成为新的人生阶段可以躺靠的功劳簿，否则容易滋生骄傲、不满、索取等情绪态度，这就是很多人"晚节不保""半路变质"或者牢骚满腹、心生不满等的主要因素。党员同志和领导干部要有当了将军还愿回家当农民的甘祖昌、60多年深藏功名的老英雄张富清、拼上老命大干一场决心改变兰考面貌的县委书记焦裕禄、像蜡烛一样燃烧自己照亮别人的华坪女高校长张桂梅等优秀共产党员的崇高品质、精神追求，也许有一

---

① 《习近平关于"不忘初心、牢记使命"重要论述选编》，党建读物出版社、中央文献出版社2019年版，第293页。

天别人会说"有的人死了，他还活着"。

二、杨善洲精神体现了时代楷模的精神追求

杨善洲精神体现了时代楷模的精神追求，杨善洲始终执着地坚定理想信念、坚信党的领导、坚持群众路线、坚决坦荡无私、坚守一生情怀。杨善洲是优秀共产党员，是改革先锋，是不忘初心、奉献一生的退休干部楷模。我们学习杨善洲，就要以干事为责，以干事为荣，以干事为乐，把自己的人生追求和价值目标融入为祖国富强、民族振兴、人民幸福的奋斗之中。① 杨善洲的楷模精神和典型示范，具体体现了党的先进性和纯洁性。广大党员特别是党员领导干部要以杨善洲为镜子，学习典型增动力，检视自身找差距，立足岗位促发展，进一步加强党性修养，高度自觉地践行全心全意为人民服务的宗旨，襟怀坦白，光明磊落，毫无私心，不谋私利，一心一意服务百姓、服务地方经济社会发展，努力做人民满意的优秀党员、好干部。学习杨善洲精神，就要学习他以正确的世界观立身处事、以正确的权力观用权办事、以正确的事业观干事创业、以正确的群众观做人行事。② 杨善洲精神体现了时代楷模的精神追求，一辈子坚定理想信念，把坚定的马克思主义真理信仰、共产主义远大理想和中国特色社会主义共同理想化作为党为国家为人民利益奋斗终身的实际行动，在平凡的岗位上履职尽责；一辈子坚信党的领导，感党恩、跟党走，响应党的号召、落实党的政策，把党的领导力切切实实转化为促进经济社会进步的发展力，造福乡里；一辈子坚持党的

---

① 《"不忘初心、牢记使命"优秀共产党员先进事迹选编》，党建读物出版社 2019 年版，第 75 页。

② 中共云南省委深入开展创先争优活动领导小组办公室：《党员干部楷模杨善洲》，云南人民出版社 2011 年版，第 4—6 页。

群众路线，从群众中来、到群众中去，把老百姓的事看成头等大事，把群众疾苦挂在心上，把全部心思和精力用在为人民服务上；一辈子坦荡无私、克己奉公，公正处事、公道用人，高度自觉自省，主动接受监督，堂堂正正做人；一辈子坚守，春蚕到死丝方尽，虽然创造了无愧于天地的业绩，但"摆摆手"无私奉献给了国家和人民。斯人已逝，风范永铸。杨善洲精神激励着广大党员和党员干部在新时代不忘初心、砥砺前行、建功立业。

（一）杨善洲始终坚定理想信念

理想信念是共产党人精神上的"钙"。一名干部有了坚定的理想信念，坚定共产主义理想信念，站位就高了，心胸就开阔了，视野就开了，方向就明了，精神属性就上了一个层次。杨善洲是普通农家子弟，在党的关怀和培养下，成长为党的地市级领导干部。虽然家境贫寒，但无论何时何地，他对共产主义理想信念的追求没有因外在环境的变化、自身岗位的变动而有丝毫改变，时时处处以共产党员的标准衡量和要求自己。从参加滇西抗战到担任领导职务，从推动地方经济社会发展到植树造林，杨善洲始终兢兢业业，不忘初心，60年如一日，牢记并践行为民造福。杨善洲曾在日记中记录自己入党前后的思路历程。杨善洲1952年入党时，觉得自身条件不够，但还是被组织确定为重点培养对象。杨善洲感谢共产党，是党让他有了立足之地，家里分了田；是党教育培养了他，在党组织的大熔炉里，他的思想觉悟不断提高，为人民服务的能力不断提高。他始终牢记党的基层干部努力工作就是要使老百姓的日子富裕起来，始终践行党全心全意为人民服务的宗旨。杨善洲认为加入中国共产党是一种正确的人生选择，跟着党走、使整个中华民族富起来是自己一生想做的事情，在党组织的怀抱里找到了人生方向和奋斗目标。党组织选择了杨善洲、培养了杨善洲，杨善洲在组织的怀抱中不断改造思想、增强工作能力、全身心投入工作。杨善洲始终认为，作为共产党员，无论什么时候、何种环境，都不能忘记党的根本宗旨，都应该把坚持党的宗旨作为一切行动的出发点和归宿。杨善洲也是这样做的，而且一干就是一辈子。宁愿住草房，也要设身处地为百姓着想，想方设法让百姓过上好日子，这就是共产党员杨善洲的坚定理想。

是非清楚，黑白分明。共产党员为人民做事是有明确标准和要求的。我们衡量一名共产党员、一名领导干部是否具有共产主义远大理想，是有客观标准的，主要是看他能否坚持全心全意为人民服务的根本宗旨，能否吃苦在前、享乐在后，能否勤奋工作、廉洁奉公，能否为理想而奋不顾身去拼搏、去奋斗、去献出自己的全部精力乃至生命。[①] 杨善洲完全符合这些标准。2010 年 8 月 20 日，杨善洲因患严重肺心病住

☆劳动回来杨善洲和林场职工一起烤火

---

① 《习近平关于"不忘初心、牢记使命"重要论述选编》，党建读物出版社、中央文献出版社 2019 年版，第 74 页。

进云南省保山市人民医院。身卧病榻的他说，重要的不是死，重要的是如何生。杨善洲一辈子努力做人民的勤务员，哪怕退休了，没有享受、只有付出，绿了大亮山，无偿献给了国家和人民。他很欣慰自己选择了想过的生活，那就是一辈子全心全意为人民服务。即使在人生的最后岁月，他依然坚守自己的良心和入党誓言。他坚守党的宗旨和初心，以"咬定青山不放松"的精神，一生坚守着共产党员的理想和承诺，做到了"干革命干到脚直眼闭"。

（二）杨善洲始终坚信党的领导

政者，正也。子帅以正，孰敢不正？党员干部要不断加强党性锻炼，用习近平新时代中国特色社会主义思想武装头脑。入了党、宣了誓，还要努力做好党的工作，要把对党忠诚、为党分忧、为党尽职、为民造福作为根本的政治担当，忠诚、干净、担当三位一体，用自己的全部和一生躬身践行。杨善洲在入党申请书中谈思想认识，认为共产党是思想最进步、觉悟最高的人组成的，衷心地为人民服务到底。那时的杨善洲25岁，话语朴实、思想成熟，这样的思想觉悟是在党恩沐浴下真实的感受，也是贫穷的杨善洲不断学习、追求进步的思想收获。杨善洲在对党的认识中找到了自己的归属感，也不断坚定了他对共产党的思想认同、情感认同和政治认同。杨善洲一辈子坚定地跟着党，坚信党的领导能为人民谋幸福。无论岗位如何变换，杨善洲始终践行永远跟着共产党走、衷心为人民服务到底的誓言，始终在最基层有效落实党的理论和路线方针政策。这种坚信就像一颗种子一样，在杨善洲的心里发芽、苗壮成长、长成参天大树，一生从未动摇，不曾有丝毫改变。

杨善洲坚信党的农业农村政策。1977年3月，杨善洲担任云南保山地委书记，他认真贯彻党在农村的一系列方针政策，在着力推进农村各方面政策落实的同时，把主要精力放在稳定农业、提高粮食产量上。

杨善洲生于斯、长于斯，最熟悉当地的农业生产。他带领农业科技部门的骨干，在保山板桥、施甸保场、昌宁漭水等地建立粮食生产的地区样板，坝区搞"三熟"样板，种植早稻、中稻、晚稻，另外在保山的北汉庄、施甸的里山头等山区搞苞谷种植样板。他自己有 0.5 亩样板田，每次下乡除了查看群众的种植情况外，就是照管自己的样板田，为粮食上台阶拿出最有说服力的数据。杨善洲紧紧依靠农村改革和农业科技，让农民找到了吃饱饭的路子。1978 年"京国 92"杂交水稻在板桥引进试种成功，亩产由原来的 300 公斤增加到 400 公斤；小面积推广后，亩产又达到创纪录的 700 公斤，最高的甚至达到 850 公斤。杨善洲马上组织全区五县的领导和群众到板桥参观学习，实地收割验证，迅速将这一品种向全区推广。1978 年，全区粮食总产创历史最高水平，达 11 亿斤；1980 年，总产量又达 12.85 亿斤；1982 年，总产量又上升到 13.6 亿斤，人均有粮 710 多斤，在 1976 年的基础上增长 36%。这是科技的力量、人民的力量，是党的农村农业政策正确的真实写照，也是杨善洲和当地干部群众坚决落实党的政策换来的。保山农业成为云南省的一面旗帜，保山群众的肚子填饱了，保山水稻单产在云南省多年排在第一，被云南省列为农业生产主产基地，"滇西粮仓"美誉实至名归。1980 年，农业部在云南保山召开农业生产示范现场会。

杨善洲亲身感受党领导人民解放事业、领导社会主义建设、领导改革开放，取得了举世瞩目的伟大成就。个人也在党的事业发展中不断成长进步，特别是在党的培养下成长为一名领导干部，并在党的领导下为人民服务。杨善洲认为党员就要听党话、跟党走，个人意见可以保留，但在行动上必须坚决执行，这是对一个共产党员的基本要求。从土改工作队员到县级干部、从县委书记到地委书记，杨善洲始终对党忠诚，坚信党的领导，坚决执行党的路线方针政策，结合地方实际积极推进经济社会和党的建设等各方面工作。

（三）杨善洲始终坚持群众路线

中国共产党在自己的工作中实行群众路线。党员干部要牢记并不断身体力行习近平总书记关于"人民对美好生活的向往，就是我们的奋斗目标""我们必须把人民利益放在第一位"的谆谆教诲。贯彻落实以人民为中心的发展思想，不能只停留在口头、止步于思想，要结合实际体现在经济社会发展的各个环节、体现在履职尽责的方方面面。以人民为中心的发展思想具有丰富内涵和强有力的指导作用，是新时代贯彻落实党的根本宗旨的科学指南。杨善洲始终坚持心系群众、人民至上，俯首甘为孺子牛。在担任县委、地委领导30多年里，杨善洲很少待在办公室，他常常在老百姓的田间地头，帮着一起插秧种田、打石头等，这就把党的工作做到了老百姓的心坎上。杨善洲扎扎实实践行党的群众路线，没有半点虚的，没有一时停歇。杨善洲说，"干工作，不是做给上级看的，而是为了老百姓的幸福。""我不图名、不图利，图的是老百姓说没白给我公粮吃。"就连中央领导到保山视察工作时，杨善洲还和农民一起在田间劳动，浑身沾满泥水。① 杨善洲为了群众的生活，不仅出了力，还经常拿出自己的工资贴补。自己老家房子漏雨没钱修补，但接济困难群众、捐助发展产业他就有钱，都是他的工资。群众在他心里是天、是地，凡是涉及老百姓利益的事，再小的事也是大事。临终前他还专门交代要把大亮山的林木收益分给百姓们，不能让群众吃亏。

共产党人应该是最不知疲倦、无所畏惧和可靠的先进战士。共产党人要取信于民，共产党员最怕脱离群众、失掉民心。民心大于天，群众是我们党执政的根基，这是共产党人应该敬畏的，而且必须敬畏。杨善洲不止一次说："共产党人说话算数，不能糊弄群众"。这应该成为新时代党员领导干部履职的一条底线。杨善洲最重视对百姓的承诺。1951

---

① 杨刚、杨江勇、杨杰坤：《杨善洲传》，云南人民出版社 2018 年版，第 126 页。

☆杨善洲遗体回家路上群众自发哀悼

年 9 月，他在原保山县西南乡（现在的施甸县何元乡）搞土改，他要到
篱笆寨、甘蔗地和群众开会，可到了约定时间，天空突然下起大雨，他
又感染了疟疾，高烧不退，大家劝他让其他同志代为开会。他坚决不同
意，而且很严肃地说："我和当地群众已经约好了，不能失信于民！"最
终在同事们的搀扶下，硬是走了 6 公里泥烂湿滑的崎岖山路。而在篱笆
寨、甘蔗地，久不见他来的群众们已经开始议论："不会来了，下这么
大的雨如果是我也不会来了……"正说着只见远处有火光一闪一闪靠近。
"是他！就是他！"还有人大声喊"是杨组长吗？""是！"会场沸腾起来，
人们大声喊："共产党说话算数呢！"① 党员干部的一言一行群众都看在
眼里，杨善洲一生都在践行对百姓的承诺。从 20 多岁担任县领导直至
地委书记，他始终说话算数，始终把群众放在心中最高的位置，把自己
的根牢牢扎在群众中。与群众打成一片，和农民一起劳动，杨善洲不怕

---

① 杨刚、杨江勇、杨杰坤：《杨善洲传》，云南人民出版社 2018 年版，第 44 页。

劳累，不辞辛苦，对人民群众永远谦卑与敬重，经常向群众请益问教、嘘寒问暖。用心贴近群众，倾听群众的呼声，以群众所教所盼，不断检视调整改进工作，更好地为民服务。人民是真正的主人，杨善洲和其他党员干部一样，都是公仆，都是人民的勤务兵。坚持党的群众路线，杨善洲始终做得很好。

（四）杨善洲始终坚决坦荡无私

毛泽东在《纪念白求恩》一文中写道："我们大家要学习他毫无自私自利之心的精神。从这点出发，就可以变为大有利于人民的人。一个人能力有大小，但只要有这点精神，就是一个高尚的人，一个纯粹的人，一个有道德的人，一个脱离了低级趣味的人，一个有益于人民的人。"①党的优良传统代代传，杨善洲一辈子毫无自私自利之心，真正是一个高尚、纯粹、有道德、脱离了低级趣味、有益于人民的人。杨善洲不占公家便宜，很多人都觉得他对自己和家人太苛刻。他下乡要交伙食费，回老家都是买票坐班车。女儿上学、家属就业都没沾到他啥光，他从未用公权力办私事。他有他的理由，"回家是私事，不能用公车""上面任命你当领导，不照顾别人光照顾自己，那你算什么领导？"其实这些都是党的政策和规定，只是杨善洲严格执行、严于律己。杨善洲曾经严厉批评了自己家乡的一位副乡长，"很多人家连苞谷饭都吃不上，要接济就应该接济比我们更困难的群众。大家都在穷，我一个地委书记能富得起来吗？"只因这位年轻的副乡长觉得老书记家粮食不够吃，自己心里难过，于是让民政部门送了两袋救济粮。杨善洲责令家人立刻把粮食给送回去。杨善洲言行一致，批评是真批评，自我批评见行动。杨善洲对自己严要求，对自己家人和身边人严要求，但对他人一心一意真

---

① 《毛泽东选集》第二卷，人民出版社1991年版，第660页。

第八章 杨善洲精神与新时代党员干部模范带头作用

关心。杨善洲关心人才、关心群众，重视他们的疾苦，发现问题即刻改、举一反三改。保山农科所农艺师毕景亮同志的妻子和两个孩子都在农村，家里很是困难。杨善洲知道后就在保山地委常委会上明确提出，"像毕景亮这样的科技干部我们要主动关心他，尽快解决他的困难。不光是他，也要注意解决其他科技干部的后顾之忧。"① 杨善洲还给毕景亮等农业技术人员拜年，重视农业发展、重视农业技术、重视农技人才，支持农技人员开展农业科研。②

杨善洲廉洁自律。他多年担任领导干部，他的家人从未沾他一点光。他认为手中的权是党和人民的，只能老老实实用来办公事，不能用来办私事。作为大亮山林场的主要创办人并且一直辛勤劳作、出钱出力，杨善洲从未在林场领取报酬。他说，"我上山是来种树的，要钱干啥"，直接拒绝了林场提出的每月给他 500 元的补助。他的老伴坐了林场的吉普车，他坚持要交汽油钱。他认为车子是办公用的，不是接送家属子女的。杨善洲非常自律，即使年龄大了又当过多年领导干部也从不倚老卖老，始终严格要求自己和家人，虽然不在岗位了，但原则还是要坚持。甚至觉得与普通百姓相比，自己已经够特殊了，更不应该沾任何便宜。1988 年，家人为杨善洲下山进城办事方便、家里人也能多照顾他，曾在施甸县城附近买地建房，但终因 5 万元账还不上，杨善洲就做主把房卖了。③ "施甸有个杨老汉，清正廉洁心不贪，盖了新房住不起，还说破窝能避寒"。这是保山人民编的顺口溜，但更多的是老百姓对杨善洲的敬意。杨善洲一辈子廉洁奉公，公私分明、无私奉献，清清白白、干干净净。捧着一颗心来、不带半根草去。

杨善洲光明磊落。杨善洲在历次检讨中多次对自己的言行进行深刻

---

① 《"不忘初心、牢记使命"优秀共产党员先进事迹选编》，党建读物出版社 2019 年版，第 88 页。

② 杨刚、杨江勇、杨杰坤：《杨善洲传》，云南人民出版社 2018 年版，第 123—124 页。

③ 杨刚、杨江勇、杨杰坤：《杨善洲传》，云南人民出版社 2018 年版，第 274—277 页。

剖析，开展了严肃深入的自我批评。其中 1985 年，杨善洲在一份对照检查材料中写道，"我政治不敏感，政策思想水平低，受'左'的影响深，妨碍着党的开放、搞活政策更好地贯彻执行""平时的理论学习差""不敢实践，观望等待省委作出的具体部署"。他也承认自己在某些问题的认识上落后于农村改革的实践。多么的光明磊落、不遮不掩，真正的共产党员，党的好干部，彻底的真实的自我批评。杨善洲家原来是布朗族，但是随着时代的变迁，他的档案上都是填写汉族，他从未纠结、更不趋利，就一直登记汉族。①

（五）杨善洲坚守一生、奉献到老

杨善洲懂得感恩，感恩父老乡亲，感恩共产党，并用一生来报答。滇西抗战时，杨善洲被派去参加担架队，他亲眼目睹国民党军队的腐败和最普通农民的淳朴、善良和乐于助人，他特别记得一个叫留贵的 40 多岁的农民。那时杨善洲 16 岁，和留贵一起抬担架，在泥泞的山路上抬担架很不容易，留贵时时处处帮着青年杨善洲，保护杨善洲。上坡时杨善洲走在前，留贵走在后；下坡时留贵走在前，杨善洲走在后。杨善洲走得轻松稳当又安全，可是他一生都忘不了留贵挥汗如雨，磨烂的草鞋包不住脚趾，在那蜿蜒的山路上留下了斑斑血迹。这件事在杨善洲心里装了一辈子，他懂得感恩、知恩图报，父老乡亲给予他的关心、帮扶和最朴素的感情，成为他作为一个共产党人、一名党员干部一辈子为人民谋幸福、为民族谋复兴的力量源泉。杨善洲家在滇西，是佃农，没有田地，一家人最大的梦想就是分到地。共产党领导人民搞土改，他在党的感召下参加了土改，包括他家在内都分到了田地，从此可以在自己的土地上种庄稼，多么的自豪和幸福。他感恩共产党、感恩党领导人民搞

———————————

① 苏加祥：《杨善洲家信选录》，云南人民出版社 2018 年版，第 20 页。

建设。再后来，在党的关心培养下，他走出家门，成为共产党的一员、成为社会主义事业的一分子，他有了理想与信仰，并认准一条道，一辈子为党的事业奋斗。

1988年3月，杨善洲退休后回施甸县大亮山植树造林。① 这是共产主义战士的觉悟，白了头发，绿了荒山，22年的艰辛付出，荒山变成了绿洲。据有关部门统计，大亮山林场总价值3亿多元。杨善洲认为，"这笔财富从一开始就是国家和群众的，我只是代表他们在植树造林。实在干不动了，我只能物归原主。" 2009年4月，他把林场经营管理权无偿移交国家。这是一位干了一辈子的老党员最无私的表白。杨善洲谢绝了施甸县政府10万元奖励。对于保山市的20万元特别贡献奖，他这样分配，给保山第一中学捐出10万元，百年大计，教育为本，老人家

☆今日大亮山

---

① 杨刚、杨江勇、杨杰坤：《杨善洲传》，云南人民出版社2018年版，第193—198页。

☆杨善洲在大亮山上

始终惦记着教育；为大亮山林场建瞭望哨捐出 3 万元；为山下老百姓建洗澡堂捐出 3 万元；剩下的 4 万元给了自己的老伴，一辈子风雨同舟、没享过他一天福，但总是默默支持他。①这充分彰显杨善洲的人间大爱、有情有义，最为本真、最为善良、最讲真情。

忠于党、忠于人民、无私奉献，是共产党人的优秀品质。杨善洲一辈子艰苦朴素，老百姓称他为"草鞋书记""草帽书记"，总是给人一幅卷着裤腿、脚穿草鞋、头戴草帽、手拿镰刀、挂着拐杖的平凡形象。杨善洲退休时主动放弃到省城安享晚年，一头扎进大亮山，情定于此，半年雨水半年霜，辛勤劳作、植树造林。杨善洲说干革命要干到脚直眼闭，笑言共产党人有"自讨苦吃"的职业病。老骥伏枥，志在造福百姓。

---

① 杨刚、杨江勇、杨杰坤：《杨善洲传》，云南人民出版社 2018 年版，第 287—289 页。

干部可以退休，共产党员的身份不能退休。春蚕到死丝方尽，蜡炬成灰泪始干。杨善洲默默奉献着，直到生命的最后一天。

三、践行杨善洲精神与发扬党员干部模范人物带头作用制度建设

从组织管理的角度讲，最有效的方法就是领导能够以身作则、率先垂范、做出成绩。领导在出勤方面做出榜样时，就没有员工再敢迟到；领导积极、勇敢、忘我工作时，员工就会效仿他。如果领导对此很擅长并付出行动，就会使工作变得愉快并富有成效。①新时代、新征程，要充分发挥榜样的作用，领导干部、公众人物、先进模范都要为全社会做好表率、起好示范作用。②各级党委、政府和广大党员干部在各自工作中，特别是在实现"两个一百年"奋斗目标、实现中华民族伟大复兴的中国梦征程中，要不断建立健全发挥模范带头作用的制度建设。制度建设重在治本、管用、有效。广大党员干部要学习和践行杨善洲等先进模范的崇高精神，真学、真信、真行，在各自岗位上发扬党员干部模范带头作用，善做事、做成事。

（一）建立不忘初心、牢记使命的制度

为中国人民谋幸福，为中华民族谋复兴，是中国共产党人的初心和使命。杨善洲是从苦难岁月中成长起来的党员干部，感党恩、听党话、跟党走，有着坚定的理想信念和高尚的个人操守，为党工作一辈子、为

---

① 法亨利·法约尔：《工业管理与一般管理》，张扬译，北京理工大学出版社 2014 年版，第 74 页。

② 《习近平谈治国理政》第二卷，外文出版社 2017 年版，第 324 页。

民造福一辈子，是不忘初心、牢记使命的典范。每位党员在入党时都宣过誓，遵守党的章程，履行党员义务，执行党的决定，对党忠诚，积极工作。声声誓言，丹心灼灼。通过党的教育培养，很多党员同志成长为党的干部，在不同的岗位上为党工作。在党长期执政条件下，在人均国内生产总值迈过 1 万美元的经济大环境下，在全面建设社会主义现代化国家新征程中，思想不纯、组织不纯、作风不纯等党内存在的突出问题还没有得到根本解决，党面临的执政环境还很复杂，但我们有些党员同志、领导干部走着走着忘记了来时的路，也不知道走向哪里，忘记了自己的誓言，忘记了自己的初心和使命。学习杨善洲精神，启示我们建立不忘初心、牢记使命的制度。

党的十九届四中全会首次提出，"建立不忘初心、牢记使命的制度"。习近平总书记指出，不忘初心、牢记使命，必须作为加强党的建设的永恒课题和全体党员、干部的终身课题常抓不懈。[①] 各级党组织和党员干部要深入学习贯彻习近平新时代中国特色社会主义思想，用科学的理论武装头脑，全面落实党的基本理论、基本路线、基本方略，持续有效推进党的理论创新、实践创新、制度创新，使一切工作顺应时代潮流、符合发展规律、体现人民愿望、确保党始终走在时代前列、得到人民衷心拥护。[②] 把不忘初心、牢记使命作为加强党的建设的永恒课题和全体党员干部的终身必修课题，努力形成制度并一以贯之建立长效机制，坚持不懈锤炼党员干部忠诚干净担当的政治品格。党员干部要经常对照党中央决策部署，对照党章党规党纪，对照人民群众对美好生活的向往，对照像杨善洲一样的楷模典型和身边先进榜样，多学习、多反思、找差距，经常性反省"入党为什么、当了干部做什么、身后留点什么"的历史课题。一是推进不忘初心、牢记使命主题教育常态化、制度

① 《习近平谈治国理政》第二卷，外文出版社 2017 年版，第 538 页。
② 本书编写组：《党的十九届四中全会〈决定〉学习辅导百问》，党建读物出版社、学习出版社 2019 年版，第 5 页。

化。围绕党的建设根本任务，集中一段时间分层级分领域组织党员干部开展教育活动。重点学习马克思主义中国化最新成果，学习党的基本理论、基本路线、基本方略，统一认识、统一思想、统一行动。二是把不忘初心、牢记使命融入"三会一课"和组织生活会、民主生活会、民主评议党员、主题党日等制度，组织广大党员和党员干部对照组织要求和群众期盼找方向、理思路、谋发展。党的基层组织要突出政治功能、强化政治引领，着力提升组织力，下大力气解决软弱涣散问题。① 从支部党员大会、支委会、党小组会和党课这些最基层最具体的党组织活动抓起，组织全体党员经常性想一想初心和使命，对照初心和使命找差距。通过开展民主生活会、组织生活会和民主评议党员等严肃的党内生活，检验初心和使命的践行情况。三是把不忘初心、牢记使命纳入党员干部的系统性培训。通过各级党校培训、干部任前培训、履职能力提升培训以及党员的党性教育培训等，增强党员干部守初心、担使命的意识和自觉，提升党员干部守初心、担使命的能力和水平，增强科学发展、创新发展、廉洁发展的自觉和能力，用实实在在的发展成效实现人民对美好生活的向往。

（二）建立树牢"四个意识"制度

"四个意识"最早是在 2016 年 1 月 29 日中央政治局会议上提出来的，包括政治意识、大局意识、核心意识、看齐意识。同年 10 月 27 日，党的十八届六中全会通过的《关于新形势下党内政治生活的若干准则》明确规定全党必须牢固树立"四个意识"，自觉在思想上政治上行动上同党中央保持高度一致。各级党组织和广大党员自觉增强"四个意识"，对党忠诚、为党分忧、为党担责、为党尽责。把"四个意识"上升到制

---

① 《中国共产党党内重要法规汇编》，党建读物出版社 2019 年版，第 71 页。

度建设是党的理论创新和重大的现实需要。要像杨善洲一样坚决落实中央精神、指示、要求，不断促进地方政治生态良好、经济社会发展整体向上向好。对习近平总书记关于秦岭违建别墅严重破坏生态问题和秦岭生态环境保护先后六次重要批示指示，陕西省和西安市层层空转，搞上有政策下有对策，敷衍了事，形式主义走过场，官僚主义不作为，导致严重后果。对照全面从严治党特别是党的政治建设以及正反两方面典型，建立树牢"四个意识"制度重要而紧迫。

树牢"四个意识"和坚定"四个自信"、做到"两个维护"是一个整体，不可分割、不可偏废。树牢"四个意识"要融入党的政治建设、思想建设、组织建设、作风建设、纪律建设，并贯穿到制度建设中，教育引导广大党员和党员干部长期树立"四个意识"。一是各级党组织和地方、单位制定政策、谋划发展都要对照"四个意识"看一看，要把"四个意识"纳入各级党组织和地方、单位决策议事的程序之首，首先来检视方向对不对，有没有走偏甚至走反，看看哪里还不符合中央的要求、不符合习近平新时代中国特色社会主义思想的要求、不符合地方发展实际等。要把"四个意识"贯穿到各级党组织和地方、单位广大党员干部干事创业全过程中。要对习近平关于本地区、本系统的重要指示、批示高度重视，"一把手"亲自抓，抓到底，抓出实效，用实际作为体现"两个维护"。二是"四个意识"树得牢不牢要作为考核、检验党员干部的重要原则和内容，作为衡量党员干部政治能力和干事创业水平的重要维度。各级党组织在酝酿、提名干部时，特别是将要担任地方或单位"一把手"的干部，务必要重点察看"四个意识"树得牢不牢。在考核检查中，发现领导干部存在"四个意识"树得不牢、情况严重的，要及时坚决地调整处理。对于"四个意识"树得牢、单位和地方发展得好的领导干部要敢于重用。三是把"四个意识"融入"三会一课"、融入各级党员干部的教育培训、融入党建文化建设等，从思想认识、文化氛围上强化"四个意识"的浸润，要有润物细无声之效。四是把"四个意识"融入

青年教育，和党史、新中国史、改革开放史、社会主义发展史一起教育
引导中国青年一代，特别是在发展党员工作中，一定要强化"四个意识"
的系统教育，严把发展党员政治关，教育培养社会主义合格的建设者和
接班人。五是坚决落实重大事项请示报告制度，严格执行《中国共产党
重大事项请示报告条例》，切实维护习近平总书记党中央的核心、全党
的核心地位，坚决维护党中央权威和集中统一领导，即坚决做到"两个
维护"，保证全党团结统一和行动一致。广大党员干部对于自身和身边
发生的突发事件、异常事件、重大事件要及时主动请示报告。

（三）建立市（州）、县主要领导干部长期蹲点基层工作机制

云南地处祖国西南边疆，山高路远，少数民族多，经济社会发展与
全国平均水平仍有差距。在20世纪七八十年代，杨善洲坚决贯彻落实
党的农业农村政策，深度融入保山地区实际，扎扎实实领导人民群众建
设自己的家园，取得了显著成就。党的十八大以来，我们党形成并统筹
推进经济建设、政治建设、文化建设、社会建设、生态文明建设"五位
一体"总体布局，成效显著；党的十九届五中全会提出"协调推进全面
建设社会主义现代化国家、全面深化改革、全面依法治国、全面从严
治党的战略布局"，深得民心。坚决落实"五位一体"总体布局和"四
个全面"战略布局，要紧紧依靠各级党组织和广大党员干部，特别是承
担基层发展重任的县、市两级领导。党的十九大报告指出，加强农村基
层基础工作，健全自治、法治、德治相结合的乡村治理体系。要培养造
就一支懂农业、爱农村、爱农民的"三农"工作队伍。[①] 学习杨善洲精
神，坚持以人民为中心，结合当前我国全面建设社会主义现代化国家和

---

① 习近平：《决胜全面建成小康社会　夺取新时代中国特色社会主义伟大胜利——在
中国共产党第十九次全国代表大会上的报告》，人民出版社2017年版，第32页。

发展农业农村的现实，我们应建立市（州）、县两级主要领导干部长期蹲点基层工作机制，像焦裕禄、谷文昌、杨善洲、高德荣等典型示范一样，全面增强执政本领、勤走基层、洞悉基层，掌握实情、掌握一手资料，结合实际研究工作，紧紧依靠群众推动地方经济社会发展，不断提升基层治理质量，切实满足人民群众对美好生活的向往。领导干部个人要有扎根基层治理的情怀，虽然短时间难有"显绩"，但造福乡里、功在千秋。

　　30多年前，习近平同志任职福建宁德，深入开展县域调研，同时走访毗邻的县份，紧紧围绕如何脱贫致富、加快发展的主题，科学提出"弱鸟先飞""滴水穿石""四下基层"等许多富有创建的理念、观点和方法并坚决推动落实，有力促进当地经济社会的发展。① 两位地委书记任职时间一前一后，为人民服务的思想、发展地方经济社会的思路如出一辙，是今天我们思考、谋划、研究县市经济社会发展的重要参考和学习榜样。建立市（州）、县主要领导干部长期蹲点基层工作机制，一是要落实信念坚定、为民服务、勤政务实、敢于担当、清正廉洁的好干部标准，为市（州）、县选任符合度高的领导干部，特别是主要领导。为市（州）、县选任"一把手"，要着重考察和培养其胸怀两个大局，一个是中华民族伟大复兴战略全局，一个是世界百年未有之大变局；② 着重考察和培养其扎根基层、满腹情怀致力于广大农村农业和最基层的发展。要落实好实施"一把手"政治能力提升计划，培养造就高度自觉、信念坚定、意志如铁、政治坚定、绝对忠诚、清正廉洁、担当负责的市（州）、县"一把手"，让其成为坚定的马克思主义者。二是建立制度，硬性规定市（州）、县两级主要领导干部长期蹲点基层工作，如每年不少于3个月，并且明确规定不扩大蹲点干部的范围，仅限于市（州）、

————————————

① 习近平：《摆脱贫困》，福建人民出版社1992年版，第56页。

② 《习近平谈治国理政》第三卷，外文出版社2020年版，第77页。

县两级主要领导干部，包括党委和政府的"一把手"，以免层层要求、责任压力递减。三是蹲点的领导干部必须深入基层，到发展工业、农业、服务业的生产一线，深入百姓生活，到群众中去，靠前指挥，靠前组织协调，不能光听汇报，要及时协调解决突出问题，及时回应百姓和社会关切，及时研究新情况新问题，优化完善党委政府的发展思路，更好地领导指导地方经济社会长远发展。四是市（州）、县两级要紧紧扭住全面建设社会主义现代化国家这个战略目标不动摇，立足国内大循环为主体、国内国际双循环相互促进的新发展格局，从地方经济社会发展实际出发，坚定不移落实新发展理念，具体组织推动新型工业化、信息化、城镇化、农业现代化同步发展，实现巩固拓展脱贫攻坚成果同乡村振兴有效衔接，特别要重视当前县及县级以下存在的农民收入增长机制、农村适龄儿童就学、农村生态环境改善等群众高度关切的问题。五是对市（州）、县主要领导干部长期蹲点基层进行适时关注和研判，特别重视结果运用。拥护改革、投身改革、敢于担当的就是促进派；把党的改革政策落到实处、干出成效、人民满意的就是实干家；对群众有感情、对地方经济社会发展有深度思考、有可行办法、有科学举措的就是合格的市（州）、县主要领导干部，这样的干部要重点提拔使用，反之则坚决不能重用。通过突出的结果运用，营造良好的政治生态和干部选任工作氛围，不断增强我国基层治理的质量和实效。

（四）建立干部廉政的常态机制

人民群众最痛恨腐败现象，腐败是我们党面临的最大威胁，我们要不懈努力，强化不敢腐的震慑，扎实不能腐的笼子，增强不想腐的自觉，进一步提高治理腐败效能。一体推进不敢腐、不能腐、不想腐，不仅是反腐败斗争的基本方针，也是新时代全面从严治党的重要方

288

略。① 我们学习杨善洲精神，他的公私分明到了极致。杨善洲的清廉赢得了民心，是杨善洲精神的重要组成部分。廉政是勤政、善政的必要条件、重要保证。对于今天各级党组织和地方、单位以及广大党员干部来说，廉政建设是贯彻落实习近平新时代中国特色社会主义思想的重要内容，是全面建设社会主义现代化国家、夺取新时代中国特色社会主义伟大胜利的重要保证，是打铁必须自身硬的应有之义。建立干部廉政的常态机制是学习杨善洲精神的必然选择，也是当前全面从严治党和全面建设社会主义现代化国家的必然要求。

建立干部廉政的常态机制，一是增强党员干部为民服务的情怀。这种情怀需要教育培养，需要在党性锻炼中养成，需要在为民服务中形成。特别是用焦裕禄、谷文昌、杨善洲、高德荣等党的优秀干部的先进事迹、为民情怀来教育引导广大党员干部。有了这种情怀，党员干部心底无私天地宽。有了这种情怀，人民的公仆就不会把手伸向主人的口袋。党员干部要坚决抵制潜规则，自觉净化社交圈、生活圈、朋友圈。久而久之，这种情怀成了干部的修养、习惯。二是坚持干部工作的公道正派。干部工作要树立注重基层和实践的导向，一定要一以贯之，各级党组织要能够选拔出敢于负责、勇于担当、善于作为、实绩突出的干部。干部工作的导向性强，公道正派的干部工作为优秀干部提供了干事创业、为民服务的舞台，激励更多干部为此努力。通过公道正派的干部工作，坚决纠正"劣币驱逐良币"的逆淘汰现象，为党选拔和培养千千万万优秀的扎根基层、忠诚干净担当的好干部。三是在干部工作中突出加强纪律建设，使纪律真正成为带电的高压线。重点是政治纪律，党员干部要坚决做到"两个维护"，决不允许在重大政治原则问题上、大是大非问题上同党中央不一致、唱反调，要严防"七个有之"，要做到"五个必须"。四是正确运用监督执纪"四种形态"，各级党组织和党

---

① 《习近平谈治国理政》第三卷，外文出版社 2020 年版，第 549 页。

员干部要抓早、抓常，经常性开展批评和自我批评、约谈函询，要让红脸出汗、咬耳扯袖成为常态，党纪轻处分、组织调整成为违纪处理的大多数，党纪重处分、重大职务调整的成为少数，严重违纪涉嫌违法立案审查的成为极少数。基层单位要特别重视运用第一、二种形态，防患于未然，帮助干部廉政。上级纪检部门特别要加大对正确运用"四种形态"的监督。五是探索建立职业廉金制度。建立干部廉政的常态机制，经济奖励是重要保证。对于那些勤勤恳恳、廉洁自律、一辈子为民服务的公职人员，在退休后经考核廉洁的即给予一定额度的经济奖励。

（五）建立身边典型的教育警示机制

身边人、身边事的典型教育和警示最有效。但在实践中，我们往往对身边的正面典型不敢宣传、很难作为学习榜样，总要等"盖棺定论"后再组织宣传学习；对身边的反面典型，碍于熟人关系、碍于情面，一般很难作为警示教育的典型，总是拿"大老虎"或是其他单位、其他地方的典型案例开展警示教育。这种舍近求远，实质上是不坚持是非标准，不敢担责，斗争精神缺失或不强。各级党组织和地方、单位务必高度重视挖掘身边的先进典型，重视利用身边的负面和反面典型，用一正一反来教育引导和警示我们的党员干部，向优秀学习、向先进学习，警惕自己成为负面、滑向反面，帮助负面或反面的同志改正错误、争取进步。这个方法大家都知道，但落实起来有困难，所以必须建立机制。如每年注意发现和凝练出一定比例或一定数量的囊括各方面的先进典型，要求党员干部学习，并纳入单位年度党建责任制考核体系。对发生在身边的违反中央八项规定精神或其他微腐败、作风不正、家风不正等，出现一起、警示一起，对年度内发生问责等严重处分的一律要作为典型开展警示教育，并纳入党风廉政建设责任制检查考核体系。要坚决从制度上确保建立身边典型的教育警示机制，引导党员干部弘扬正气、抵制歪风邪气，不断营造各级党组织风清气正的政治生态和良好的发展氛围。

杨善洲的一生，是一名共产党人的一辈子，平凡而伟大，把自己的生命和事业完全融入到让人民群众过上好日子和推动地方经济社会发展。杨善洲的一生，把自己的人生追求和价值目标毫无保留地融入为祖国富强、民族振兴、人民幸福的奋斗中。杨善洲精神，是留给我们最宝贵的精神财富，取之不尽、用之不竭。榜样的力量是无穷的，党员干部要高度自觉，学习、内化、践行杨善洲精神，立足本职岗位做贡献。制度有刚性、管长远，各级党组织要建立健全学习典型、典型示范引领的长效机制。广大党员干部要学习杨善洲精神，充分发挥新时代党员干部带头作用，赓续共产党人精神血脉，为全面建设社会主义现代化国家、实现中华民族伟大复兴的中国梦而不懈努力奋斗。

第八章　杨善洲精神与新时代党员干部模范带头作用

参考文献

[1]《马克思恩格斯选集》第 1 卷，人民出版社 2012 年版。

[2]《马克思恩格斯文集》第 1 卷，人民出版社 2009 年版。

[3]《列宁选集》第 1 卷，人民出版社 1995 年版。

[4]《毛泽东文集》第 6 卷，人民出版社 1999 年版。

[5]《毛泽东选集》第 2 卷，人民出版社 1991 年版。

[6]《邓小平文选》第 2 卷，人民出版社 1994 年版。

[7]《邓小平文选》第 3 卷，人民出版社 1993 年版。

[8]《江泽民文选》第 1 卷，人民出版社 2006 年版。

[9]《江泽民文选》第 3 卷，人民出版社 2006 年版。

[10]《胡锦涛文选》第 2 卷，人民出版社 2016 年版。

[11]《胡锦涛文选》第 3 卷，人民出版社 2016 年版。

[12]《习近平谈治国理政》，外文出版社 2014 年版。

[13]《习近平谈治国理政》第 2 卷，外文出版社 2017 年版。

[14]《习近平谈治国理政》第 3 卷，外文出版社 2020 年版。

[15] 习近平：《之江新语》，浙江人民出版社 2015 年版。

[16] 习近平：《干在实处 走在前列》，中共中央党校出版社 2006 年版。

[17] 习近平：《摆脱贫困》，福建人民出版社 1992 年版。

[18] 刘少奇：《论共产党员的修养》，人民出版社 2000 年版。

[19] 刘少奇：《论党的建设》，中央文献出版社 1991 年版。

[20] 中央文献研究室：《习近平总书记重要讲话论述摘编》，中央文献出版社 2016 年版。

[21] 中共中央宣传部：《习近平新时代中国特色社会主义思想学习纲要》，学习出版社、人民出版社 2019 年版。

[22] 中央"不忘初心、牢记使命"主题教育领导小组办公室：《习近平关于"不忘初心、牢记使命"重要论述选编》，党建读物出版社、中央文献出版社 2019 年版。

[23] 中央"不忘初心、牢记使命"主题教育领导小组办公室：《"不忘初心、牢记使命"优秀共产党员先进事迹选编》，党建读物出版社 2019 年版。

[24] 中央"不忘初心、牢记使命"主题教育领导小组办公室：《中国共产党党内重要法规汇编》，党建读物出版社 2019 年版。

[25] 中共中央宣传部：《习近平新时代中国特色社会主义思想三十讲》，学习出版社 2018 年版。

[26] 习近平：《在庆祝中国共产党成立 95 周年大会上的讲话》，人民出版社 2018 年版。

[27] 人民日报评论部：《习近平讲故事》，人民出版社 2017 年版。

[28] 中共中央文献研究室编：《十八大以来重要文献选编》（上），中央文献出版社 2014 年版。

[29] 中共中央文献研究室编：《十八大以来重要文献选编》（中），中央文献出版社 2016 年版。

[30] 中共中央文献研究室编：《十八大以来重要文献选编》（下），中央文献出版社 2017 年版。

[31] 中共中央文献研究室：《习近平总书记重要讲话文章选编》，中央文献出版社、党建读物出版社 2016 年版。

[32] 中共中央文献研究室：《习近平关于全面从严治党论述摘编》，中央文献出版社 2016 年版。

[33] 中共中央纪律检查委员会、中共中央文献研究室：《习近平关于严明党的纪律和规矩论述摘编》，中央文献出版社、中国方正出版社 2016 年版。

[34] 中共中央宣传部：《习近平总书记系列重要讲话读本》，人民出版社 2016 年版。

[35] 人民日报评论部：《习近平用典》，人民出版社 2015 年版。

[36] 本书编写组：《不忘初心、奉献一生的楷模杨善洲》，人民日报出版社 2019 年版。

[37] 余雷：《杨善洲》，党建读物出版社 2019 年版。

[38] 徐鲁、汤素兰、王巨成：《杨善洲：捡果核的人》，党建读物出版社 2019 年版。

[39] 杨刚、杨江勇、杨杰坤：《杨善洲传》，云南人民出版社 2018 年版。

[40] 苏加祥：《杨善洲家信选录》，云南人民出版社 2018 年版。

[41] 李治刚：《学习弘扬杨善洲精神论文集》，云南人民出版社 2017 年版。

[42] 保山市档案局、保山市档案学会：《公仆本色——杨善洲同志档案选编》2015 年版。

[43] 祁苑红：《杨善洲精神》，云南人民出版社 2015 年版。

[44] 本书编委会：《学习善洲精神践行群众路线》，云南人民出版社 2014 年版。

[45] 蔡红燕：《放心——善洲、我们与世界》，云南人民出版社 2014 年版。

[46] 石磊、蔡雁：《杨善洲精神及时代价值》，高等教育出版社 2014 年版。

[47] 张泉：《励志报国之梦模范党员杨善洲》，福建教育出版社 2014 年版。

[48] 杨润：《以杨善洲同志为镜子》，云南大学出版社 2013 年版。

[49] 唐似亮：《杨善洲故事》，长春出版社 2012 年版。

[50] 中共云南省委宣传部：《人民公仆党员楷模杨善洲精神理论研讨会文集》，云南人民出版社 2012 年版。

[51] 唐似亮：《杨善洲故事》，长春出版社 2012 年版。

[52] 云南省社会科学院、云南省保山市社科联：《杨善洲精神研究》，云南人民出版社 2011 年版。

[53] 李自良：《杨善洲的 100 个故事》，新华出版社 2011 年版。

[54] 《党的生活》杂志社：《杨善洲箴言》，云南人民出版社 2011 年版。

[55] 鲁国超：《杨善洲精神研究》，云南人民出版社 2011 年版。

[56] 人民出版社编写组：《党员干部楷模杨善洲》，人民出版社 2011 年版。

[57] 中共云南省委深入开展创先争优活动领导小组办公室：《党员干部楷模杨善洲》，云南人民出版社 2011 年版。

[58] 边四光、王有江：《共产党人的精神家园：杨善洲植树造林的故事》，中国林业出版社 2011 年版。

[59] 本书编写组：《为政干部做人：向杨善洲学什么》，国家行政学院出版社 2011 年版。

[60] 蓝天：《青山的回答——走进杨善洲的精神世界》，中国林业出版社 2011 年版。

[61] 本书编写组：《不忘初心：坚守中国共产党人的精神家园》，人民出版社 2018 年版。

[62] 李君如：《时代大潮和中国共产党》，中国人民大学出版社 2017 年版。

[63] 杨少华：《引领时代前行的永恒动力——中国共产党革命精神研究》，人民出版社 2014 年版。

[64] 张荣臣：《坚守共产党人的精神家园》，四川人民出版社 2013 年版。

[65] 李小三：《中国共产党人精神研究》，中央文献出版社 2009 年版。

[66] 中共云南省委宣传部：《云岭楷模风采录》，云南人民出版社 2010 年版。

后　记

　　按照计划，本书的写作将暂告一段落。我们尽力表达着对杨善洲精神初步的认知与感悟，然而面对杨善洲同志博大精深的精神世界，自己深感思想之浅、文字之拙及表述之乏力的局限，至少是意犹未尽吧，因此也就明确了我们今后努力的方向。

　　在本书完稿之际，我们缅怀，更加深切地缅怀书中主人公——共产党员杨善洲同志。杨善洲同志以正确的世界观立身，以正确的权力观为政，以正确的事业观干事，以正确的群众观做人，一辈子忠于党的事业，一辈子全心全意为人民服务。2011 年 4 月 13 日，习近平同志在学习杨善洲精神座谈会讲话中指出："杨善洲同志的模范事迹和崇高精神，生动诠释了当代中国共产党人的先进与优秀，为党员干部特别是领导干部为政、干事、做人树立一面光辉旗帜。广泛开展向杨善洲同志学习活动，更加地坚持和传承中国共产党人的优秀品德、优良传统和良好作风，无论对于广大党员加强党性修养还是加强各级领导班子建设，都具有十分重要的意义。"杨善洲同志是始终践行共产党人初心使命的典范，他以信仰的力量升华了人性的精神境界，用党性的光辉照亮人生广阔的道路，他是党员干部的光辉榜样。杨善洲精神正激励和鼓舞着广大党员干部和人民群众坚持以习近平新时代中国特色社会主义思想为指导，增强"四个意识"，坚定"四个自信"，做到"两个维护"，为实现中华民族伟大复兴的中国梦而不懈奋斗。

　　在调研过程中，我们走访过杨善洲同志的家乡、大亮山林场和他工作生活过的多个地方与单位，请教过他的多位后人、同事和群众。他们讲述杨善洲的许多事迹，并为我们提供珍贵的材料。他们的讲述深深地感染了我们，他们提供的种种材料是撰写本书的基础。对于他们给予的帮助和启发，仅仅说声"感谢"是远远不够的，惟有进一步做好研究工作，不断传承和发扬杨善洲精神，才能不辜负他们的付出与期望。

在成书过程中，有多位同志参加了调查、研讨与撰写工作，他们是：张昌山、李维昌、熊黎明、王传发、杨江勇、郑茗戈、姚铁军、李福源、曹艳春、刘永钦、杨刚等同志。本书是共同劳动的成果，感谢大家的努力。云南省杨善洲精神研究会、云南大学、西南林业大学及保山市社会科学界联合会等单位给予了大力支持，深表谢意。感谢人民出版社的支持，感谢陈光耀编审为本书出版付出的辛劳。

书稿付梓之际，喜逢中国共产党成立一百周年，谨以此书向伟大的中国共产党百年华诞献礼。

因水平有限，加之众手修书，不妥不当之处难免，尚祈读者诸君批评指正。

张昌山　谨识

2021 年 3 月 16 日

责任编辑：陈光耀

图书在版编目（CIP）数据

杨善洲精神及其时代价值 / 张昌山 等著 . — 北京：人民出版社，2021.6
ISBN 978 - 7 - 01 - 023482 - 3

I. ①杨…　II. ①张…　III. ①杨善洲（1927-2010）- 先进事迹 - 学习参考资料
　IV. ① D263

中国版本图书馆 CIP 数据核字（2021）第 110156 号

杨善洲精神及其时代价值
YANG SHANZHOU JINGSHEN JIQI SHIDAI JIAZHI

张昌山　等著

人 民 出 版 社 出版发行
（100706　北京市东城区隆福寺街 99 号）

北京尚唐印刷包装有限公司印刷　新华书店经销

2021 年 6 月第 1 版　2021 年 6 月北京第 1 次印刷
开本：710 毫米 ×1000 毫米 1/16　印张：19
字数：255 千字

ISBN 978 - 7 - 01 - 023482 - 3　定价：70.00 元

邮购地址 100706　北京市东城区隆福寺街 99 号
人民东方图书销售中心　电话（010）65250042　65289539